याद हो कि न याद हो

संस्मरण

याद हो कि न याद हो

काशीनाथ सिंह

राजकमल प्रकाशन

ISBN : 978-81-267-2823-7

मूल्य : ₹ 450

पहला संस्करण : 1992
पाँचवाँ परिवर्द्धित संस्करण : 2016

प्रकाशक : राजकमल प्रकाशन प्रा. लि.
1-बी, नेताजी सुभाष मार्ग, दरियागंज
नई दिल्ली-110 002

शाखाएँ : अशोक राजपथ, साइंस कॉलेज के सामने, पटना-800 006
पहली मंजिल, दरबारी बिल्डिंग, महात्मा गांधी मार्ग, इलाहाबाद-211 001
36 ए, शेक्सपियर सरणी, कोलकाता-700 017

वेबसाइट : www.rajkamalprakashan.com
ई-मेल : info@rajkamalprakashan.com

मुद्रक : बी.के. ऑफसेट
नवीन शाहदरा, दिल्ली-110 032

YAAD HO KI NA YAAD HO
Memoirs by Kashinath Singh

भैया के लिए

आभार

गरबीली गरीबी वह [पहल, 1988]; *नागानन्दचरितम् वल्द अस्सी चौराहा* [हंस, नवम्बर, 1990]; *जी ही जाने है आह मत पूछो* [वर्तमान साहित्य, नवम्बर-दिसम्बर, 1990, जनवरी-फरवरी, 1991]; *दंतकथाओं में त्रिलोचन* [हंस, जनवरी, 1991]; *'होल्कर हाउस' में हजारीप्रसाद द्विवेदी* [हंस, अप्रैल, 1991]; *किस्सा साढ़े चार यार* [हंस, जुलाई, 1991]; *देख तमाशा लकड़ी का* [हंस, नवम्बर, 1991]; *लंका बाँके चारि दुआरा* [हंस, जनवरी, 2006]; *धुआँ-धुआँ यादें* [परिकथा, जुलाई-अगस्त, 2006]; *काची बाबू की चुहलें* [अमर उजाला, जुलाई, 2007]; *नामवर के झक्कड़ बाबा* [शुक्रवार, 2012]

यह संशोधित परिवर्द्धित संस्करण

'याद हो कि न याद हो' का यह बदला हुआ संस्करण है। इसमें चार नए संस्मरण जोड़े गए हैं जो समय-समय पर बाद में लिखे गए थे। ये रिक्त स्थानों की पूर्ति की तरह हैं और उन्हीं के मिजाज के। मेरी दुविधा यह थी कि 'काशी का अस्सी' और 'घर का जोगी जोगड़ा' के प्रकाशन के बाद 'देख तमाशा लकड़ी का' और 'गरबीली गरीबी वह' को इस संग्रह में रहने दिया जाए या हटा दिया जाए। फिर विचार करने पर लगा कि ये दोनों ही संस्मरण बाद में आनेवाली पुस्तकों की बुनियाद हैं। ये न लिखे गए होते तो न मैं नामवर के जीवन-वृत्त के बारे में सोचता, न अस्सी पर उपन्यास लिखने के बारे में। ये किसी लेखक की रचना-प्रक्रिया को समझने के सूत्र हो सकते हैं। इसलिए इन्हें रहने दिया गया है।

—काशीनाथ सिंह

पहले संस्करण की भूमिका

जिन दिनों 'कहानी' से मेरी बोलचाल बन्द-सी हो रही थी—उसके छन्द के कारण, उसकी सख्ती और अनुशासन के कारण, इस कारण कि वह मुझे जीवन के समूचे उल्लास के साथ खुलकर खेलने का मौका नहीं दे रही थी, उन्हीं दिनों मुझे 'गरबीली गरीबी वह' लिखना पड़ा—एक ऐसे शख्स के बारे में जो पिछले तीस-चालीस वर्षों से साहित्यिक हलचल के केन्द्र में है, प्रसिद्ध समीक्षक है, मेरा गुरु है और साथ ही बड़ा भाई भी है।

बहरहाल, सन् 1987 में लिखा, 1988 में छपा और जब प्रतिक्रियाएँ आनी शुरू हुईं तो मेरा हौसला बढ़ा। मैंने भी सोचा कि चलो, जायका बदलने के लिए कुछ दिन यही सही। मगर धीरे-धीरे यह जायका बदलने-जैसा मामला नहीं रह गया।

मित्रो, कितना मुश्किल और खतरनाक और चुनौती-भरा काम है अपने बहुत-बहुत करीब के व्यक्तियों और स्थितियों के बारे में लिखना, उनके 'भीतर' भी होना और 'बाहर' भी रहना, अच्छाइयों और कमजोरियों से बुनी और बनी 'आदमीयत' को ढूँढ़ निकालना जो उस व्यक्ति को बुरे-से-बुरे वक्त में भी 'लेखक' की जिम्मेदारी से लैस किए रखती है।

मेरा अनुभव रहा है कि निःसंगता ऐसी रचनाओं की विश्वसनीयता का स्रोत भी है और शक्ति भी। ज़रा-सी चूक आपको अविश्वसनीय, बेईमान, झूठा, ईर्ष्यालु, दम्भी और घटिया बना सकती है। सावधानी हटी कि दुर्घटना घटी!

मित्रो, आपमें से कइयों ने मुझसे कहा कि ये 'संस्मरण' नहीं हैं, 'रिपोर्ताज' या रेखाचित्र भी नहीं हैं क्योंकि इनमें जीवन का उल्लास है; मगर ये कहानियाँ भी नहीं हैं क्योंकि इनके पात्र परिचित, विशिष्ट और विख्यात हैं। तो इन्हें इन सबका घोल कहें क्या? मुझे खुद नहीं

मालूम कि ऐसी रचना को क्या कहना चाहिए जिसमें पात्र और घटनाएँ ही नहीं, उनके समय और संवाद भी इतने सच हों कि उनके आगे कहानियाँ बेमजा और झूठी पड़ जाएँ!

मगर साहित्यिक हलके में नजर आनेवाले किसी अनजान चेहरे को नाम देना या उसके नाम से जानना जरूरी है क्या? अगर हो, और यह काम भी मुझे ही करना पड़े तो आप और आलोचक किसलिए हैं?

—काशीनाथ सिंह

क्रम

'होल्कर हाउस' में हजारीप्रसाद द्विवेदी

पंडित जी हमें 'पृथ्वीराज रासो' पढ़ाते थे।

दक्षिण के देवगिरि नरेश के भाई की पुत्री शशिव्रता। अत्यन्त रूपवती। पूर्वजन्म की अप्सरा। शैशव और यौवन की सन्धि पर खड़ी है और पृथ्वीराज चौहान के प्रेम में विह्वल उनके आगमन की प्रतीक्षा कर रही है—प्रतीक्षा वह क्या कर रही है, समूचा देवगिरि नगर कर रहा है...

राजपथ के दोनों पार्श्वों की लम्बी बाँहें फैलाए हुए, अपनी कमर में नगर को घेरनेवाली प्राचीरों की करधनी पहने हुए, खिड़कियों की पलकें फाड़े हुए, और चौहान की कीर्ति को सुनने के लिए बेचैन गवाक्षों के कान लगाए हुए स्वागत-गान के रूप में तोरण-द्वार पर 'निशान' बजाते हुए...

पृथ्वीराज चौहान आ रहे हैं!

काशी हिन्दू विश्वविद्यालय देवगिरि हो गया है और हजारीप्रसाद द्विवेदी आ रहे हैं।

सात वर्षों बाद आ रहे हैं पंडित जी हिन्दी-विभागाध्यक्ष होकर। कला, समाज-विज्ञान, कृषि, विधि, चिकित्सा, इंजीनियरिंग—सभी कॉलेजों के विद्यार्थी बेचैन हैं—इतने महान और इतने सरल व्यक्तित्व की झलक पाने के लिए। लोगों का उल्लास देखने लायक है। हर आँख में चमक, हर चेहरे पर पुलक, अधर-अधर पर पंडित जी!

गजरों और गुलदस्तों के प्रत्येक फूल की पँखुड़ी अपने बगल की पँखुड़ी से जैसे कह रही हो—हे सखी, वही देव आ रहे हैं जिनकी हम बाट जोह रहे थे? मेरा मन मेरे बस में नहीं है! मेरे पराग मेरा कहना नहीं मान रहे हैं! मेरी गन्ध मुझसे कलह कर रही है! मेरी बाईं आँख जाने कब से फड़क रही है! हे सखी, अगर मैं अपने को सँभाल नहीं सकी और उनके वक्ष से फिसलकर चरणों पर गिर पड़ी तो बिछुड़ने का बुरा न मानना!

भुलाए नहीं भूलतीं परिसर की वे खुशियाँ!

एक पखवारे से इस छात्रावास की हवा उस छात्रावास से कहती फिर रही है कि यह बात तो माननी ही पड़ेगी कि चाहे जैसा हो, यह कुलपति अमरचन्द जोशी,

लेकिन आते ही विश्वविद्यालय को गौरव, गरिमा और ज्ञान से भर दिया। है किसी और विश्वविद्यालय में हजारीप्रसाद द्विवेदी!

चंडीगढ़ में पंडित जी चाहे जितना बदल गए हों, बनारस ज्यों-का-त्यों था। उनके अध्यक्ष होने की खुशी विश्वविद्यालय में थी, उनके शिष्यों में थी, नगर में नहीं।

यह आचार्यों का नगर है।

पंडित जी चंडीगढ़ के लिए आचार्य हो सकते थे, यहाँ के लिए नहीं।

'जदि' आपकी चमड़ी चीमड़ या चमचम हो, हड्डियाँ गुट्ठल या गद्गद हों, चोटी से चरणों तक बदन के ढाँचे के ताने-बाने पर तनी हुई नसें या तो आशीर्वाद उगल रही हों या असहमति के फव्वारे फेंक रही हों, तब तो भाई आचार्य; अन्यथा राम भजिए!

और महाराज, हजारीप्रसाद! आपको हम नहीं जानते क्या? आपको न तो संस्कृत आती है, न अंग्रेजी; और न व्याकरण की दृष्टि से शुद्ध हिन्दी बोल सकते हैं। हाँ, बंगला की बात हम नहीं जानते, वह जानते हों तो जाना करें! और यह भी सुनिए, आपकी बेतुकी और बेसिर-पैर की उड़ानों को जो मौलिकता समझते हों, समझें, हम नहीं समझते!

छि: ! छि: ! नष्ट कर दिया था इस आदमी ने विभाग की गौरवशाली परम्परा को! अब यहाँ अहीरों की भाखा अपभ्रंश पढ़ाई जा रही है। नाई, मोची, धोबी, नोनिया, डोम—सब कवि हो गए हैं। और वह जुलहा कबीर! जिसके न बाप का पता, न माँ का—महान क्रान्तिकारी बन बैठा है। और तो और, मुंशी प्रेमचन्द! किस्सा-कहानी भी कोई पढ़ाने की चीज है?

और यह पंडित हजारीप्रसाद! ठिकाने का पंडित भी होता तो एक बात थी! हमेशा उन्हें आगे बढ़ाया है जिनका काम लाठी-डंडा भाँजना रहा है, फौजदारी और मारपीट करना रहा है। तुम्हीं बताओ, ठाकुरों को लिखने-पढ़ने से क्या मतलब जी?

भला सोचिए, जिस विभाग की नींव पर आचार्य शुक्ल भव्य भवन खड़ा करने का सपना छोड़ गए थे, उसी नींव पर यह बाँस-बल्लियों के सहारे छान-छप्पर खड़ा कर गया था।

महाराज! जब कुपात्र गद्दी पर बैठेगा तो यही सब होगा! और दुर्भाग्य देखिए कि फिर आ गया उसी छान-छप्पर पर लौकी-तरोई चढ़ाने!

पंडित जी अभी ठीक से कुर्सी पर बैठ भी नहीं पाए थे कि चर्चा शुरू हो गई—नियुक्ति अवैध है!

यदि मुकदमा जीतकर गए होते तब भी ठीक था लेकिन यह तो कोर्ट में ही नहीं गए थे। इसका मतलब, इन्होंने आरोप स्वीकार किया था और निष्कासन सही था!

ये 'लियेन' पर या 'डेपुटेशन' पर या अवकाश पर भी गए होते, तब भी पुनर्नियुक्ति चल जाती!

और विश्वविद्यालय के कैलेंडर में रिटायर आदमी की नियुक्ति का प्रावधान कहाँ है? और यदि कुलपति अपने विशेषाधिकार से ऐसा करना ही चाहते हों तो मगध विश्वविद्यालय से रिटायर करनेवाले आचार्य विश्वनाथ प्रसाद मिश्र उनसे किस माने में कम हैं? यानी...

जिससे खोई थी नींद मीर ने कल
इब्तदा फिर वही कहानी की!

अन्तत: विश्वविद्यालय के स्थानीय चांसलर ने जोशी से इतना अवैधानिक और अनुचित कदम उठाने के बारे में पूछताछ शुरू कर दी।

जोशी ने इस नियुक्ति को वैधानिक और नियमानुमोदित बनाने के लिए चयन समिति बुलाई। विद्वान जुटे। हिन्दी जगत के अखाड़िए! दाँव-पेंच की कला में माहिर! इस विश्वविद्यालय के हिन्दी विभाग की गद्दी केन्द्रीय महत्त्व की गद्दी! सबसे महत्त्वपूर्ण और लाभदायक! अपना कोई चेला बैठ जाए तो क्या कहने! चाहे जहाँ रहो, निश्चिन्त रहो, लेकिन ऐसा हो कि पंडित जी भी नाराज न हों और काम भी बन जाए!

हुआ यही। पंडित जी को 'ऑफर' और साथ में पैनल! और वह पैनल हिन्दी विभाग के साथ इतिहास का सबसे गन्दा मजाक था।

पंडित जी के 'देवदत्तों'* के लिए इतना काफी था। भई, ऑफर तब दिया जाता है जब कोई योग्य न मिले और जब यहाँ योग्य मिल गए हैं तो पैनल की क्या जरूरत? और अगर 'पैनल' है तो 'ऑफर' का क्या मतलब? और 'ऑफर' भी हुआ तो अवकाशप्राप्त आदमी को!

जिस 'कालदेवता' की दुहाई देते चले आए थे ज्योतिषाचार्य द्विवेदी, उसी कालदेवता ने उन्हें अबकी कालभैरव के सामने खड़ा कर दिया—'बोलो, अब क्या कहते हो पंडित?'

पंडित जी को थोड़े बोलना था, बोलना था कुलपति जोशी को जिनकी लाज और आचार्य द्विवेदी की प्रतिष्ठा दाँव पर लगी थी।

जोशी विज्ञान के व्यक्ति!

वे चंडीगढ़ में कुलपति रहते हुए आचार्य की विद्वत्ता, व्यक्तित्व और महत्ता से परिचित भी थे और अभिभूत भी। वे यहाँ के लिए 'बाहरी' भी थे और अकेले भी। कोई नहीं था उनके इर्द-गिर्द जिससे विश्वविद्यालय के मामलों में सलाह-मशविरा

* जातक कथाओं का एक दुष्ट और षड्यंत्रकारी चरित्र, जो बोधिसत्व के प्रत्येक जन्म में अदबदाकर उनके प्राणों के पीछे पड़ा रहता था।

लेते—और वह भी ऐसा व्यक्ति जिसका अपना कोई स्वार्थ न हो, निःसंग हो, तटस्थ हो, जो सही जँचे, वही परामर्श दे!

पंडित जी बलिया के भी थे और बनारस के भी। वे दस वर्षों तक इस विश्वविद्यालय में रहते हुए नगर को भी जान चुके थे और आन्दोलनकारी पूर्वांचल के छात्रों की मानसिकता को भी। जोशी ने 'षष्टिपूर्ति' के समय पंडित जी की लोकप्रियता तो देखी ही थी, अब भी जलसों-समारोहों में प्रत्यक्ष देख रहे थे...

कोई ऐसा जलसा नहीं जिसमें पंडित जी न हों और जिसमें पंडित जी हों, उसमें भीड़ के उपद्रव से बचने के लिए प्रेक्षागृहों और हॉलों के बाहर स्पीकर न लगाने पड़ें! अजीब दीवानगी का माहौल था उन्हें देखने-सुनने के लिए।

कान आँखों से पूछते—तुमने तो देखा है उन्हें, बोलो न, कैसे हैं? हमने सुना तो है मगर देखा नहीं है!

आँखें कानों से पूछतीं—मित्र, हमने देखा जरूर है रवीन्द्रपुरी की सड़क पर टहलते हुए, लेकिन सुना नहीं है। बताओ न, कैसा बोलते हैं?

उधर पंडित जी के अध्यक्षीय भाषण की घोषणा होती और इधर तालियों की गड़गड़ाहट का न थमनेवाला क्रम। और मंच पर अनिच्छा से खड़ा होता एक लद्धड़-सद्धड़-सा ढीला-ढाला मगर भव्य व्यक्तित्व। पंखे की हवा में लहराते हुए सिर पर सफेद बाल। बार-बार कंधे से सरकती हुई शाल को सँभालता एक हाथ। सफेद मूँछों के नीचे ईषत् मुसकान या अनायास निश्छल हँसी। मुखमंडल पर ऐसी शान्ति, जैसे विश्व का कोई रहस्य छिपा न रह गया हो! और अन्त में माइक के आगे खड़ा दिखाई पड़ता सृष्टि के विध्वंस के बाद जीवित बचा रह गया एक सर्वकालीन ऋषि!...

शुरू में ऐसा लगता, जैसे पंडित जी मंत्र बुदबुदा रहे हैं—मन्द्र और गम्भीर स्वर में! धीरे-धीरे वहाँ से उनका मनुष्य गायब हो जाता और नजर आने लगता हिलोरें लेता हुआ एक अकुतोभय अगाध सागर—विश्व का सारा ज्ञान और भूमंडल का सारा रहस्य और ग्रहों की टिमटिम जिज्ञासा और जंगलों की निराली हरियाली और मनुष्य की निश्छल उत्फुल्लता समेटे हुए...! सुननेवालों में प्रत्येक व्यक्ति को महसूस होने लगता कि उसके भीतर भी एक आन्दोलित जलप्लावन है जो कल-कल निनाद कर रहा है, दहाड़ मार रहा है, ठहाके पर ठहाके लगा रहा है, अट्टहास कर रहा है...

'मर्त्यलोक के अमर्त्य वीरो!' पंडित जी अब समापन की ओर बढ़ रहे हैं, 'शताब्दियों के इतिहास में मनुष्य ने कभी हार नहीं मानी। पशु-पक्षी चलते हैं लेकिन उनकी दृष्टि नीचे रहती है—धरती की ओर क्योंकि वहाँ घास है, तिनके हैं, कीड़े-मकोड़े हैं उनके आहार के लिए; लेकिन मानव पैदा हुआ और उसने सीधे आकाश की ओर देखा, चला और सामने क्षितिज की ओर देखा—मार्ग में पहाड़ मिले, और

उन्हें दलित द्राक्षा की तरह निचोड़ डाला! समुद्र पड़े, और उन्हें गोखुर बना डाला! जंगल दिखे, उन्हें खेत बना डाला! शून्य मिला, छलाँग मारी और चाँद को खँगाल डाला! वह अपनी अपराजेय शक्ति, अदम्य साहस और अमृत जिजीविषा के साथ आगे बढ़ता रहा—आगे बढ़ता रहा...

है कोई इस चराचर ब्रह्मांड में जो इसके वेग को रोक सके? वह तोड़ता, फोड़ता-फलाँगता काल के रथ पर सवार आगे बढ़ रहा है!

और तुम? इस गतिशील विराट कल्पवृक्ष के आगे विलाप करते हो कि मेरे लिए बँगला, और तुम कहते हो कि मेरे लिए मसनद, और तुम कहते हो कि मेरे लिए दौलत, और तुम कहते हो कि मेरे लिए ऐशो-आराम, और यह कहता है कि मेरे लिए चैन, और वह कहता है कि नहीं, यह। नहीं, वह। नहीं, यह...! कल्पवृक्ष अवाक् और विस्मित तुम्हें देख रहा है—आखिर इन क्षुद्रताओं और तुच्छताओं से कभी ऊपर भी उठोगे मनुष्यो! तुम्हें यही ज्ञान नहीं कि मेरे इस तने और शाखाओं और डालियों और पत्तियों और टेसुओं और फूलों और फलों और श्यामल आच्छादन के नीचे कितनी रत्नराशि भरी पड़ी है!

हटो सामने से! जीवन का भव्य और महान समारोह उसकी प्रतीक्षा कर रहा है...'

मंत्रमुग्ध तालियों की गड़गड़ाहट से बेपरवाह ध्वनियों की अजस्र वृष्टि होती रहती..., 'प्रतीक्षा कर रहा है विशाल शाल्मली तरु के नीचे ध्यानमग्न तुलसी। देखो कि इस ओर एक विराट और सीमातीत आलोकवृत्त उसके चित्त के आगे नृत्य कर रहा है और उस ओर मायामोह से आच्छन्न जड़-जगत झंझावात के मानिन्द समाधिस्थ मनीषी से बार-बार टकरा रहा है...इसी बीच, 'बाबा, तुम्हारे धोंकरे में दाल है क्या?' नारी-कंठ सुन पड़ता है।

कवि अपनी बन्द आँखें खोलता है और देखता है—साक्षात् रमणी!

वह धोंकरे की ओर संकेत करता है और आँखें फिर बन्द! थोड़े अन्तराल के बाद पुनः सुनता है, 'बाबा! चावल भी है?' वह पुनः संकेत करता है और अग्निकुंड में पकनेवाली खिचड़ी की गन्ध महसूस करता है। कुछ समय पश्चात् पुनः सुनता है, 'बाबा! जरा-सा नमक!' बाबा धोंकरे की ओर संकेत कर ही रहा है कि रमणी ठिठकती है और बोल उठती है, 'बाबा! एक प्रश्न का उत्तर दोगे? जब इस धोंकरे में तुम्हारी सम्पूर्ण गृहस्थी है तो मैं ही क्यों बाहर हूँ?'

'हाय! यह कौन है? रमणी! बोल, तू कौन है?'

'मुझे पहचाना नहीं? रत्नावली!'

कवि को लगता है कि धरती थरथरा रही है, आसमान शीशे की तरह उसके आगे चूर-चूर होकर बिखर रहा है, आलोकवृत्त सूर्य की तरह नाचने लगा है, उसके रचनाशील नेत्रों के समक्ष अलंकार हाथ जोड़े खड़े हैं, छन्द घिघिया रहे हैं,

भाषा और शब्द और वाक्य और पद-विन्यास त्राहि-त्राहि कर रहे हैं—'महाराज! आज्ञा दें!'

कवि को अशेष सर्जनात्मकता और रामचरित सुदूर भविष्य की गोद से गुहार रहे हैं और तुम कहते हो कि रुको, और वह कहता है कि आगे बढ़ो! थोड़ा-सा और आगे...!

इधर तालियाँ कान के पर्दे फाड़ती रहतीं और उधर कुलपति सोचते, 'आचार्य जी से बेहतर मेरा कवच और कौन हो सकता है? अध्यक्ष की झंझटें छोड़ो, इस आदमी को क्यों न रेक्टर बनाओ जिसका छात्रों के हृदय पर एकच्छत्र साम्राज्य हो!'

आखिरकार अध्यक्षता संकट में देख जोशी ने पंडित जी के आगे 'रेक्टर' होने का प्रस्ताव कर दिया—उससे कहीं ज्यादा बड़ा सम्मान!

रेक्टर माने बहुत कुछ!

रेक्टर माने कुलपति के बाद का दूसरा कुलपति!

रेक्टर माने गाड़ी, बँगला, सुरक्षा-सैनिक, पहरेदार, नौकर-चाकर, रोज के सैकड़ों चरणस्पर्श और प्रणाम, स्टेनो और पी.ए., हवाई-यात्राएँ, अपने लोगों के कल्याण, सैकड़ों क्लर्कों, सचिवों और कुलसचिव से सुसज्जित केन्द्रीय कार्यालय का राज्य, दस-पन्द्रह हजार विद्यार्थियों से लेकर तीन हजार विद्वानों पर आधिपत्य!

लेकिन रेक्टर का एक और अर्थ है—छात्र संघ, अध्यापक संघ और कर्मचारी संघ की रोज-रोज की माँगों को सुनना, उन पर विचार करना, उनका समाधान ढूँढ़ना और इन्हें सन्तुष्ट करना। कोई आवश्यक नहीं कि आपका समाधान उन्हें स्वीकार हो और स्वीकार भी हो तो जरूरी नहीं कि वे सन्तुष्ट भी हों।

पंडित जी कुछ दिन परेशान रहे। 'बाणभट्ट की आत्मकथा', 'चारु चन्द्रलेख' और 'अशोक के फूल' के लेखक की प्रकृति से यह पद मेल नहीं खाता था। वे घर में तो सलाह लेते ही रहे होंगे लेकिन अपने उन शिष्यों से भी बातें करते रहे होंगे जो उन्हीं के विभाग में थे और काफी दिनों से 'और आगे बढ़ने' (रीडरशिप) की आस लगाए थे। यह वक्त था जब परामर्श के बदले पंडित जी को बधाइयाँ दी जा रही थीं।

प्राय: सबका मत था कि यह सुअवसर और सौभाग्य किसी-किसी को जिन्दगी में कभी-कभी ही मिलता है। फिलहाल स्वीकार करने में क्या हर्ज है? चलेगा, चलेगा। नहीं चलेगा, छोड़ दीजिएगा...

मेरा खयाल है कि पंडित जी की अपनी मुश्किल थी—उतनी दूर से नौकरी के निमंत्रण पर काशी आना, तीन-चार महीने बाद ही हटा दिया जाना और फिर रवीन्द्रपुरी में घर बैठ रहना...लोग देखेंगे, सुनेंगे और हँसेंगे। किसे मुँह दिखाएँगे? किधर निकलेंगे?...और अगर 'रेक्टर' बनने से भी इनकार कर दिया तो लोग समझेंगे कि ऐसे बड़े पदों में मेरी कोई रुचि नहीं। मेरे लिए ऐसे पदों के बारे में

सोचना भी बन्द कर देंगे लोग। फिर तो घर बैठो और मक्खियाँ मारो। दिन कटने मुश्किल हो जाएँगे।

कुछ ऐसा ही सोचते रहे होंगे पंडित जी और यह भी कि प्रतिष्ठा का पद है, एक बार इसे भी आजमाकर देखने में क्या हर्ज है ?

मैंने निश्चय किया कि किसी दिन मैं भी बात करूँगा—वे मानें या न मानें।

मित्रो! अब यहाँ एक छोटा-सा क्षेपक—अपने और पंडित जी के सम्बन्ध के बारे में। यह सन् '58 की बात है।

हमें एम.ए. में भाषाविज्ञान पढ़ाते थे स्व. पद्मनारायण आचार्य।

कन्धे तक झूलते हुए लम्बे केश। साँवला मगर चमकता रंग। तीखे नाक-नक्श और जादू-भरी आँखें। मँझोले कद का आकर्षक मधुर व्यक्तित्व।

वे पढ़ाते कम थे, संस्मरण ज्यादा सुनाते थे—प्रसाद के बारे में, पूर्व अध्यक्ष केशव प्रसाद मिश्र के बारे में। और रोज-रोज वे ही संस्मरण। पढ़ाने का विषय चुना था उन्होंने 'वाक्य-विज्ञान' जो परीक्षा में कभी नहीं पूछा जाता था, हाजिरी के बाद रोज चार-पाँच वाक्य 'वाक्य-विज्ञान' के बारे में, उसके बाद प्रसाद और केशव जी चले आते थे और अन्त तक रह जाते थे।

'सुबोध छात्रो!' उनका प्रिय सम्बोधन था।

परीक्षा सिर पर आ गई।

हम कक्षा से बाहर निकल जाते लेकिन उन पर कोई असर नहीं। हम उनसे भाषाविज्ञान में ही कुछ और पढ़ाने के लिए कहते तो वे बड़े-बड़े भाषाविदों का हवाला देते हुए बताते कि वे सभी विद्वान उनका कितना लोहा मानते हैं।

मैंने उन पर 'आचार्य चालीसा' लिखा जिसकी आरम्भिक पंक्तियाँ मुझे अभी भी याद हैं :

कक्षा बीच भई नभ बानी।
पढ़ो नहीं तो होगी हानी।
और पधारे पदुम नरायन।
हाथ रजिस्टर, जटा बढ़ायन।
बोले मधुर—सुबोध छात्रो,
सुनो ध्यान से ज्ञान पात्रो।
यह विज्ञान कठिन अति दुर्गम।
मैं प्रसाद, केशव जी हरदम।
एहि लगि कठिन साधना कीन्हीं।
केशव जी प्रमाण तब दीन्हीं।
अहह तात! तुमको हौं जानी।

हो निश्चय भाखा विग्यानी।
धीरेन्दर, चैटर्जी जितने!
बिस्वनाथ, सक्सेना कितने।
मोहि सराहे, मोहि परसंसे।
धिक् तुम सब जो मोहि असंसे।
बालक! तुम सब मूढ़ मति, हँसी उड़ावत मोहिं।
हँसत, विरोधत औ' भगत, लाज न लागत तोहि॥

आदि-आदि।

एक दिन लड़कों के बीच 'चालीसा' का वाचन हुआ। उसके बाद हमेशा के लिए सामूहिक कक्षा-बहिष्कार।

मामला अध्यक्ष हजारीप्रसाद द्विवेदी तक पहुँचा। उन्होंने मुझे बुलवाया। मैं उन्हें देखता था, सुनता था लेकिन प्रत्यक्ष परिचय का पहला मौका था।

मैं संकुचित भयभीत आँखें झुकाए खड़ा रहा और वे प्यार से डाँटते हुए अन्त में बोले, 'जाओ, भागो। बीच सत्र में अध्यापक को बदलना एक गलत परम्परा है, समझा?'

मैं जब मुड़ने को हुआ तो पूछा, 'तुम नामवर जी के भाई हो?'

मैं कुछ नहीं बोला।

'उन्हें पता है यह सब?' मुझे चुप देखकर हँसे, 'अच्छा, भागो और पढ़ो।'

इस परिचय के बाद मैं अन्त तक पंडित जी के लिए 'नामवर जी का भाई' ही बना रहा। उनसे जब कभी भेंट होती थी, प्रायः पहला प्रश्न कुछ इसी तरह का होता था :

'नामवर जी कैसे हैं?'

'नामवर की कोई चिट्ठी आई थी?'

'नामवर ठीक-ठाक तो हैं?'

'देखो, अमुक तारीख को नामवर से भेंट हो सकती है?'

इससे इतना तो पता चलता है कि पंडित जी के भीतर भैया के लिए कितना प्यार था। लेकिन इन प्रश्नों का मेरे मनोविज्ञान पर बुरा असर यह पड़ा कि मुझमें कभी भी पंडित जी से मिलने, उन्हें देखने, खुलकर बातें करने का उत्साह नहीं पैदा हो सका।

तो मैं संयोग से एक शाम पंडित जी के पास ऐसे समय पहुँचा जब वे टहलने के लिए निकल रहे थे। अकेले और लोगों की मुलाकातों से थके हुए।

'तो होल्कर हाउस कब जा रहे हैं पंडित जी?' मैंने साथ चलते हुए पूछा।

'अभी दिन नहीं तय किया है,' उन्होंने कहा और हँसे, 'ऐसा लगता है, विश्वविद्यालय का ऋण अभी चुका नहीं है।'

इससे मैंने निष्कर्ष निकाला कि पंडित जी ने जाने का निर्णय ले लिया है और उस सिलसिले में कोई बात करना व्यर्थ है।

इसी बीच सामने से आते हुए उसी कालोनी के एक सज्जन मिल गए। उन्होंने पंडित जी को रोका। बोले, 'पंडित जी, आज तो बुरा हो गया। किसी ने ध्यान नहीं दिया, टॉमी (कुत्ता) थोड़ी देर के लिए बाहर चला गया, लौटा तो लहू-लुहान।'

'क्यों, किसी ने मारा क्या?'

'नहीं। लगता है। कुत्तों ने काट खाया है।'

पंडित जी गम्भीर हो गए, फिर सहसा ठहाका लगाया, 'ओह, समझा! स्वयंवर में चला गया होगा!'

उन्होंने समझा, मगर थोड़ी देर में। हम आगे बढ़ आए तब उनकी हँसी सुनाई पड़ी।

पंडित जी ने उसी मूड में कहा, 'आज मेरे यहाँ भी एक गजब हुआ। पड़ोसवाली महिला ने मेरे बच्चों से शिकायत की कि तुम लोग अपना कुत्ता नहीं बाँधते। वह चहारदीवारी फाँदकर मेरे घर में चला आता है।

बच्चों ने कहा—आंटी जी, जब कुत्ता चहारदीवारी फाँद सकता है तो हाथी क्यों नहीं फाँद सकता?

मैडम बहुत मोटी हैं। इसे उन्होंने अपने ऊपर व्यंग्य समझा और गालियाँ देने लगीं।'

पंडित जी के साथ मैं भी थोड़ी देर हँसता रहा।

'और सुनाओ, कैसे चले?' वापस लौटते हुए उन्होंने पूछा।

'पंडित जी, आपके मन में कभी कबीर पर उपन्यास लिखने की बात नहीं आई?' मैंने बातचीत की दिशा बदल दी ताकि पंडित जी को लगे कि दूसरे काम पड़े हैं जो ज्यादा महत्त्वपूर्ण हैं।

'नहीं।'

'क्यों?'

'कबीर पर मैं नहीं लिख सकता।'

मैं चुपचाप चलता रहा।

'कबीर में दृढ़ता थी। आत्मविश्वास था। वे जिस बात को सही समझते थे, उसे डंके की चोट पर कहते थे—निर्भय, निर्मम और निर्द्वन्द्व। लेकिन मैं जब दूसरे पक्ष के बारे में सोचता हूँ तो लगता है, वह भी तो सही हो सकता है! हमने अपने को उसकी परिस्थितियों में डालकर सोचा ही कब?...'

हाय, हाय! यह क्या बोल रहे हैं पंडित जी? मैं तड़पकर रह गया। जिनका सारा साहित्य दृढ़ता, आत्मविश्वास, आत्मगौरव और स्वाभिमान की चुनौतियों से भरा पड़ा है, जिनके चरित्रों से बेलौस, बेपरवाह और निडर ललकार है, आत्मस्वीकृति है, उद्‌बोधन है; जिन्हें कवियों में प्रिय है तो कबीर, पौधों में प्रिय है तो 'कुटज',

वृक्षों में प्रिय है तो 'देवदार', पौराणिक नायकों में प्रिय है तो भीष्म—उन्हीं पंडित जी को जीवन में दृढ़ता से परहेज है!

लेकिन रे मूरख काशी! तू यह सुनकर दुखी क्यों होता है? प्रेम की कविताएँ सबसे अधिक उन्होंने लिखी हैं जो उसके लिए तरसते रह गए हैं। क्रान्ति की कहानियाँ उन्होंने लिखी हैं जो जीवन में सबसे अधिक शान्तिप्रिय रहे हैं।

और सबसे बड़ी बात कि पंडित जी की जिस जीवन-शैली के सबसे बड़े शिकार नामवर हैं, उन्हें कोई शिकायत नहीं है और उन्हीं का भाई तू, परेशान हो रहा है? तू तो कभी इनका कायदे का शिष्य भी नहीं रहा!

क्या यह हक एक लेखक को नहीं कि जो वह जीवन में न कर सके, वह साहित्य में करे?

और दृढ़ता का हमेशा एक ही अर्थ है क्या?

क्या दृढ़ता 'जबदी हुई मनोवृत्ति' की ओर नहीं ले जाती? व्यक्ति को सीमित, संकुचित, संकीर्ण नहीं रखती? कट्टर भी तो दृढ़ होता है!

दृढ़ता क्या 'और पक्षों' की ओर से हमारी आँखें नहीं बन्द कर देती?

जिस उन्मुक्तता, स्वच्छन्दता, विशालता की हमारी चाह है—उसके रास्ते में दृढ़ता नहीं आ खड़ी होती? वह फैलाव और वह विस्तार और वह उदारता—जो आदमी को सच्ची मनुष्यता की ओर ले जाती है—दृढ़ता का 'छोटापन' हमेशा उसमें अड़ंगे नहीं डालता?

हठधर्मिता के बचपन का नाम भी तो है दृढ़ता।

खैर, ये सब पंडित जी के हक में दिये जानेवाले तर्क हो सकते हैं, लेकिन मेरी आपसे एक गुजारिश है।

आप पूरे बाजार में ढिंढोरा पीट-पीटकर पूछ डालिए—हर एक आदमी से पूछिए कि उसने किसी ऐसे शख्स को 'खुली हँसी' हँसते हुए देखा है?

चंगेज़ हँसता था मगर लाशों के ढेर पर। कबीर भी हँसता था मगर पंडितों, पुरोहितों, काजियों और मौलवियों-मुल्लाओं पर। आचार्य शुक्ल हँसते नहीं थे, मुस्कराते थे—अनुशासित मुस्कान, वह भी मूँछों में। फिल्मी खलनायक हँसता है अपनी साजिश की सफलता की उम्मीद पर। भगेलू हँसता है महँगी की मुर्गी की चोरी पर...

कोई भी हँस सकता है। इस पर किसी तरह की रोक-टोक नहीं। लेकिन उस हँसी को खोलकर देखिए कि उसमें क्या-क्या नहीं है! और जो है, उसमें कैसे-कैसे रंग हैं!

हँसते थे पंडित जी भी और ऐसी हँसी कि क्या कहने! हजारों किस्से हैं इस हँसी के। कभी वह कवच होती थी, कभी हथियार। कभी खुद पर होती थी, कभी और पर। लेकिन उनकी एक हँसी ऐसी भी होती थी जो साथ के मनुष्य को कपड़े-

लत्ते, रोजी-रोटी, हाट-बाजार, घर-द्वार, शत्रु-मित्र, ऊँच-नीच, अमीर-गरीब—इन सबकी दुनियाओं से उठाकर वहाँ रख देती थी जहाँ वह 'जीने का अर्थ' खुलता हुआ महसूस करता था।

'यह धरती कभी ऐसी भी होगी क्या?' अनचाहे ही यह प्रश्न सुगबुगाने लगता था उसके दिमाग में। उसके पाँव अपने-आप धरती से उठ जाते थे, उसके बाजुओं में पंख लग जाते थे और वह उस उड़ान पर निकल जाता था जहाँ सच्ची इनसानियत का डेरा है।

जब पंडित जी रेक्टर की हैसियत से 'होल्कर हाउस' पहुँचे तो उसने पहला काम यह किया कि पंडित जी की वह हँसी छीन ली।

कुलपति निवास के ठीक सामने 'होल्कर हाउस'। रेक्टर का बँगला।

अन्दर माता जी होंगी। वे और कुछ न करें, सिर्फ कमरे और अलमारियाँ ही देखती और गिनती रहें तो दिन बीत जाए। ढेर सारे नौकर-चाकर होंगे। माली अलग, मेहतर अलग, रसोइया अलग, नौकरानी और झाड़ू-पोंछा करनेवाले अलग...नीम के टूसों के साग—जिसकी आदत 'शान्तिनिकेतन' में पड़ी थी, जब चाहे तब मँगा सकती हैं और खा सकती हैं।

और पंडित जी...

'का रजा कासी, अब नहीं जाओगे पंडित जी के हियाँ!' पहले जब पूछो, तभी चप्पल फटकारते हुए चल देते थे। 'किधर भाई', 'तो जरा पंडित जी के हियाँ।'

गेट पर सुरक्षा सैनिक। किससे मिलना है? क्या काम है? अभी-अभी किसी मीटिंग में गए हैं। व्यस्त हैं। अभी एक प्रतिनिधिमंडल से बातें कर रहे हैं। इस हफ्ते तो खाली होने की उम्मीद नहीं। आपकी जिद ही है तो ठीक, उनके पी. ए. से बात कर लें।

और पी.ए. एक घुटा हुआ। उसकी अपनी पसन्द-नापसन्द। आपसे नाराज, तो साल-भर नहीं मिलने देगा; खुश, तो जाइए, खाली बैठे हैं। कल ही पूछ रहे थे।

और विश्वविद्यालय की सारी समस्याओं, परेशानियों, विकास-योजनाओं और सैकड़ों फाइलों के बीच घिरे पंडित जी। सामने स्टेनो, बगल में खड़ा सचिव, दरवाजे पर पियॉन, बगल में कमरे से आती टाइपराइटर की खट-खट। पोर्टिको में खड़ी अम्बेसडर। चबूतरे पर सिगरेट पीते और साँय-साँय बतियाते ड्राइवर और शोफर। बरामदे की बेंचों पर बैठे मुलाकाती कर्मचारी और छात्र, रिसेप्शन रूम में सोफों पर प्रोफेसर और अधिकारी। एक-एक करके लोग जा रहे हैं और आ रहे हैं।

इन्हीं मुलाकातियों में वे बूढ़े सज्जन भी रहे होंगे जिनसे समयाभाव के कारण पंडित जी नहीं मिल सके थे। वे सड़क से जाते हुए बोले, 'क्या ठाठ हैं सतुआ-नून लेकर बनारस पढ़ने आए बलिया के बाभन हजारीप्रसाद के!'

यह टिप्पणी यह आभास देने के लिए कम नहीं है कि पंडित जी की साख धीरे-धीरे गिरनी शुरू हो गई थी।

और रही-सही कसर पूरी कर दी '68-'69 में होनेवाले छात्र-संघ के चुनाव ने।

चुनाव के नतीजे और नतीजे के बाद के हालात ने रेक्टर द्विवेदी को कथाकार, निबन्धकार और इतिहासकार हजारीप्रसाद द्विवेदी और उनकी आत्मा के सामने ला खड़ा किया, 'अब बोलो पंडित! क्या कहते हो? कठघरे में भी तुम्हीं हो और न्यायाधीश भी तुम्हीं हो।'

ऐसी संकट की घड़ी पंडित जी के जीवन में कभी न आई होगी।

एक तरफ वे छात्र थे जो समाजवादी युवजन सभा से, ए.आई.एस.एफ. से और एस. एफ. आई. से सम्बद्ध थे। साल भर पहले शानदार ढंग से 'हिन्दी आन्दोलन' हुआ था और उसने छात्रों के बड़े समुदाय में राजनीतिक चेतना पैदा कर दी थी। ये प्रगतिशील थे, पंडित जी के साहित्य के पाठक थे, उनके व्यक्तित्व और उनके भाषणों के दीवाने थे, उनकी पूजा करते थे। ये वे थे जिन्होंने पंडित जी के आगमन और रेक्टर बनाए जाने का जोरदार स्वागत किया था। इन्होंने ही तमाम बाधाओं-उपद्रवों, धमकियों और मार-पीटों के बीच चुनाव में विजय हासिल की थी।

दूसरी तरफ विद्यार्थी परिषद और आर.एस.एस. से जुड़े हुए छात्र थे। इनके साथ विश्वविद्यालय के अवांछित और असामाजिक तत्त्व थे। इनके पीछे नगर के ठेकेदारों और बदनाम लोगों के हाथ थे। ये लाठी-डंडे, चाकू, तमंचे और शराब की बदौलत चुनाव जीतने का दम भर रहे थे। इनकी यह योजना थी कि हार के लक्षण देखते ही पंडाल फूँक दिये जाएँ और मतपत्र लूट लिये जाएँ। मतदान के समय इन्होंने ऐसी कोशिशें भी की थीं।

इन हारे हुए विद्यार्थियों को चुनाव के समय से ही कुलपति जोशी का संरक्षण प्राप्त था। इन विद्यार्थियों ने जोशी की सलाह पर अपने विपक्षी के चुनाव की वैधता को चुनौती दे दी।

विजयी लड़के जुलूस निकालते, कुलपति और रेक्टर के फाटक के आगे प्रदर्शन करते और न्याय की गुहार लगाते। हारे हुए लड़के ताकत के जोर पर लाठी-डंडा भाँजते और जुलूस पर ढेले, पत्थर और बम फेंककर छिन्न-भिन्न करते।

कुलपति ने हारे हुए लड़कों को अपनी तरफ लिया और छात्रों की फूट को प्रोत्साहन दिया।

जुलूसवाले लड़के घूम-फिरकर रेक्टर के फाटक पर जाते, क्योंकि उन्हें आचार्य द्विवेदी के विवेक, न्याय-बुद्धि और ईमानदारी पर भरोसा था।

आप अन्दाजा लगा सकते हैं कि पंडित जी के लिए कितनी बेचैनी के दिन रहे होंगे! बेचैनी के दिन और बेचैनी की रातें...जब उनकी अपनी ही 'सृष्टि' की सारी सन्तानें बिना उनसे अनुमति लिये जबर्दस्ती उनके कमरे में घुस आती रही होंगी और कहती रही होंगी, 'न्याय के लिए प्राण देना सीखो, सत्य के लिए प्राण देना सीखो, धर्न के लिए प्राण देना सीखो।'

एक सन्तान गई नहीं कि दूसरी आ खड़ी हुई—पिछले पाँच-सात महीनों से इन्हीं बच्चों को गुरुमंत्र दे रहे थे पिताश्री कि किसी से न डरना—गुरु से भी नहीं, मंत्र से भी नहीं, लोक से भी नहीं, वेद से भी नहीं। और बड़ी तालियाँ और फूलों के गजरे बटोरते रहे, आप किससे डर रहे हैं? अमरचन्द जोशी से? वे तो अपनी भलाई देख रहे हैं, आप किसकी भलाई देख रहे हैं? जोशी ने आप पर कोई कृपा नहीं की है, उसने आपको रेक्टर भी अपने लिए ही बनाया है। इस तरह के सारे पदों, प्रलोभनों से आप बड़े हैं महाराज! यही मौका है, आप अपने को इन बच्चों के आगे झूठा मत साबित कीजिए।

नीचे धरती, ऊपर आकाश, बीच में आप। कबीर भी आए होंगे और उनके साथ ही उपन्यासों की बची-खुची सन्तानें एक-एक कर आती रही होंगी और रात के सन्नाटे में जगा-जगाकर कहती रही होंगी, 'अब कै दिन की जिन्दगानी रह गई है आपकी? अब अपनी मत देखिए, हमारी चिन्ता कीजिए। हम क्या जवाब देंगे?'

और पंडित जी का सबसे प्रिय वह काल देवता भी आया होगा अपने ओठों पर कुटिल मुस्कान के साथ, 'फेर दिया न पानी अपने सारे किए-कराए पर! रेक्टर न बनते तो क्या मर गए होते? जीने के लिए किसी-न-किसी पद पर बने रहना जरूरी था क्या? तुम्हें कमी किस चीज की थी? प्रतिष्ठा की? दौलत की? पद की? चाहते क्या हो तुम?'

हालात बद-से-बदतर होते चले गए। रोज-रोज के धरने, प्रदर्शन, जुलूस, अनशन से तंग आ चुके थे छात्र। उन्होंने निर्णय लिया कि अब कक्षाओं का बहिष्कार। जब तक माँगें नहीं मानी जाएँगी तब तक अपने-अपने संकायों में आएँगे, बाहर सभाएँ करेंगे, रोज जुलूस निकालेंगे मगर कक्षाएँ नहीं करेंगे।

इनके विरुद्ध विद्यार्थी परिषद ने 'शान्ति सेना' गठित की। लगभग संड-मुसंड ऐसे नौजवानों की सेना जिन पर विश्वविद्यालय और नगर में मार-पीट, लूट-पाट, हत्या और आगजनी के मुकदमे चल रहे थे। इनकी संख्या लगभग साठ-सत्तर के आसपास थी। वे प्रतिदिन दस बजे के करीब 'कैफेटेरिया' में इकट्ठे होते, रणनीति तय करते और हाथों में छोटे-छोटे डंडे लिये हर संकाय के लिए बँट जाते। इनके पीछे सहायता के लिए 'प्राक्टोरियल बोर्ड' भी था और नगर प्रशासन भी।

इनके शिकार थे छात्रनेता और सीधे-सादे विद्यार्थी। ये उन्हें मार-पीटकर जबर्दस्ती कक्षाओं में हाँका करते। इनकी जीपों की आवाजें जैसे ही सुनाई पड़तीं, सभा या जुलूस में भगदड़ मच जाती।

अब अध्यापक भी चुप नहीं रह सके। इसे देखते हुए इस शान्ति सेना ने ऐसे अध्यापकों की भी सूची तैयार कर डाली, जिन्हें सबक सिखाना जरूरी था।

इन्हीं अध्यापकों में एक मैं भी था।

मुझे चेतावनियाँ और धमकियाँ मिलने लगीं। मैंने गम्भीरता से नहीं लिया, लेकिन एक दिन जब मैं दूसरी मंजिल पर अपने कमरे में बन्द शीशा लगी खिड़कियों से कॉलेज के मैदान में शान्ति सैनिकों द्वारा मार खाते लड़कों को देख रहा था कि ताबड़तोड़ दो बड़े पत्थर मेरी खिड़कियों को तोड़ते हुए कमरे की दीवार से जा टकराए।

मैं सामने से हट गया, और सोचा, 'ये बातें पंडित जी को बताई जाएँ।'

छात्रों का सारा क्रोध जोशी से हटकर पंडित जी पर चला आया था और अब न वे उनके लिए पूज्य रह गए थे और न श्रद्धेय। उनका नाम सुनते ही गालियाँ फूटतीं लड़कों के मुँह से।

'क्या विभाग में आनेवाले पंडित जी के शिष्य ये सूचनाएँ न देते होंगे?' मैं सोचता रहता।

इसी समय पंडित जी के एक कथाकार शिष्य ने सूचना दी, 'पंडित जी ने तुम्हें बुलाया है।'

मैं शाम को पंडित जी के यहाँ गया।

'होल्कर हाउस' के अन्दर और बाहर पुलिस की व्यवस्था तगड़ी हो गई थी। मिलने के लिए आनेवालों की जाँच-पड़ताल और पूछताछ भी बढ़ गई थी।

जब पोर्टिको के बगल में तीन-चार वे 'शान्ति सैनिक' दिखाई पड़े, जिन्हें बेरहमी से छात्रों को पीटते हुए देखा था, तो अटपटा लगा। यह तो पता था कि ये 'कुलपति आवास' से जुड़े हैं लेकिन इनका यहाँ भी आना-जाना है, यह चौंकानेवाली बात लगी।

पंडित जी ने मुझे उस छोटे-से कमरे में बुलवाया जिसमें बैठकर निजी काम करते थे। कुछ किताबें, कुछ थीसिसें, कुछ पत्र-पत्रिकाएँ, चिट्ठियाँ वगैरह बिखरी रहती थीं। मैंने चरण-स्पर्श किया और उनके सामने बैठ गया।

अचानक मेरा ध्यान पंडित जी के सिर के ऊपर दीवार में टँगी दफ्ती पर गया। उस पर भोजपुरी में एक छन्द था :

का मउज से धूनत रहलीं
कवन कुमुरखी जागल,

धुनकी छोड़ के धनुका लेहलीं
पहिलै गोली लागल।

'पंडित जी! यह आपने लिखा है?' मैंने पूछा।

वे हँसे, बोले, 'नहीं। एक धुनिया का कहा हुआ है और इसकी अपनी कहानी है। है यह कि एक धुनिया था। रुई धुनता था और मौज-मस्ती से रहता था। खाने-पीने, परिवार चलाने भर को मिल जाता था। न किसी बात का गम और न कोई चिन्ता। उन्हीं दिनों एक देश के शत्रु राजा ने उसके देश पर हमला किया। फौज में भर्ती शुरू हो गई। धुनिया ने सोचा—यही मौका है। अनुभव भी है धुनकी चलाने का। जब मैं यह धुनकी चला सकता हूँ तो वह धुनकी भी चला सकता हूँ। रुई धुन सकता हूँ तो दुश्मन भी धुन सकता हूँ।

वह यह सब कुछ सोचकर सेना में भर्ती हो गया और संयोग देखो कि लड़ाई के मोर्चे पर जो पहली गोली चली, वह उसी को लगी। क्या समझा?'

कहते-कहते पंडितों जी ने ऐसा ठहाका लगाया कि मेरी आँखें छलछला आईं।

जाने कितने दिनों बाद मैंने उनकी हँसी देखी, जाने कितने दिनों बाद वे हँसे होंगे।

'सुनो! कब तक यह लड़कपन करते रहोगे?' वे सहसा गम्भीर हो गए।

मैंने समझा नहीं, 'क्या पंडित जी?'

पंडित जी कुछ कहना ही चाहते थे कि 'शान्ति सैनिकों' का एक छोटा-सा उत्तेजित जत्था आया—बिना किसी अनुमति या पूर्वसूचना के। कुछ कमरे में, कुछ कमरे के बाहर। वे पहले तो मुझे देखकर चौंके, फिर बताना शुरू किया कि उनके 'शान्ति प्रयासों' का किन-किन कॉलेजों में विरोध हुआ लेकिन किस हिकमत से उन्होंने सब ठंडा कर दिया। मेरी ओर देखते हुए यह भी कहा कि ऐसे अवांछित तत्त्वों को कुछ अध्यापकों का भी समर्थन प्राप्त है।

'ठीक है।' पंडित जी ने कहा और उनके जाने तक चुप रहे।

लेकिन वे गए नहीं, खड़े रहे।

'और नामवर जी की क्या खबर है?' उन्होंने मुझसे पूछा।

मैं समझ गया और बताने लगा।

'इधर आ नहीं रहे हैं क्या?'

मैं फिर कुछ कहने जा रहा था कि वे लड़कों से बोल पड़े, 'तो ठीक है, जाओ तुम लोग! अब आराम करो।'

लड़के वहाँ से निकलकर 'ड्राइंग रूम' में चले गए।

'ऐसा है', इधर-उधर देखते हुए पंडित जी मुँह में ही बोलने लगे, जैसे अगल-बगल जासूस चल-फिर रहे हों और उन्हें डर हो कि बातें बाहर न चली जाएँ, 'ऐसा

है कि शान्ति सैनिकों ने आठ-दस अध्यापकों की एक सूची दी है जोशी जी को। उनका प्रस्ताव है कि उन्हें निकाल दिया जाए तो शान्ति हो जाएगी। उनमें दूसरा या तीसरा नाम ही तुम्हारा है। जोशी जी आस्ट्रेलिया गए हैं। मैं नहीं जानता, लौटने पर वे क्या करेंगे। तुम जानते हो, मेरी अपनी सीमाएँ हैं। मैं उन्हें सिर्फ सलाह दे सकता हूँ और वह भी पूछने पर...लेकिन वह काम ही क्यों करें कि ऐसी स्थिति पैदा हो!'

जिस फुसफुसाहट जैसी मद्धिम आवाज में पंडित जी आत्मालाप कर रहे थे, उससे पूरा माहौल दहशत से भर गया। हे भगवान! यह कौन बोल रहा है? रेक्टर या कैदी? जहाँ जासूसी हो रही हो, जहाँ अपने मन की बात कही नहीं जा सकती, जहाँ दम घुट रहा हो, खुली हवा में साँस लेना दूभर हो गया हो, जहाँ अपने मनवाली न की जा सके, जहाँ सही को सही और गलत को गलत न बताया जा सके, जहाँ शान्ति सैनिक की शक्ल में लफंगे और गुंडे विहार कर रहे हों और रेक्टर खुद उनसे भयभीत हो—वहाँ कैसे जी रहे हैं पंडित जी!

क्या उन्हें नहीं मालूम कि उन्हीं के शान्ति सैनिक मैदानों, कॉलेजों, सड़कों और छात्रावासों में निरीह लड़कों को बिला वजह पीट रहे हैं, घड़ी-रेडियो, रुपए-पैसे छीन रहे हैं, शराब-गाँजा पी रहे हैं? क्या उन्हें नहीं पता कि उन्हें अब भी चाहनेवाले लड़के उन्हें पाखंडी, ढोंगी, नौटंकीबाज, पद का लोभी...और भी जाने क्या-क्या कह रहे हैं? क्या उन्हें नहीं पता कि सैकड़ों छात्रनेता रोज दिल्ली दौड़ रहे हैं और 'गजेन्द्र गडकर कमीशन' की रिपोर्ट जल्दी से जल्दी लाए जाने के लिए डटे हुए हैं?

और सबसे बड़ी बात...वह उन्मुक्तता, वह मस्ती, वह फक्कड़ी, वह विनोद, वह अट्टहास—सारा कुछ कहाँ चला गया?

मैंने हिम्मत करके कहा, 'अब बहुत हो चुका पंडित जी, अब भी देर नहीं हुई है, घर लौट चलिए।'

जवाब में पंडित जी ने एक उदास ठहाका लगाया—और बस!

जब मैं चलने को हुआ तो पंडित जी बोले, 'तुमने बाबा की कमरियावाला किस्सा सुना है कि नहीं? फिर सुनते जाओ। नदी की धारा में बाबा जी ने एक काली-सी चीज बहती हुई देखी। सोचा, कम्बल है। किसी तरह हासिल हो जाए तो काम बने। वे चेलों के रोकते-रोकते धारा में कूद पड़े। कम्बल के पास पहुँचने पर पता चला कि भालू है जो धारा में बहा जा रहा है। अब बाबा जी अपने को छुड़ाएँ और वह छोड़े नहीं। चेले चिल्लाने लगे—बाबा जी! छोड़िए कम्बल। चले आइए!

बाबा जी ने कहा—'बच्चा, मैं तो छोड़ना चाहता हूँ, कमरिया ही मुझे नहीं छोड़ना चाहती!'

जब मैं 'होल्कर हाउस' से बाहर आया तो मेरे दिमाग में बार-बार आ रहा था कि यदि पंडित जी की जगह कोई और होता और वह 'पॉलिटिशियन' होता तो इस

समय विश्वविद्यालय का 'हीरो' होता। वह नगर और परिसर के जनमत को देखता, लोगों की इच्छाओं, आशाओं और उनके दिल-दिमाग को देखता, कुलपति और प्रशासन की भर्त्सना करते हुए अखबारों में वक्तव्य जारी करता, पद को ठोकर मारता और फूलों का हार पहने हुए, आकाशभेदी 'जिन्दाबाद' के नारों के बीच हजारों कन्धों पर सवार 'सिंहद्वार' से बाहर निकल जाता।

कहनेवाले अधिक से अधिक यही कहते कि पंडित कृतघ्न है, उसने उस जोशी का साथ छोड़ दिया जिसने संकट में उसे उबारा था और सम्मान दिया था। लेकिन उनकी संख्या असंख्य होती जो कहते कि पंडित ने 'सत्य' का साथ दिया है—ईमानदारी के साथ।

मगर जब '69 में 'गजेन्द्र गडकर कमीशन' की रिपोर्ट आई और जोशी 'त्यागपत्र' देकर भाग खड़े हुए तब भी पंडित जी क्यों बने रहे ?

'बाबा जी, अब तो कमरिया ने छोड़ दिया है।' मैं पंडित जी से पूछता हूँ।

श्रीमद्‌भागवत, महाभारत, कथा-सरित्सागर, जातकों और लोक कथाओं की जाने कितनी कहानियाँ सुनाते हुए पंडित जी हँसते हैं, 'इस प्रश्न को अभी रखे रहो, तब पूछना जब रिटायर कर जाओगे। और वह भी किसी और से नहीं, अपने आप से।'

भला यह भी कोई उत्तर हुआ ?

कुलपति के जाने के बाद शान्ति सेना गई और कुछ महीनों बाद पंडित जी। सबसे अन्त में।

जब वे आए थे तो उनके स्वागत में पन्द्रह हजार छात्र थे, तीन हजार अध्यापक थे, लगभग इतने ही कर्मचारी थे...और आज जा रहे हैं पंडित जी।

पंडित जी जा रहे हैं और मैं लोगों से चिल्ला-चिल्लाकर कह रहा हूँ :

'भाई रे! ज्ञान का हाथी चला जा रहा है...सहज का दुलीचा डाले। स्वभाव से अक्खड़, आदत से फक्कड़, सूँड़ से पूँछ तक मस्तमौला। कुत्ते भूँक रहे हैं और वह सारी चुनौतियों को सूँड़ में लपेटे बेपरवाह चला जा रहा है—किसी बात की चिन्ता नहीं, किसी बात का गम नहीं। घंटे की टंकार से दिशाएँ गूँज रही हैं और सामने का आकाश हटता, छँटता, फटता चला जा रहा है...

अमृत पुत्रो! झिलमिल सितारों से भरे आकाश के नीचे इस धुले और खुले राजमार्ग पर आकाशगंगा लहरा रही है मृदंग की तरह घनघनाते गुरु गम्भीर घोष के साथ—लोगो! यह पृथ्वी रसातल में धँसती चली जा रही है अपने असत्य, छल-प्रपंच, पाखंड, क्षुद्र स्वार्थ, भ्रष्टाचार और धूर्तता के कारण। इसे बाहर निकालो। बचाओ इसे। है किसी में यह शक्ति और साहस ?'

मैं ऊपर-नीचे, आगे-पीछे, बाएँ-दाएँ हर एक से पुकार-पुकारकर कह रहा हूँ कि ध्यान से देखो! आँखें खोलकर। एकाग्रचित्त होकर। बहुत दिनों का अतिथि नहीं

है इस धरती पर यह व्यक्ति! और यह एक व्यक्ति भी नहीं है—अपने भीतर सदियों से चली आ रही नाना प्रकार की संस्कृतियाँ समेटे समूची भारतीयता है—अपनी अच्छाइयों और कमजोरियों के साथ। इसे ऐसे न जाने दो!

अरे कोई सुन रहा है? कहाँ हैं दुंदुभी बजानेवाले देवता? किधर हैं विमान पर बैठे पुष्प-वर्षा करनेवाले देव? क्या कर रहे हैं गायक-नर्तक, किन्नर-गन्धर्व? क्या हो गया है इन तमाम समारोहधर्मियों को?

पंडित जी चले जा रहे हैं—अपने में खोए हुए, अकेले और चुप।

मैं चिल्ला रहा हूँ जाने कब से, मगर कोई नहीं सुन रहा है—न छात्र, न अध्यापक, न कर्मचारी!

दंतकथाओं में त्रिलोचन

यदि मैं तुम्हारे प्रिय गान नहीं गा सका तो
मुझे तुम एक दिन छोड़ चले जाओगे
प्यार का प्रवाह जब किसी दिन आता है
आदमी समूह में अकेले अकुलाता है
किसी को रहस्य सौंप देता है
उसका रहस्य आप लेता है
ऐसे क्षण प्यार की ही चर्चा करोगे
और अर्चा करोगे और सुनोगे सुनाओगे!

माँ की जीभ सिल जैसी थी। क्या मजाल जो कोई शब्द या ध्वनि उस पर आए और पिसकर चटनी न हो जाए! उसकी जीभ पर आते ही विष्णुचन्द्र शर्मा 'बेहणू', मल्ल जी 'मइल जी', गिरिजेश राय 'गिरगेस', वोहरा 'गोहरा', आचार्य जी 'अंचार जी', विद्यासागर नौटियाल 'लोटिया' और प्रियंकर 'पियक्कड़' हो जाते। उसका खुद का नाम वागेश्वरी था, जिसे वह लजाती हुई थोड़ा-सा घूँघट निकालकर 'बगेसरा' बोलती।

सुलतानपुर जिले के चिरानी पट्टी गाँव के ठाकुर वासुदेव सिंह उर्फ त्रिलोचन शास्त्री को वह हमेशा 'तस्तरी जी' बोलती।

'माँ, तस्तरी नहीं, शास्त्री।' मैं उससे सही बुलवाने के लिए कहता। वह कोशिश करके थक जाती और बोलती, 'जा बचवा, कइसन-कइसन नाँव हऽ! तस्तरी, थरिया, गिलास, लोटा...' और हँसने लगती।

माँ ने शास्त्री जी को देखा नहीं था, लेकिन उनकी इज्जत करती थी—इसलिए कि उसका बड़ा बेटा उनकी इज्जत करता था और जब कभी गर्मियों की छुट्टी में गाँव जाता था, उससे 'तस्तरी' जी की चर्चा करता था। वह बातें तो ढेर सारी बताता रहा होगा लेकिन माँ को केवल इतना याद रह गया था कि तस्तरी जी एक गगरा पानी पीते हैं और रसोई-की-रसोई चट कर जाते हैं।

इसलिए जब सन् '53 की जुलाई में माँ मेरे साथ बनारस आई और एक दिन भैया ने शास्त्री जी को खाने पर बुलाया तो माँ सन्न रह गई। उसकी समझ में न आया कि हँसे कि रोए। वह उठी और चुपचाप रसोई में चली गई। वहाँ से लौटकर मेरे कान में कहा, 'अगर तस्तरी जी न आते तो सबकी खातिर एक पनरहिया (पन्द्रह दिनों) भर रातिब था।'

और जब शास्त्री जी ने आते ही मुझसे कहा कि 'पंडित, पानी पिलाओ। और सुनो! गिलास नहीं, साथ में सुराही लाना', तो मैं भी डर गया।

लेकिन शास्त्री जी के खा लेने के बाद वह प्रसन्न होने के बजाय चिन्तित और दुखी हो गई, 'बेराम तो नहीं हैं? भरपेट खाया भी नहीं। बात क्या है?'

सुना है, शास्त्री जी अपने जन्म से अठारह साल पहले लाहौर में रिक्शा चलाया करते थे। एक दिन उनके रिक्शे पर संस्कृत के विद्वान डॉ. सूर्यकान्त (जो सातवें दशक में काशी हिन्दू विश्वविद्यालय के संस्कृत विभाग में अध्यक्ष थे) कॉलेज जाने के लिए आ बैठे। उनके हाथ में कालिदास या भवभूति की कोई किताब थी। वे विचारमग्न कोई श्लोक बुदबुदा रहे थे, लेकिन वह उपस्थित नहीं हो रहा था। शास्त्री जी सुनते रहे और रिक्शा खींचते रहे।

आखिरकार उनसे नहीं रहा गया और उन्होंने जब वह चरण पूरा किया—जहाँ वह अटक रहे थे तो सूर्यकान्त के विस्मय का ठिकाना न रहा।

उन्होंने शास्त्री जी की प्रतिभा पर मुग्ध होकर कहा, 'पूज्यवर, अब आप बैठें, मैं रिक्शा खींचता हूँ।'

त्रिलोचन जी ने उनका प्रस्ताव ठुकरा दिया और देववाणी में उनसे बतियाते हुए कॉलेज तक ले गए।

शास्त्री जी कभी झूठ नहीं बोलते। झूठ में इतना साहस ही नहीं कि उनके पास आकर सुरक्षित रह सके। वह उनके दाँतों के बीच पड़कर चने की तरह पटपटा उठता है और 'सच' होने के लिए तड़पने लगता है।

यकीन न हो तो आप शास्त्री जी से कहकर देखें कि 'शास्त्री जी, सुना है, सन् 1857 के गदर के शुरुआती दौर में आप ही ने मंगल पांडेय के भीतर राष्ट्रीय चेतना पैदा की थी!' शास्त्री जी ईमानदारी से आपके इस कथन का प्रतिवाद करेंगे, 'नहीं, यह झूठ है। उनके गाँव में मेरी ननिहाल जरूर थी। छुट्टियों में जाता भी था। उनके साथ गुल्ली-डंडा भी खेलता था, कुश्तियाँ भी लड़ता था। वे मेरे अच्छे मित्र बन गए थे, लेकिन जिन दिनों वे फौज में भर्ती हुए, उन्हीं दिनों मैं 'सुख-सागर' वाले मुंशी सदासुख लाल के बुलावे पर आगरा चला गया था।'

और फिर शास्त्री जी मंगल पांडेय के बारे में ऐसी-ऐसी सूचनाएँ देंगे जो न गजेटियर में मिलेंगी, न इतिहास में। उनके आत्मविश्वास और लहजे में ऐसा

सम्मोहन और जादू होता है कि आप सोच भी नहीं सकते कि वे सूचनाएँ गलत हैं और सच कहिए तो गलत होतीं भी नहीं। अगर आप प्रमाण चाहेंगे तो वे उसी सन् के आसपास के लिखित और मुद्रित किसी गिलबर्ट या रिचर्ड लीविस या जीवनराम चौरसिया की किताब का जिक्र करेंगे जिसे आप चाहें तो तंजाउर के अय्यप्पा पुस्तकालय (जो है भी या नहीं, इसे कोई नहीं जानता) में देख सकते हैं। 'हाँ, एक आदमी और है जिसके पास जीवनराम की किताब होनी चाहिए। वे हैं मनोहरलाल याज्ञिक। बेगूसराय से छत्तीस किलोमीटर दूर मालीगंज में। पता नहीं, इस समय वे जीवित हैं या दिवंगत हो गए!'

आप आँखें फाड़े उन्हें सुनते रहेंगे और सन्देह का कोई कारण न होगा और आश्चर्य की बात यह कि मुमकिन है, बताई हुई जगहों में न सही, कहीं-न-कहीं ये किताबें और लेखक सचमुच हों!

कालातीत है यह त्रिलोचन।

कोई सदी नहीं, कोई स्थान नहीं, कोई भाषा नहीं, जहाँ और जिसमें न घूमा हो त्रिलोचन।

जब वह हाथ फेंकते हुए सीना ताने, कुर्ता-पाजामे में लम्बे-लम्बे डग भरता हुआ बनारस की सड़कों, घाटों और गलियों से गुजरता है तो देखकर लगता है, यह नगर इस आदमी की आँखों के सामने बसा है। जब ईंटें नहीं थीं तो इन टेढ़ी-मेढ़ी सँकरी गलियों में पत्थर बिछाने की सलाह इसी ने दी होगी, इसी ने कहा होगा गंगा से कि जरा हट के बहो, घाटों को ठिकाने से बन जाने दो।

कभी देखा नहीं, लेकिन सुना है कि सिंह नाक की सीध में चलता है—निर्भय और बेपरवाह। मैंने कभी त्रिलोचन को सोए हुए नहीं देखा। जब भी देखा, चलते हुए देखा है। मुझे नहीं मालूम कि वह कभी सोता भी है या नहीं। रात और दिन का फर्क जिसके लिए होता हो, उसके लिए हो, त्रिलोचन के लिए नहीं। जब से यह नगर बसा है, तब से त्रिलोचन सिर्फ चल रहा है।

बनारस हो या भोपाल, दिल्ली हो या सागर, त्रिलोचन अपनी पीठ पर गठरी की तरह 'चिरानी पट्टी' बाँधे चल रहा है।

बनारस में रहते हुए मैंने कभी उसे रिक्शे में नहीं देखा, इक्के या ताँगे पर नहीं देखा, स्कूटर या कार में नहीं देखा, देखा तो अधिक से अधिक किसी युवा लेखक की साइकिल के डंडे पर।

त्रिलोचन चलता है और रास्ते में चम्पा मिलती है, भोरई केवट और नगई महरा मिलते हैं। नगर का एक भी आदमी उसका अनचिन्हार नहीं। अस्सी पर मिलता है एक युवा कवि जो जिज्ञासाएँ करता है कविता के बारे में। त्रिलोचन कविता के बारे में तो बाद में बोलेगा, पहले वह बताएगा कि जिसे तुम 'जिज्ञासा' बोलते हो, उसका

उच्चारण 'जिग्यासा' नहीं है। वह सारी दोपहर 'ज्ञ' और 'ष' के सही उच्चारण की विधि समझाने में गँवा देता है।

उसी समय सहसा उसे याद आते हैं 'सभा' से रिटायर करनेवाले उसके सहकर्मी शिवशंकर मिश्र। वह वहाँ से फूट लेता है, या कवि को लिये-दिये चल देता है। वह मिश्र जी के साथ बातें करते हुए कालिदास की अद्‌भुत और विलक्षण प्रतिभा की पुष्टि में रघुवंश, कुमारसम्भव या मेघदूत के जाने कितने श्लोक प्रस्तुत करता है और तुलसी रोड के सामने विश्वनाथ त्रिपाठी से टकरा जाता है। त्रिपाठीजी रीति-काव्य के पंडित। उनके साथ घनाक्षरी, कवित्त और सवैया की खूबियों और खामियों की चर्चा कर रहा है और उस खैनी के तैयार होने की प्रतीक्षा कर रहा है जो त्रिपाठी जी की हथेली में अँगूठे के नीचे है।

शाम ढलते-ढलते गजलों और नज्मों की बस्ती मदनपुरा पहुँचता है त्रिलोचन। वहाँ नज़ीर भी है और अलीम मसरूर भी हैं और हफीज भी और मधुर भी। मीर और ग़ालिब पसन्दीदा शायर हैं त्रिलोचन के। वह कहते-सुनते गोदौलिया पहुँचता है माखन दा की दुकान पर, वहाँ से तमिल या मलयालम की किताब लेते हुए कोठरी (जिसे घर कहते हैं) की राह पकड़ता है...

किवाड़ खोले हाथ में झाड़ू लिये गुस्से से लाल-पीली सस्तराइन दरवाजे पर खड़ी इन्तजार कर रही हैं...

उन्हें देखते ही सहसा त्रिलोचन को याद आता है कि कल रात से घर में खाना न पका होगा। वे चौबीस घंटे बाद लौटे हैं और गेहूँ का जो कनस्तर आटा-चक्की की दुकान पर छोड़ आए थे, अभी तक वहीं पड़ा होगा।

वह उलटे पाँव लौट पड़ता है कि रास्ते में तुलसीदास की अर्द्धाली के साथ एक शोध छात्र मिल जाता है। तुलसी त्रिलोचन के प्रियतम कवि...दिन जाने कब का डूब चुका, जाने कैसे-कैसे कवियों से भेंट हुई, लेकिन तूँ कहाँ रहि गै रहा बाबा?

रात आधी जा चुकी है और सस्तराइन इन्तजार करते-करते किवाड़ से उठंगकर सो गई हैं।

अब कब लौटोगे त्रिलोचन?

कहते हैं, उदय प्रताप क्षत्रिय कॉलेज के एक छात्रावास में नया-नया मेस महराज आया। '40 के दशक की बात है जब वहाँ नामवर-केदार विद्यार्थी हुआ करते थे। इनमें से किसी ने त्रिलोचन को खाने पर न्यौता। त्रिलोचन ने खाना आरम्भ किया। रोटियाँ आ रही हैं और त्रिलोचन खा रहा है—चालीस, साठ, अस्सी, सौ...

सुबह पाया गया कि त्रिलोचन को खिलाने के बाद रात में ही मेस महराज छात्रावास छोड़कर भाग गया।

यानी कि त्रिलोचन खाता था और डटकर खाता था—खेत में काम करनेवाले किसान की तरह।

लेकिन क्या खाता था? आपने उसकी कोठरी के कोने में रखे कनस्तर और डिब्बे कभी खोलकर देखे? किसी में दाल है तो चावल नहीं, चावल है तो आटा नहीं, सब है तो कोयला नहीं, और कोयला भी है तो सब्जी के पैसे नहीं।

फिर भी इस नगर में ऐसा एक भी आदमी नहीं जो कह दे कि त्रिलोचन ने उससे अमुक काम के लिए उस साल पाँच रुपए उधार लिये थे।

बनारस में त्रिलोचन का इतिहास क्लर्की का इतिहास रहा है—बेकारी के साथ-साथ। सन् '75 में बनारस छोड़ने के पहले के पैंतीस-चालीस सालों का इतिहास। 'हंस' की प्रूफरीडरी और जौनपुर में थोड़े दिनों की मास्टरी से शुरू होकर एक अखबार से दूसरे, तीसरे, चौथे अखबार तक। समय-समय पर ट्यूशनें भी कीं और उस 'सभा' में नौकरी भी की जिसके मालिक की सूरत से उसे घिन आती थी।

एक समय ऐसा भी आया जब त्रिलोचन का बड़ा बेटा यूनिवर्सिटी में प्रोफेसर, लेकिन त्रिलोचन बोरे में कोयले की जगह अपने स्वाभिमान को साइकिल के कैरियर में बाँधे सड़क पर।

'जनवार्ता' जैसे लोकल और टुटपुँजिए अखबारों में तुम्हें कितनी पगार मिलती थी त्रिलोचन?

तुम्हारे कुर्ते और पाजामे में ये छेद कितने महीनों से, सालों से हैं त्रिलोचन?

त्रिलोचन, मैं बहुत धीमे से तुम्हारे कान में यह पूछ रहा हूँ—तुम दोपहर बाद और रात को विदा होने से पहले बाल्टी-बाल्टी भर पानी क्यों पिया करते हो त्रिलोचन?

इनके बावजूद इस नगर में शायद ही कोई हो जिससे त्रिलोचन ने कहा हो कि :

—इन दिनों बड़ी तंगी में दिन कट रहे हैं।

—हो सके तो कोई काम-धंधा दिलाओ।

—बीवी को होली पर साड़ी चाहिए, कोई बन्दोबस्त करो।

—बेटा मनमानी कर रहा है, मेरी नहीं सुनता।

—जाहिल और मूर्ख सहायक तिवारी मेरा बॉस हो गया है।

—मेरा कुर्ता चिथड़ा हो गया है, पाजामा तार-तार हो गया है, चप्पल टूट गई है, सर्दी हो गई है, बुखार आ गया है, सिरदर्द हो रहा है, पड़ोसी ने स्कूटर खरीद ली है, बीवी बीमार है और मुँह फुलाए है, आदि-आदि।

मुझे हैरत है कि बनारस ने ऐसे आदमी को जिन्दा क्यों छोड़ा? ऐसे शख्स को जो सिर्फ दूसरों की सुने, उन्हें उपाय बताए, उनके सुख-दुख में शामिल हो

और जब अपनी बारी आए तो कविताओं में चला जाए, बातें करनी हों तो सॉनेटों से करे।

इसी बस्ती में रहते हुए, तिरस्कार और उपेक्षाएँ झेलते हुए किसी से कोई शिकायत या मिन्नत न करते हुए, दूसरे के आगे हाथ फैलाए बगैर एक आदमी सिर उठाए ताव से जीता चला जाए—इससे बढ़कर क्या तौहीन हो सकती है इस बनारस की?

भला यह भी कहने में कोई मजा है कि इस बस्ती में चालीस वर्षों से एक त्रिलोचन रहता था, जिसका कुछ नहीं उखाड़ सकीं मुसीबतें?

सच कहता हूँ मित्रो, अगर नवाबी के दिन होते और मैं काशिराज्य का नवाब या राजा होता तो इस आदमी को खड़ी दुपहरिया में गोदौलिया चौराहे पर फाँसी पर लटका देता—सरेआम!

ऐसा इनसान समाज के लिए बेहद खतरनाक है।

खतरनाक इसलिए नहीं कि उससे, उसकी हरकतों से, उसकी भाषा से समाज के लिए खतरा है, बल्कि इसलिए कि जहाँ हर शख्स परेशान हो, भाग-दौड़ में लगा हो, चेहरे पर चीत्कार लिये घूम रहा हो, वहीं एक कम्बख्त कोई शास्त्री है जो जिन्दगी से छेड़छाड़ और ठिठोली करता नगर की ऐसी-तैसी कर रहा है।

वह साइकिल से गोदौलिया जा रहा है कि देखता है, नकेल पकड़े एक आदमी ऊँट को चौराहा पार करा रहा है। उसके मन में कौतुक सूझता है, 'क्यों न ऊँट के पेट के नीचे से साइकिल चलाते हुए पार निकल जाए!' और वह सचमुच लोगों के रोकते-रोकते घुस जाता है ऊँट के नीचे।

कुछ खास नहीं होता है इसके बाद। सिर्फ कपड़े फटते हैं और एक हाथ टूटता है। वह दूसरे हाथ से साइकिल थामे लहूलुहान तीन मील चलकर जाता है डॉक्टर के पास, 'डॉक्टर, प्लास्टर-फ्लास्टर नहीं चलेगा यहाँ, बस जरा-सा यह हाथ सीधा कर दो।'

अस्सी बाद में बसा जब नामवर लोलार्क कुंड आए, 'साधु बेला' से 'बासन्ती' निकलनी शुरू हुई और केदार-विजय मोहन ने उस मुहल्ले में डेरा लिया। इसके पहले लेखकों के अड्डे थे कम्युनिस्ट पार्टी कार्यालय के नीचे का रेस्टोरेंट और दशाश्वमेध पर डेढ़सी पुल।

बेकारी के दिनों में त्रिलोचन इन्हीं के बीच कहीं-न-कहीं दिख जाता था।

बरसात का मौसम था। धारासार पानी बरस रहा था। आचार्य विश्वनाथ प्रसाद मिश्र हिन्दू विश्वविद्यालय से लौट रहे थे। चौराहे पर उन्होंने रिक्शा छोड़ा और छाता लगाए, धोती खुँटियाए घर के लिए बाँसफाटकवाली रोड पर बढ़े। देखा, फुटपाथ पर अधभींगा त्रिलोचन खड़ा है।

'मात्र कुर्ता?' आचार्य ने पूछा।

त्रिलोचन ने काँख में दबाए कपड़े की ओर इशारा किया, 'नहीं, पाजामा भी है। छींटे-कीचड़ पड़ रहे थे।'

'तो अधोवस्त्र मात्र लँगोट?' कहते हुए आचार्य ने जाँघों के आगे से कुर्ता उठा दिया, 'शिव हो! शिव हो!'

आचार्य ने हाथ जोड़ लिये और मुँह दूसरी ओर फेर लिया, 'अरे कुछ तो पहन लिया होता महाराज!'

कौन जाने यह वही पाजामा रहा हो जिसे मैंने सन् '47 में देखा था। मैं दस-ग्यारह साल का रहा हूँगा जब मेरे मँझले भाई गौना कराने आए थे—रैपुरा। सकलडीहा स्टेशन से तीन किलोमीटर दूर। अँधेरे में भैया स्टेशन से त्रिलोचन के साथ आए थे होली के एक दिन पहले। सीधे बारात में।

जब बारात विजय (भोजन) की तैयारी में चलने को हुई तो खबर लगी कि घरातियों ने एक कंडाल रंग घोल रखा है और जब पंगत बैठ जाएगी तब रंग पड़ेगा—खासतौर से नौशा के बड़े भाई और उनके साथ आए खास मेहमान (त्रिलोचन) पर। त्रिलोचन कुर्ता-पाजामा उतारकर लँगोट पहने चल पड़े, 'घोषणा कर दो कि यहाँ रंगो-बू से डरनेवाले नहीं। जिसको जितना रंग डालना हो, डाल ले।'

मुझे याद है कि पूरे गाँव में—इस सूचना से कि बनारस से आया एक बाराती लँगोट पहनकर खाने आ रहा है—तहलका मच गया था।

त्रिलोचन रैपुरा और मेरे गाँव से आए बारातियों के बीच 'अचम्भा' हो गए थे। यह मेरा उनका 'प्रथम दर्शन' था जब मैंने भैया को गाँववालों से कहते सुना कि यही एक पाजामा-कुर्ता है, रँग जाएगा तो किधर निकलेंगे?

मैंने त्रिलोचन को देखा नहीं है—सुना है। उससे बनारस में पच्चीस-तीस सालों के दरमियान अक्सर भेंट हुई है, लेकिन कभी नहीं देख सका। 'देखना' एक कठिन क्रिया है। देखने का अर्थ है—आँखों के रास्ते उस आदमी के दिल तक पहुँच जाना, उसके दिमाग के कोने-अँतरे तक झाँक आना। उसकी आँतों के चक्कर लगा आना। मैंने त्रिलोचन को जब-जब देखने की कोशिश की है, पाया है कि उसकी आँखों पर पारदर्शी शीशे का एक निहायत अभेद्य बन्द फाटक है जो आपको धक्का मारकर दूर ठेल देता है। अगर किसी तरह से उसे खोल भी दें तो आपके हाथ कुछ नहीं लगनेवाला। वह बार-बार आपकी पकड़ से छूट जाएगा, सरक जाएगा। या तो आपके हाथ में उसके कपड़े रह जाएँगे या शब्दों को चबाते उसके ओठ। आप उससे निराला के बारे में पूछिए, वह निराला से खिसककर बलभद्र 'पढ़ीस' पर चला जाएगा। मैथिलीशरण गुप्त के बारे में पूछिए, सियारामशरण गुप्त की बात

करने लगेगा। शमशेर की गज़लों की बात कीजिए, वह 'ग़ालिब' की ओर चल देगा। काव्य-सौन्दर्य की बात कीजिए, हिन्दी शब्दों की व्युत्पत्ति की चर्चा करने लगेगा।

वह एक छोटे-से कमरे को देखते-देखते खुला और निर्जन और समतल मैदान बना देता है, जिसमें वह अनचाहे ढंग से यहाँ से वहाँ दौड़ता जाएगा, आपमें कूवत हो तो उसे पकड़ लीजिए।

उसने अपने एक आत्मीय से कहा, 'मैं बढ़ियाई हुई नदी में सीधे नब्बे अंश के कोण पर इस पार से उस पार और बिना विश्राम किए उस पार से इस पार आया-जाया करता हूँ। हालाँकि पानी को चीरते हुए तैरना और भँवरों के बीच से अपने को बचाते हुए निकाल ले जाना मामूली काम नहीं है, फिर भी अभ्यास और दमखम और बलिष्ठ भुजाओं से सब सम्भव है...तो इस अक्टूबर-नवम्बर की गंगा की क्या बिसात है? लो, सँभालो कपड़े! अभी गया और अभी आया!'

और त्रिलोचन लँगोट पहने नदी में कूद जाता है। मामूली बहाव। तैरनेवाले इस पार से उस पार आ-जा रहे हैं, चिन्ता की कोई बात नहीं। लेकिन यह क्या, बढ़ियाई नदी की छाती मछली की तरह चीरनेवाला, नब्बे अंश के कोण पर निकलनेवाला त्रिलोचन बह रहा है।...

'अरे भगवन, उधर किधर?'

'कोई खास बात नहीं, थोड़ी मौज सूझी है। कपड़े-लत्ते लेकर हरिश्चन्द्र घाट की तरफ चलो, मैं उधर ही कहीं किनारे लगूँगा।' त्रिलोचन हाँफते हुए बोलता है।

अब आप कुर्ता-पाजामा सँभाले घाट-घाट दौड़ते रहिए, नहीं मालूम, बहाव त्रिलोचन को किस घाट ले जाएगा!

आपको लगेगा कि त्रिलोचन डूबा—अब डूबा कि सहसा धारा के बीच एक उठा हुआ चमकता सिर नजर आएगा। बहाव चाहे जितना तीखा हो, चाहे जितना कटावदार और खतरनाक हो, त्रिलोचन के सिर से टकराएगा और छितरा जाएगा। 'सारा तन डूबे डूब जाय, लेकिन सिर तना रहे।' जहाँ ऐसी जरूरत नहीं, वहाँ भी वह उठाए घूमता है, किसी को अटपटा लगे तो लगा करे।

'आत्म-विश्लेषण', 'एकान्वित', 'अवलम्बित', 'मिथ्याभिमान', 'ज्योतिष्क लोवन', 'धर्म विनिर्मित', 'प्रत्यवरोहारोह', 'जीवनानुरक्त', 'वृक्ष शीर्षरेखा', 'अनुभव-सम्भावन', 'सहस्रपात', 'प्रतिबिम्बित'—इस तरह के सैकड़ों शब्द उसकी कविता की भाषा में सिर ताने दिखाई पड़ते हैं। जो सार्थक शब्द मैत्री की सबसे ज्यादा वकालत करता है, वही मौके-बेमौके कविता के खिलाफ पत्थर लेकर खड़ा हो जाता है।

वह कालिदास और रमई काका को एक ही पंगत में बिठाने का कायल है। ऐसी हिमाकत कविता में उसके सिवा कोई नहीं कर सकता।

जाने कितने झाड़ों-झंखाड़ों, नदियों-नालों, जंगलों, बियाबानों, दलदलों, पहाड़ियों और घाटियों से गुजरा है यह त्रिलोचन। अथाह और अपार हैं इसके अनुभव। ऐसे दुर्लभ दुर्भाग्य कम कवियों को मयस्सर हुए हैं।

अपने शुरू के दिनों में 'धरती' पढ़ते हुए मैंने बहुत चाहा था कि डूब जाए त्रिलोचन और ऐसा डूबे कि कहीं नजर न आए। खासतौर से प्रेम-कविताएँ पढ़ते समय।

नामवर ने कभी अपने भाई से त्रिलोचन का एक किस्सा बयान किया था। उन दिनों वे लंका पर 'गोविन्द लॉज' में रहते हुए पढ़ रहे थे और बगल में नगत्रा पर 'अकनू भवन' में त्रिलोचन ने अपना चिमटा गाड़ रखा था। दोनों जन तड़के उठते थे और दौड़ लगाते हुए गंगा-स्नान करने जाते थे।

एक दिन बोला त्रिलोचन, 'नामवर, तुम्हें नहीं पता कि मैं गंगा में डुबकी लगाकर सतह की माटी पकड़े-पकड़े उस पार निकल जाता हूँ। सुनकर विस्मय हो रहा होगा तुम्हें, लेकिन कठिन अभ्यास से सम्भव हो पाया है ऐसा।'

'घंटे-भर, साँस रोके कैसे रह लेते हैं भगवन्?'

'अभ्यास। प्राणायाम।' त्रिलोचन दृढ़ आत्मविश्वास से बोला।

तय पाया गया कि त्रिलोचन उस पार तो न जाएँ, यहीं घाट पर डूबें। डूबेंगे नामवर भी और देखेंगे कि जितनी देर त्रिलोचन पानी के अन्दर रहते हैं, नामवर कितनी बार डूबते-उतराते हैं।

दोनों ने नाक दबाई और पानी के अन्दर।

नामवर क्या खा के त्रिलोचन का मुकाबला करते। वे थोड़ी देर बाद जब ऊपर आए तो सोचा—देख लें, कौन जाने त्रिलोचन चालबाजी कर जाएँ।

'मैं यहाँ हूँ नामवर!' त्रिलोचन की आवाज।

नामवर ने देखा—त्रिलोचन घाट पर खड़े हैं। माथा जरा-सा फट गया है, लहू बह रहा है और वे उसका बहना रोकने के लिए घाव पर मिट्टी लेप रहे हैं।

'अच्छा हुआ, तुम बच गए,' त्रिलोचन बोला, 'हुआ यह कि जैसे ही मैंने डुबकी लगाई, एक मुर्दा आकर भिड़ गया। दरअसल वह पहले से ही इस ताक में रहा होगा। फिर तो कुश्ती, मार-पीट—क्या-क्या नहीं हुआ! उसने अपनी ओर से कुछ उठा नहीं रखा लेकिन मेरे आगे तो जीवन-मरण का प्रश्न था। जैसे ही उसे पछाड़कर पकड़ना चाहा, वह भाग खड़ा हुआ...यह उसी की हड़ियल उँगली की खरोंच है।'

नामवर ने पलटकर पानी की ओर देखा।

'नहीं, बिल्कुल नहीं। कोई दुस्साहस न करो।' त्रिलोचन ने हाँफते हुए कहा।

नामवर पानी में हल गए और दो-तीन कोशिशों के बाद एक ऐसी फूटी हुई हँड़िया लेकर ऊपर आए जिसमें त्रिलोचन के सिर के बाल फँसे थे।

जिन दिनों नामवर ने अपने भाई को यह घटना सुनाई थी, उन दिनों न तो वे इतने बड़े आलोचक थे और न इतना बड़ा कवि त्रिलोचन।

हँड़िया वास्तविकता है और मुर्दा सपना।

तैरकर तो सभी पार कर जाते हैं गंगा, लेकिन त्रिलोचन वह जो बढ़ियाई गंगा को तब पार करे, जब मल्लाहों में भी साहस न हो। पानी की सतह पर हाथ-पाँव फेंकते तो सभी चले जाते हैं उस पार, त्रिलोचन वह जो नदी के धरातल की माटी पकड़े-पकड़े निकल जाए उस पार।

जगे में तो सभी चलते-फिरते, नहाते-धोते हैं लेकिन त्रिलोचन वह जो पूरी बस्ती के सो जाने पर नींद में अकनू भवन से उठे, कमरे में ताला लगाए, गंगा में नहाए, तैरे, कपड़े बदले, फिर नींद में ही लौटकर आए, डारा पर भीगे कपड़े फैलाए और सो जाए।

टहलते तो सब हैं सुबह-सुबह, लेकिन दो-तीन-चार मील, मगर त्रिलोचन भी इतना ही टहले तो क्या टहले? वह टहलेगा तो मुगलसराय से पहले दम नहीं लेगा, भले लौटकर बीमार पड़ जाए।

नामवर इम्तिहान दे रहे हैं, केदार इम्तहान दे रहे हैं, शंभुनाथ और बच्चन सिंह और ठाकुर प्रसाद सिंह और रामदरश मिश्र और सभी लोग किसी-न-किसी डिग्री के लिए इम्तहान दे रहे हैं। त्रिलोचन भी अंग्रेजी से एम.ए. करेगा और इम्तहान देगा। लेकिन वह त्रिलोचन क्या जो इम्तहान दे। महीनों तक रात-दिन तैयारी करने के बाद जिस सुबह से इम्तहान होगा, त्रिलोचन कमरा बन्द करके जब तक डंड पेलेगा जब तक परीक्षा की तीसरी घंटी न बज जाए।

यह है सपनों का त्रिलोचन। हँड़िया में मुर्दा देखनेवाला त्रिलोचन। वह आकाश छूना चाहता है लेकिन यह भी चाहता है कि उसके पाँव धरती न छोड़ें। वह अपनी कविता 'फेरीवाला' की तरह 'गाँव-गाँव, नगर-नगर, गली-गली, डगर-डगर' घूमता हुआ सम्भावनाओं से भरे हर युवा कवि-लेखक को पुकारता रहा :

सपनों से ही मेरी झोली भरी हुई है—
घर के बाहर के
पास के पड़ोस के
देस के विदेस के
भूखे ग्रहलोक के
नदी के समुद्र के
जहाज के विमान के

पर्वत के बादल के
मुक्ति के विधान के
सपने लो, मनचीते सपने लो!

सपनों की इस झोली के साथ त्रिलोचन ने इस नगर में इतनी पीढ़ियों के बीच फेरियाँ लगाई हैं कि वह हमारी समकालीन कविता का पौराणिक चरित नायक हो गया है। जो भी असम्भव है, अविश्वसनीय है, चमत्कारिक है, कल्पनातीत है—वह सारा कुछ इस कवि व्यक्तित्व के साथ जोड़ दीजिए, और जोड़ ही न दीजिए, उसमें क्षेपक पर क्षेपक बढ़ाते जाइए—कोई नहीं कहेगा कि यह त्रिलोचन के बस का न रहा होगा।

त्रिलोचन! आज से तीस–चालीस साल बाद कौन यह विश्वास करेगा कि सवा लाख सॉनेट लिखनेवाला त्रिलोचन इसी नगर का था? कौन मानेगा कि उसे अपने पाँवों के नाप से छोटे जूते पहनने की लत लग गई थी? कौन सुनेगा कि सॉनेट की चौदह नम्बर की साइज उसकी अपनी साइज नहीं थी?

त्रिलोचन! मुझे हमेशा लगता है कि तुम्हारा कद तुम्हारी कविताओं से बड़ा है और शायद काफी बड़ा।

नागानन्दचरितम् वल्द अस्सी चौराहा

धूमिल के साथ सब्जी लेकर जब मैं लोलार्क कुंड लौट रहा था, तुलसी रोड के सामने एक युवक मिला। वह साइकिल से आ रहा था और धूमिल को देखकर रुक गया।

'का ग्रू (गुरु), कल रात एक कविता पेले हैं, सुनोगे?' उसने चिल्लाकर पूछा।

'चुप बे!' धूमिल ने संकोच से मुझे देखा और उसे डाँटा, 'चूतिया हो तुम! तुम्हारे खानदान में कभी कोई कवि हुआ है?'

कविता के लिए 'पेलना' मेरे लिए चौंकानेवाला प्रयोग था। मैंने उसे गौर से देखा—लम्बा, पतला, गोरा नौजवान। चेहरा भी लम्बा। ओठों के किनारों से चूती हुई पान की पीक। इसके पहले एक बार बनारस के ही एक विद्वान के मुखारविन्द से ऐसा प्रयोग सुन चुका था—'जैसी किताबें फलाने लिखते हैं, वैसी किताबें मैं पाद दूँ तो तैयार हो जाएँ।'

यह भी कुछ उसी स्तर का प्रयोग था।

धूमिल ने पहले उनका परिचय कराया, 'यह हैं चकाचक बनारसी। यहीं भेलूपुर जलकल विभाग में नौकरी करते थे, घूस लेते पकड़े गए और अब निकाल दिये गए हैं। तुम्हारा कोई नल खराब हो, टोंटी बदलनी हो तो बताओ...इन्हें मैंने बुलाया था। ससुर पन्द्रह साल से कविताएँ लिख रहे हैं और पता ही नहीं कि 'नई कविता' भी कोई चीज है। ऐसा करो कि नई कविता पर इसे कोई किताब दे दो।'

'लेकिन ग्रू, आओ, पहले चाय लड़ जाएँ।'

'नहीं, चाय नहीं पिएँगे, आओ।'

ऐसे ही एक दिन धूमिल लम्बे-तड़ंगे पहलवान सरीखे आदमी के साथ मिला। घनी मूँछें, सिरे पर नुकीली, चेहरे पर चेचक के दाग। कुर्ता, सदरी और पाजामा। वह कहीं से भी कवि नजर नहीं आ रहा था। परिचय कराया, 'इनसे मिलो! ये हैं साँड़ बनारसी। डीजल लोकोमोटिव, मडुआडीह में काम करते हैं, लेकिन कवि-सम्मेलनों में बड़ों-बड़ों को उखाड़ फेंकते हैं।'

उनके जाने के बाद बोला, 'चाकू का ऐसा निशानेबाज शहर में दूसरा कोई नहीं। पेड़ के तने पर खड़िया से गोला बनाकर दूर से चाकू फेंकता है और गोले के अन्दर खचाक! कभी निशाना नहीं चूकता। लेकिन इधर कुछ दिनों से छोड़ दिया है।

'हँस रहे हो तुम? देखो! ऐसे लोग काम के होते हैं। पता नहीं, कब कैसी जरूरत आ पड़े!'

मैं हिन्दी विभाग में आ गया था।

महीने-भर पहले मेरे मँझले भाई ने मुझे एक साइकिल दी थी—हरकुलिस। एकदम नई। उसी से विभाग आ-जा रहा था। एक दिन विभाग से ही वह साइकिल चोरी चली गई।

मैं उदास और दुखी शाम को अस्सी लौटा।

चौबे की मिठाई की दुकान के सामने धूमिल एक सज्जन के साथ खड़ा थ और बात-बात पर ठहाके लगा रहा था। वह सज्जन दुबले-पतले नाटे-से कद के थे। उनके पतले चेहरे पर बेढब मूँछें तनी हुई थीं और वे प्रायः उनके सिरों को चिटकियों से पूरते जा रहे थे। एक और अजब बात थी। उनके बुश्शर्ट के बाएँ हिस्से की ओर रिवॉल्वर या पिस्तौल जैसी कोई चीज लटकी हुई थी।

जब वे कान पर जनेऊ लपेटते हुए गली की तरफ चले तो मैं पहुँचा। पूछा, 'यह कौन है?'

'अरे! इसे नहीं जानते? राम नारायण सिंह। मेरे साथ आई.टी.सी. में पढ़ाता है। यहीं बगल में टिकरी-तारापुर का रहनेवाला है। एक ही साथ हम लोगों ने ट्रेनिंग ली, एक ही साथ पढ़ाना शुरू किया। बड़ा दिलावर आदमी है। इसके रहते मुझे किसी बात का ग़म नहीं।'

थोड़ी देर बाद राम नारायण आए और फिर धूमिल से उलझ गए।

उनमें बहस इस बात पर हो रही थी कि मिठाई कौन खिलाए और क्यों खिलाए, यह रहस्य दुकान में जाने पर खुला।

'औद्योगिक प्रशिक्षण केन्द्र' में दो गुट थे। एक गुट के नेता ये दोनों थे और दूसरे गुट का कोई और। दूसरे गुटवालों ने कभी इनके गुट के किसी इंस्ट्रक्टर की पिटाई करा दी थी। इन दोनों को आज उसी का बदला लेना था। उन्होंने संकटमोचन के रास्ते पर पाँच-छह लड़कों को हॉकी-रॉड के साथ तैनात कर रखा था कि जैसे ही वह केन्द्र से घर लौटने लगे, रास्ते में घेरकर ऐसा मारो कि साला तीन महीने तक अस्पताल में ही पड़ा रहे, घर का मुँह न देखे।

'धूमिल! यह क्या कर रहे हो?' मैंने पूछा।

राम नारायण ने मुझे घूरकर देखा, 'डॉक्टर साहब, आप न बोलिए। आपको पता भी नहीं है कुछ और यह मूँछों का सवाल है।'

राम नारायण ने इत्र की शीशी निकाली, फिर उलटकर उसका कार्क पहले मेरी हथेली की पीठ पर घिसा, उसके बाद उससे अपनी मूँछें सँवारने लगे। जेब में रखने से पहले उन्होंने शीशी धूमिल को थमाई और उसने भी अपनी मूँछें तर कीं।

'लेकिन डॉक्टर साहब, आप कुछ परेशान लग रहे हैं, क्या बात है?' राम नारायण ने मेरी आँखों में झाँकते हुए कहा।

मैंने बताया कि आज ही मेरी साइकिल चोरी हो गई।

'तुमने पहले क्यों नहीं बताया?' धूमिल ने कहा।

'एक मिनट! एक मिनट! रुको धूमिल। हाँ, तो डॉक्टर साहब, कौन-सी साइकिल थी और कै बजे गई?'

मैंने विस्तार से राम नारायण को बताया।

वे सिर झुकाकर चुपचाप सुनते रहे और सोचते रहे। फिर सांकेतिक ढंग से धूमिल से बतियाने लगे जो मेरी समझ में नहीं आया। अन्त में निर्णयात्मक स्वर में बोले, 'विभाग में आपका कोई दुश्मन?'

'नहीं।'

'श्योर हैं आप?'

'लगभग!' मैंने सिर हिलाया।

'फिर चिन्ता की कोई बात नहीं। परेशान न हों। गफलत में आपकी साइकिल चली गई। नई थी, इसीलिए। कल शाम तक आपको आपके दरवज्जे पर खड़ी मिल जाएगी। या न हो, फुर्सत में हों और कोई काम-धाम न हो तो अभी मेरे साथ चलें और उनमें से अपनी साइकिल पहचान लें। उसी से लौट भी आएँगे, क्यों धूमिल?'

मैं चकित धूमिल को देख रहा था।

धूमिल ने समझाया, 'ऐसा है कि यूनिवर्सिटी से रोज चार-पाँच साइकिलें चोरी जाती हैं और यह हमारे आई.टी.सी. के लड़के ही करते हैं। सब चेले हैं अपने लोगों के। अगर वे ही ले गए होंगे तब तो न मिलने का सवाल नहीं, नहीं तो गई समझो। लेकिन राम नारायण, पहले पता कर लो। ऐसा न हो कि रात में कहीं बाहर कर दी जाए!'

मैंने बाद के वर्षों में राम नारायण को जाना।

राम नारायण धूमिल की मूँछों के जन्मदाता थे। वे मानते थे कि अगर मूँछें नहीं तो मर्द नहीं। उन्हीं की देखा-देखी, धूमिल भी अपनी मूँछों पर खास ध्यान देता था। उन पर तेल चुपड़ना, इत्र लगाना, उनकी नोकों को सँवारना और तनी हुई रखना राम नारायण की ही तरह उसके शौक में शुमार था।

राम नारायण आदमी तो पिद्दी-से थे—कुछ कुछ 'डान क्विग्जोट' के डेला मांचा की तरह, लेकिन उनकी बातों में ठसक और ऐंठ थी। वे आँखों में आँखें डालकर बात करते थे और किसी से दबते नहीं थे। डपटकर दबंगई से बात करना, 'चूतड़ पर प्याज काटकर रख देना', 'पेशाब से मूँछें मुड़वा देना', 'दस जूते मारना और एक गिनना', 'गाँड काटकर निगस्ते पर टाँग देना', 'चूतिया मर गए, औलाद छोड़ गए'—ये उनकी बातचीत की भाषा के सामान्य और औसत छन्द थे। कोई होगा धन्नासेठ और राजा-महाराजा, लेकिन अपने चौके में बैठकर रोटी-साग खानेवाले राम नारायण अपने को किसी से कम नहीं समझते थे। बात या बहस में अपने सामनेवाले पर हमेशा बीस पड़ने की कोशिश करते थे। 'जीतूँ तो मारूँ, हारूँ तो थूरूँ' वाले सिद्धान्त के आदमी थे वे।

राम नारायण धूमिल के सामाजिक, आर्थिक और वैधानिक मामलों के सलाहकार थे। घर के झमेले हों, एक गहना तुड़वाकर दूसरा बनवाना हो, कहीं से कर्ज लेना हो, सुनार की जरूरत हो, भाइयों के झगड़े हों, किसी को नीचा दिखाना हो, मार-पीट करनी हो, प्रिंसिपल को सबक सिखाना हो, साड़ियाँ खरीदनी हों, मुकदमे में कोई वकील करना हो या सलाह लेनी हो, लड़की के लिए लड़का देखना हो या उसके गार्जियन को पटाना हो—इन सब कामों के लिए राम नारायण थे। धूमिल के दोस्तों में अकेले वही थे जो बेमुरव्वत होकर उसे खरी-खोटी सुनाते थे और डाँटते भी थे।

वे बड़े बेबाक और दो-टूक आदमी थे। साहित्य या कविता से उनका दूर-दूर का नाता नहीं था। वे हर ऐसे काम को फालतू समझते थे जिसमें कोई फायदा न हो।

सुदामा उनके लिए 'पाँड़े जी' था। जब वे उसे 'धूमिल' या 'कवि जी' कहते थे, तो उनके सामने धूमिल का वह कवि-रूप होता था जो किसी मंत्री या अतिथि के स्वागत, विदाई या अभिनन्दन में कविताएँ लिखता था, और जो 15 अगस्त और 26 जनवरी जैसे पर्वों के अवसर पर प्रिंसिपल के लिए शुद्ध साहित्यिक हिन्दी में भाषण लिखता था।

जब कभी किसी पत्रिका में धूमिल की कविता छपी होती और वह उत्साह के अतिरेक में पन्ना खोलकर उन्हें अपना नाम दिखाता, वे बन्द करके पहले उस पत्रिका का नाम पढ़ते, फिर पूछते, 'कै पैसे मिले?' जैसे ही उन्हें पता चलता कि न तो पैसे मिले हैं, न मिलेंगे, वे मूँछों में मुस्कराते हुए खड़े हो जाते, 'अच्छा, तो पालागी। हम चले!'

वे जाते-जाते दरवाजे पर खड़े हो जाते और चेतावनी के स्वर में बोलते, 'मैं फिर कह रहा हूँ कि नगवा (नागानन्द) चौपट कर रहा है तुमको।'

यह लगभग 1965 के आसपास का धूमिल था।

जब वह '64 में बलिया से ट्रांसफर होकर बनारस आया तो उसके पास गीतों के संग्रह 'बाँसुरी जल गई' की पांडुलिपि थी और वह उसके प्रकाशन के लिए चिन्तित था।

वह प्रतिदिन आठ किलोमीटर दूर अपने गाँव खेवली से बनारस आता और बनारस से खेवली। उसी के शब्दों में, उसकी साइकिल दमा के मरीज की तरह हाँफती रहती। उस वक्त तक नगर में उसकी कोई पहचान न बन सकी थी—दुहरा बदन, औसत कद, गोल चेहरा, भरे हुए गाल, छोटी गझिन मूँछें, कुर्ता-पाजामा या धोती। जब कभी वह पैंट के साथ बुश्शर्ट पहनता था तो वह पेट के ऊपर तन जाता था और सरके हुए पैंट की बेल्ट नाभि के नीचे झाँकती रहती थी। सब मिलाकर उसका हुलिया उन कवि-सम्मेलनों में स्थानीय गीतकारों जैसा था, जो बेढब उपनामों के साथ 'बनारसी' जोड़ लिया करते थे।

सुदामा नाम के बनारस में एक और कवि थे उन दिनों। लम्बाई को छोड़कर उनकी भी काठी ऐसी ही थी। फर्क सिर्फ यह था कि ये पांडेय थे और वह तिवारी। वे कवि-सम्मेलनों में 'साँड बनारसी' के नाम से उतरते थे। सम्भव है, सुदामा पांडेय ने अपना नाम 'धूमिल' उनसे अलग दिखने के लिए रखा हो!

बनारस में 'ओंकार' परिषद और दूसरी संस्थाओं की साहित्यिक गोष्ठियाँ शनिवार या इतवार की शाम को होती थीं, जिनके लिए चाहते हुए भी धूमिल नहीं रुक पाता था और वे गोष्ठियाँ साधारण न होती थीं। त्रिलोचन, नामवर, केदारनाथ, शिव प्रसाद, चन्द्रबली सिंह, बच्चन सिंह, विष्णु चन्द्र शर्मा, विजय मोहन आदि के साथ बड़ी तादाद में युवा कवि और लेखक जिन गोष्ठियों में हुआ करें, उसकी गम्भीरता और प्रखरता और उत्तेजकता की कल्पना की जा सकती है। कुछ-एक गोष्ठियों में शामिल होने के बाद ही धूमिल ने महसूस कर लिया कि उसका नगर में बना रहना कितना जरूरी है।

ऐन ऐसे ही वक्त पर नागानन्द काम पर आए और उन्होंने धूमिल को नवाबगंज में अपने घर के सामने दूसरी मंजिल पर सस्ते में किराए पर मकान दिलवा दिया।

नागानन्द धूमिल के रामानन्द थे।

दोनों को एक-दूसरे की भरपूर जरूरत थी।

सम्बन्धों को बेवजह ढोने की धूमिल की आदत न थी। अगर नागानन्द उसे काम के न लगे होते तो जाने कब उसने उस रिश्ते को उठा फेंका होता।

नागानन्द नगर के सबसे चर्चित, सबसे विवादग्रस्त और सबसे विलक्षण युवा कवि-व्यक्तित्व थे। उनका आविर्भाव ('प्राकट्य' भी कह सकते हैं आप) सन् '61 के आसपास हो चुका था। तब से लेकर आगे के पाँच वर्षों में उन्होंने कुछ ऐसी

संस्थापनाएँ दीं जो भविष्य में सार्वभौम और सार्वजनीन हुईं। उनमें से एक यह कि कवि होने या कहलाने के लिए कविता लिखना आवश्यक नहीं है।

उनका घर का नाम उल्लू था, लेकिन जब वे कवि हुए तो उन्होंने अपना नाम विद्यापति रखा। स्कूल का नाम क्या था, हमें नहीं मालूम। विद्यापति के ही नाम से वे सम्पादकों के पास कविताएँ भेजते रहे लेकिन जब वे नहीं छपीं तो वे कवयित्री बन गए। उन्हें 'महिला' नामों से छपने में आसानी दिखी। लेकिन जब वे 'किरनबाला', 'रजनीबाला' या 'अनिता' के नाम से किसी पत्रिका में छपी कविताएँ दिखाते तो कोई यकीन नहीं करता था कि ये उन्हीं की कविताएँ हैं। उन दिनों गजानन माधव मुक्तिबोध का नाम हवाओं में गूँज रहा था। विद्यापति महिला नामों की अविश्वसनीयता से तंग आ चुके थे। अन्त में उन्होंने काफी सोच-विचार के बाद नाम रखा—नागानन्द मुक्तिकंठ!

'नागानन्द' नाम में कुछ-कुछ श्रद्धानन्द, सहजानन्द, विवेकानन्द के ऐश्वर्य और प्रताप की अनुगूँज है—उन्होंने इसे सूँघ लिया। उन्होंने रचना भेजने से पहले 'धर्मयुग', 'साप्ताहिक हिन्दुस्तान', 'कल्पना', 'ज्ञानोदय' आदि पत्रिकाओं के सम्पादकों के नाम अपना आशीर्वचन भिजवाया : 'प्रिय बच्चा, तुम्हारी साहित्य-सेवा से बाबा अत्यन्त प्रसन्न हैं। प्रभु से कामना करते हैं कि उत्तरोत्तर उन्नति करो। बाबा का आशीर्वाद! सुखी रहो।' फिर भी उनकी कविताएँ नहीं छपीं।

लेकिन इस बात को हम चन्द लोग ही जानते थे, नगर नहीं। नगर में नागानन्द की दुंदुभी वैसे ही हमेशा की तरह बज रही थी।

आज जिसे हम 'इस्तेमाल की राजनीति' के नाम से जानते हैं, काशी के साहित्य-जगत में नागानन्द उसके प्रवर्तक थे।

दुबली-पतली लम्बी मरियल काया, बगैर इस्तरी के गन्दे-मटमैले खद्दर के कुर्ते-पाजामे, मिमियाती हुई आवाज, थहा-थहाकर तत्सम हिन्दी में बातचीत—आरम्भ में वह समकालीनों और युवा कवियों के भीतर करुणा भी पैदा करती और श्रद्धा भी। वे सुबह-सुबह कन्धे पर झोला लटकाए पैदल या साइकिल से नवाबगंज से चल देते, अस्सी चौराहे पर आते, साइकिल खड़ी करते और जेब से सुर्ती की डिबिया निकाल लेते।

इस दौरान उनकी नजरें चौराहे की सभी चाय और पान की दुकानों पर घूमती रहतीं। जैसे ही कोई कवि या लेखक किसी दुकान में घुसता नजर आता, वे उसके पीछे हो लेते या पान की दुकान पर खड़ा दिखाई देता, उसके बगल में खड़े हो जाते।

वे कवि से कविता पर और कहानीकार से कहानी पर बातें करते—बड़ी गम्भीरता और संजीदगी से! जो उन्हें जान चुके होते, उनका मजाक उड़ाते, डाँटते,

फटकारते—सब करते, मगर नागानन्द चाय सुड़कते हुए या पान खाते हुए साहित्य के मुद्दे पर डटे रहते। बकवास में उनकी कोई दिलचस्पी न होती।

जैसे ही वे खिला-पिलाकर विदा होते, नागानन्द की आँखें चमक उठतीं। वे मुँह पर हाथ रखकर हँसते हुए कहते, 'मित्र, चूतिए हैं साले! ये इसी के पात्र हैं। ये खिला-पिलाकर प्रसन्न होते हैं मन-ही-मन और खुद को कवि-कहानीकार समझने लगते हैं!'

जब वे लेखकों की कंजूसियों, बदतमीजियों और घटियापने से तंग आ जाते तो कुछ दिनों के लिए उन्हें छोड़ साहित्य के अध्यापकों की ओर चल देते।

अध्यापक से नागानन्द को सबसे अधिक चिढ़ थी। वह उनकी निगाह में समाज का सबसे निरीह, मूर्ख और घृणास्पद प्राणी था। वे उससे बदले की भावना से मिलते थे। वे मानते थे कि उसकी शालीनता, विनम्रता, सौजन्य और गलत या अनुचित का विरोध न कर सकने के स्वभाव का जितना भी फायदा उठाया जा सके, कम है।

और इसका कारण था। नागानन्द अंग्रेजी साहित्य से एम.ए. थे—योग्य, पढ़ाकू और साहित्यिक। लेकिन जब विभाग में अध्यापक की जगह निकली तो इनके बजाय इन्हीं के उस सहपाठी की नियुक्ति हो गई जो उन्हीं के शब्दों में भोजपुरी माध्यम से अंग्रेजी बोलता था यानी 'मिल्टन' को मिल्टोन और 'जॉन डॉन' को जोन डोन।

वे जैसे ही किसी को झोले के साथ गोद में बच्चा लिये चौराहे पर खड़ा देखते, बस यों ही पहुँच जाते, 'प्रणाम मास्टर साहब! देख रहे हैं, महँगाई बढ़ती जा रही है, चीनी का भाव आसमान छू रहा है...आजकल किस विश्वविद्यालय की कॉपियाँ जाँच रहे हैं...लि-लि-लि-लि, बड़ा प्यारा बच्चा है! टाफी खाओगे? लेमनजूस? इसकी नाक बह रही है। लगता है, सर्दी हो गई है...आजकल आपके विभाग में यह क्या उलटा-सीधा सुन रहे हैं?...चलिए, किसी कहवाघर में पाँच मिनट बैठते भी हैं और समझ भी लेते हैं? आइए, आइए तो!'

वे आधे घंटे के बाद पान-वान जमाकर विजेता भाव से लौटते, 'विद्वान को अभी-अभी एक इंक्रीमेंट मिला है और अगले ही महीने में उसकी बीवी को डिलिवरी भी होनेवाली है। हद हो गई है अब तो! नगर की चाहे जिस गली में जाओ, वहीं अजवाइन के सत्त की गन्ध! मोरियों में गन्दे कपड़े-लत्ते! कोई और काम नहीं रह गया है इन मास्टरों और किरानियों को! सोओ, मौज लो और बच्चे पैदा करो!'

उनकी हरकतों पर साहित्यकार ही नहीं, दुकानदार भी हँसते थे। एक बार चलते-चलते सब्जी बेचनेवाले सलीम की दुकान पर वे खड़े हो गए और उन्होंने सेम की एक फली उठा ली, 'अरे, ये देखो काशी, बाजार में मटर भी आ गई!'

सलीम कुछ नहीं बोला।

'अच्छा, मित्र नईम!' किसी भी नाम को तोड़-मरोड़कर या किसी और नाम से पुकारने की उनकी आदत थी, 'देखा, मटर भी कैसी-कैसी आने लगी है? सब विज्ञान का चमत्कार है। अब इसी को देखकर कौन कहेगा कि मटर है?'

सलीम झल्ला उठा, 'आँखें फूटी हैं आपकी? सेम को मटर बोलते हैं!'

इसी तरह एक बार झींगुर की दुकान में टिंडा उठा लिया, 'झींगुर! एक बात बताओ, यह आलू नामक पदार्थ फल की तरह डाल में लटकता है या जमींकंद की तरह होता है?'

ये हरकतें वे तब करते जब उनके साथ कवियों-लेखकों का मजमा होता।

यह छवि नागानन्द की खुद बनाई हुई थी, जिसमें वे सबके लिए हास्यास्पद भी हो गए थे और तिरस्कृत भी। कभी-कभी चौराहे का एक मामूली लड़का भी उन्हें अपमानित कर जाता और लोग देखते रह जाते।

नागानन्द यह भी थे, मगर यही नहीं थे।

वे उस समय के युवा लेखकों में सबसे अधिक पढ़े-लिखे और जानकार थे। डिकेंस, हार्डी, एजरा पाउंड, टी.एस. इलियट, बादलेयर और अंग्रेजी के रोमांटिक कवि वाल्ट ह्विटमैन, सार्त्र, काफ्का, कामू, नार्मन मेलर, हेनरी मिलर उनके प्रिय लेखकों में से थे। नगर के हमउम्र कवियों-लेखकों को वे अपढ़ और संग-साथ के काबिल नहीं समझते थे। उनकी उपयोगिता उनके लिए महज चाय पीने तक सीमित थी। उठना-बैठना, बातें करना, देशी-विदेशी साहित्य की समस्याओं पर विचार करना, नई से नई प्रवृत्तियों को जानना-समझना चाहते थे नामवर और त्रिलोचन के साथ, लेकिन उनके सामने भी नागानन्द की वही छवि थी। शायद उनके पास इतना समय भी नहीं था।

नागानन्द के पिता शायद सन् तीस के दशक के गणित के एम.ए. थे, लेकिन कुछ कारणों से रामायणी हो गए थे। नागानन्द को पिता से जो संस्कार मिला था, उसमें वाल्मीकि, कालिदास, तुलसी, व्यास और पौराणिक साहित्य घुल-मिल गया था।

इसके सिवा उन्हीं के मुहल्ले में वाचस्पति पाठक होते थे, जो शायद उनके रिश्तेदार भी थे। पाठक जी इलाहाबाद में थे जिनके यहाँ दो महीने में एकाध बार वे जरूर जाते थे। पन्त, महादेवी, साही, भारती (यद्यपि वह बम्बई में थे), अश्क, जगदीश गुप्त, भैरव, मार्कंडेय, दूधनाथ, राव साहब को देख-सुनकर आते थे और वहाँ की गतिविधियों की महीनों तक चर्चा करते रहते थे। वे इलाहाबाद से बनारस के बारे में बड़ी खराब राय लेकर आते, 'मित्र, एक नामवर को निकाल दो तो क्या है इस शहर में? अरे, कुछ तो करो तुम लोग!'

ये वे दिन थे जब हिन्दी में आधुनिकतावाद और अस्तित्ववाद के साथ ही एक और हवा चली थी—अमेरिकी बीट कविता की, ग्रीनविच विलेज, जैक कैरुआक और एलेन गिंसबर्ग की। यह सबसे ताजी हवा थी और बनारस में इसका पहला झोंका नागानन्द को लगा।

यों तो नागानन्द में अद्भुत घ्राण-शक्ति थी। उन दिनों बाहर से कोई भी लेखक बनारस आता, चाहे जहाँ आता, इसकी भनक जाने कैसे सबसे पहले उन्हीं को मिलती! लेकिन विदेशी कवि!

मुझे याद है, '61 में गिंसबर्ग जब पहली बार नंगे बदन गमछा पहने हुए भैया से मिलने के लिए लोलार्क कुंड आया था तो साथ में नागानन्द थे। शायद अंग्रेजी ज्ञान और बोलने की क्षमता ने उन्हें गिंसबर्ग के करीब कर दिया था। वे हमेशा उसके साथ दीखते; गाँजा, भाँग, बीड़ी का बन्दोबस्त भी करते लेकिन खुद इनमें से कुछ न लेते।

ऐसे तो गिंसबर्ग की कई बातों का उन पर असर पड़ा था, लेकिन एक असर बराबर बना रहा। उसे अंग्रेजी विभाग (का.हिं.वि.वि.) में काव्य-पाठ के लिए आमंत्रित किया गया था। उसने 'हाउल' कविता का पाठ शुरू किया—यौन-प्रसंगों से सम्बन्धित अश्लील शब्दों और गालियों से भरपूर कविता। सामने लड़के-लड़कियाँ, सभी अध्यापक! हाहाकार मच गया। शालीनता और भद्रता टें बोलने लगी। बर्दाश्त के बाहर हो गया। अध्यापकों ने ऐसी कविता पर आपत्ति की तो गिंसबर्ग ने लुंगी खोल दी, 'अगर यह अश्लील नहीं है तो कविता कैसे अश्लील है?'

नागानन्द बड़े आह्लाद के साथ नमक-मिर्च मिलाकर लजाते हुए इस घटना का जिक्र करते और कहते, 'मित्र धूमिल, कवि को ऐसा ही होना चाहिए। आखिर काव्य है क्या? सामाजिक रूढ़ियों, मान्यताओं, ढकोसलों के विरुद्ध जेहाद ही तो है।' लेकिन यह घटना उनके संस्कार-प्राप्त काव्य-दर्शन में सेंध की तरह थी।

नागानन्द की मान्यताओं को गिंसबर्ग की निकटता ने एक-दूसरे से टकराना शुरू कर दिया—पता नहीं, नागानन्द इसे समझ रहे थे या नहीं, लेकिन उन्हें सुननेवाले समझ रहे थे।

उनके हिसाब से एक कवि को साधारण या आम आदमी से अलग दिखना चाहिए क्योंकि वह सामान्य लोगों से, इस दुनिया से भिन्न किस्म का प्राणी होता है। वह ऐसा हो कि यदि सड़क से गुजरे तो उसे देखकर लोग खुद-ब-खुद कह उठें, 'उधर देखो, वह रहा कवि!'

अपने-अपने ढंग से गिंसबर्ग भी ऐसे थे और नागानन्द भी। लेकिन नागानन्द अमेरिकी नहीं, भारतीय थे और उसमें भी कुलीन ब्राह्मण! वे साहित्य-कर्म को

'साधना' और 'तपस्या' से कम नहीं समझते थे। वे मानते थे कि कवि को 'लँगोटबन्द' होना चाहिए। वे सड़क से गुजरते हुए किसी लड़की की ओर किसी कवि को घूरते या ताकते देख लेते तो फिर उसकी खैर नहीं। वे बोल पड़ते, 'तो हो चुकी कविता! छोड़ो कलम-किताब और यही किया करो! अरे यार! पन्त, निराला, महादेवी, तुलसी, सूर चाहे जिसे देखो, किसी ने अपने को ऐसे नष्ट नहीं किया। किसी ने शादी की तो पति को छोड़ दिया, किसी ने शादी ही नहीं की, किसी ने की भी तो सौभाग्य से पत्नी चल बसी! और तो और, नामवर को देखो, त्रिलोचन को देखो। पता चला कभी कि इनके बीवी हैं, बच्चे हैं ?'

लेकिन एकान्त क्षणों में वे विह्वल हो उठते, औरतों के बारे में जब तरह-तरह की जिज्ञासाएँ शुरू करते तो झल्लाकर धूमिल कहता कि 'नागा, इसी नगर में औरतें आलू के भाव बिकती हैं। यह जरूर है कि साहस चाहिए। अगर हो हिम्मत तो अभी चलो!'

हालाँकि न तो नागानन्द में हिम्मत थी और न धूमिल उस आलू के भाव से परिचित था।

नगर की तरह मैं भी नागानन्द को चौराहे से जानता था, लेकिन उन्हें घर से तब जाना जब धूमिल ने उनके पड़ोस में किराए का कमरा लिया—ठीक आमने-सामने।

आप कल्पना कीजिए उस युवक की जिसके घर में बूढ़ा जर्जर बाप हो, माँ हो, बहन हो, पढ़नेवाला छोटा भाई हो—न गाँव, न जमीन, न नौकरी, न आय का कोई साधन; और वह नौजवान योग्यता के बावजूद काम के लिए दर-दर भटक रहा हो, कभी प्राइमरी में काम चलाऊ अस्थायी मास्टरी कर रहा हो, कभी ट्यूशन के लिए दौड़ रहा हो! वह आधुनिक से आधुनिक साहित्य पढ़ना चाहता है—देशी भी, विदेशी भी, लेकिन पास में किताबें नहीं! वह समकालीन पत्रिकाएँ पढ़ना चाहता है लेकिन जेब में पैसे नहीं! उसे चाय और पान की लत है जिन्हें वह लोगों की गालियों, डाँट-फटकारों और अपमान के एवज में पीता-खाता है। चेहरे पर कोई शिकन नहीं, अपनी कंगाली का रोना नहीं!

वह खुद बड़ा लेखक बनना चाहता है, लेकिन एक कवि के लिए खाद-पानी बनकर रह जाता है।

यह नागानन्द थे।

यह नागानन्द थे जिन्हें जानने के बाद धूमिल प्यार करने लगा था और राम नारायण बगैर जाने नफरत!

न तो राम नारायण को नागानन्द फूटी आँखों सुहाते थे और न नागानन्द को राम नारायण! नागानन्द उन्हें देखते ही मुँह बनाते, 'लो, अब सँभालो कवि जी! आ गए रामफेर बाबू साहब सूँघते-सूँघते! यही देखो काशी, अरे! चलते, किसी कहवाघर में

बैठते, साहित्य की बातें करते लेकिन कवि जी ने कैसे लुच्चों-लफंगों से सोहबत की है कि क्या करोगे? इसी भरोसे ये कवि बनेंगे, बन चुके! अच्छा, तो मैं चला, सँभालो इन्हें!' और अगर राम नारायण नागानन्द को देख लेते तो 'स्साला! हरामखोर! सुअर!' अपने-आप उनके मुँह से पचास गालियाँ निकलतीं। वे दूसरी तरफ देखते हुए बुदबुदाना शुरू करते, 'गाँड में दम नहीं और लेखक बनता है! आते ही मिमिआएगा—धूमिल, फुटपाथ पर क्या खड़े हो, चलो, किसी कहवाघर में बैठा जाए! भोंसड़ी के! चाय की दुकान को कहवाघर बोलता है! मउगड़ों की तरह मुँह पर हाथ रखकर खी-खी करता है! राम नारायण सिंह की जेब में जैसे उसके बाप के पैसे हैं! देखो धूमिल! मेरे पास पैसे-वैसे नहीं हैं, तुम्हें पिलाना हो, पिलाओ। आइए डॉक्टर साहब! हम लोग उधर चलें!'

नागानन्द के रहते धूमिल राम नारायण की भी परवाह नहीं करता था।

धूमिल सुबह-सुबह चाय बनाता और खिड़की खोलकर आवाज देता—नागानन्द!

नागानन्द के घर से कोई आवाज नहीं आती।

'नगवा!' वह अबकी चीखकर बोलता। इस पर भी कोई उत्तर नहीं।

तीसरी बार वह उनके बूढ़े पिता की तर्ज पर कँपकँपाती पोपले मुँहवाली कराहती-काँखती आवाज में चिल्लाता, 'लल्लू! ए लल्लू! ललुआ कहाँ मर गया रे!'

नागानन्द किवाड़ खोलते, हाथ में किताब और कोई पत्रिका लिये हुए चले आते। वे बड़बड़ाना शुरू करते, 'कितनी बार कहा है कि ऐसे न बोला करो। पिताजी बुरा मानते हैं। सबको खराब लगता है।'

धूमिल उनकी बाँहें चढ़ाकर पीठ पर कर देता और चाय से पहले कुछ प्रेमकलह होता।

कहने की जरूरत नहीं कि धूमिल इंटरमीडिएट भी न था। विज्ञान का विद्यार्थी रहा था और हिन्दी साहित्य की विधिवत जानकारी नहीं थी। अंग्रेजी के भी लेखकों की चर्चाएँ सुनता था लेकिन उन्हें पढ़ने और पढ़कर समझने की क्षमता नहीं आई थी।

नागानन्द उसे उन कवियों, लेखकों को बड़े मनोयोग से पढ़ाते थे जो उनकी स्पर्द्धा के दायरे से बाहर थे। ये या तो विदेशी थे, या दिवंगत, या बनारस से बाहर के। नागानन्द किसी कवि को तैयार करने की नीयत से ऐसा नहीं करते थे। उनके लिए यही सन्तोष की बात थी कि इस नगर में कोई है जो उन्हें समझता है, उन्हें धैर्य से सुनता है, उन्हें सम्मान देता है, 'सीरियसली' लेता है।

उनके पास किताबों और पत्रिकाओं का अच्छा संग्रह था। लोगों की बहुत-सी किताबें तो उनकी गैर-जानकारी में नागानन्द के झोले में अपने-आप चली आती थीं और जो जानकारी में आती थीं, वे फिर लौटकर नहीं जा सकती थीं!

मैं जब कभी सुबह धूमिल के यहाँ गया, नागानन्द को 'हाउल', 'कदिश' (गिंसबर्ग), येव्तुशेंको, मायकोव्स्की, पास्तरनाक, कबीर, तुलसी, निराला, अज्ञेय—किसी-न-किसी कवि या उसकी कविता को पढ़ते और उस पर बहस करते देखता। धूमिल जब कभी किसी बात पर अड़ता तो नागानन्द कहते कि 'मित्रो, तुम औरों पर चाहे जितना ऐंठ लो, लेकिन नाइन से अपना पेट नहीं छिपा सकते!'

धूमिल उनकी अच्छाइयाँ भी जानता था, और सीमाएँ भी। नागानन्द एक साथ ही अपने संस्कारों और तुलसी के कारण परम्परावादी भी थे और अपनी जीवन-शैली और गिंसबर्ग के कारण अराजक और विद्रोही भी। वे किसी कवि या कविता में वे बातें पसन्द करते थे जो या तो उनमें नहीं थीं या जो वे नहीं कर सकते थे। उन्हें वे कवि अच्छे लगते थे जिनके व्यक्तित्व में रंगीनियाँ थीं और वे शब्दों के बाहर भी सक्रिय थे। वे कवि की सामाजिकता के कायल थे जो उनमें नहीं थी।

धूमिल को पाते ही नागानन्द शेर बन गए। अब न वह अकेले थे और न दीन-हीन कमजोर। अब न कोई उनका मजाक उड़ा सकता था और न अनसुना कर सकता था। आत्मविश्वास और अकड़ के साथ वे अस्सी आते।

इन्हीं दिनों उनके चलते अस्सी पर दो दुर्घटनाएँ घटीं जो बताती हैं कि धूमिल उनका कितना खयाल रखता था!

मैं और धूमिल—हम बातें कर रहे थे उसी की एक कविता पर, जो अभी लिखी जा रही थी, अधूरी थी कि सड़क पार दूसरी पटरी पर गिरिजा शंकर आए। गिरिजा शंकर (स्वर्गीय)—नेता और पत्रकार। वे एक पत्रिका के सम्पादक थे और जब कभी चाय पीने आते, नागानन्द की बातचीत करने के ढंग और आवाज का मजाक उड़ाया करते थे। जाने क्या हुआ कि पीछे से आ रहे नागानन्द ने उनकी खोपड़ी पर हल्की-सी चपत लगा दी। लहीम-शहीम गिरिजा ने पलटकर उन्हें एक झापड़ मारा।

नागानन्द ने लुढ़कते हुए आर्तनाद किया, 'धूमिल!'

धूमिल ने उछलकर सड़क पार की और गिरिजा का कालर पकड़कर घसीटना शुरू किया। इतने में काफी भीड़ जुट गई और दोनों को हटा-बढ़ा दिया गया।

दूसरी दुर्घटना दुखद थी। मैं उस वक्त नहीं था लेकिन सही घटना धूमिल ने सुनाई थी।

बूढ़े, कमजोर, लम्बे सफेद बालों और ठिंगने कद के शान्तिप्रिय द्विवेदी। अकेले, बहरे, दयनीय! वे रोज की तरह कुर्ता-पाजामा पहनकर गोदौलिया जाने के लिए अस्सी आए।

नागानन्द ने धूमिल से कहा, 'इस समाज में लेखक को जो सम्मान, जो प्रतिष्ठा, जो स्थान मिलना चाहिए, क्यों नहीं मिलता है? लोग उसे देखकर क्यों हँसते हैं? क्यों मजाक उड़ाते हैं? जानते हो मित्र! इसके लिए दूसरे नहीं, खुद लेखक जिम्मेदार हैं। अगर नमूना देखना चाहो तो सामने देखो।'

और जिस धूमिल ने अपने गीत-काल में 'ओ बैरागी शान्तिप्रिय द्विवेदी' कविता में लिखा था :

अक्सर तुम्हें देखा है—
जीवन की अनगिन
अनकही परिभाषाओं को
जिससे आकार मिला
शब्दों को अर्थ मिला
भावाभिव्यक्ति मिली
सत्य को दुलार और
सपनों को प्यार मिला
किन्तु तुम्हें दुनिया ने कोने में फेंक दिया
(अकथनीय दुखड़ा है)

उसी शान्तिप्रिय को धूमिल ने बिलावजह सरेआम बेइज्जत किया—नागानन्द की सम्मति पर, जबकि खुद शान्तिप्रिय से न तो नागानन्द का झगड़ा था और न कोई तकरार। लेकिन वह 'साहित्यकार के सम्मान की रक्षा' का सवाल था!

ऐसी उदग्र और अटपटी घटनाओं का नतीजा यह हुआ था कि कुछ दिनों तक आयोजकों ने इन्हें गोष्ठियों में बुलाना बन्द कर दिया था। लेकिन 'विध्वंस' के इरादे से समय और स्थान का पता चलने पर नागानन्द धूमिल के साथ पहुँच जाते और कहते, 'मित्र, यह तो अच्छा हुआ कि समय रहते तुम्हारा निमंत्रण मिल गया अन्यथा धूमिल ने तो गाँव का कार्यक्रम बना रखा था।'

कौन कहता कि निमंत्रण नहीं भिजवाया था?

ये धूमिल के निर्माण के दिन थे। 'कल्पना', 'अकथ' और 'आरम्भ' में छपनेवाली कविताओं की तैयारी के दिन।

इसी दौरान खबर लगी कि नागानन्द भी लिख रहे हैं। यह सबसे अच्छी बात थी। यही नहीं, यह भी पता चला कि पिछले महीने अमुक पत्रिका में उनकी एक कहानी आई है। उन्होंने अपनी तरफ से कोई चर्चा नहीं की। मैंने उनसे जब पूछा तो उन्होंने प्रसन्न होकर कहा, 'भोला बाबू (मेरी कहानी 'सुख' का पात्र), आप और ज्ञानरंजन और दूधनाथ कितना पीछे छूट गए इस कहानी के छपते ही, आपको पता नहीं। बस, लिखते रहिए। मित्र धूमिल! महीने-भर से मेरे पास इतने पत्र आ रहे हैं कि क्या बताऊँ?'

मैंने अलग से धूमिल से पूछा, 'तुमने कहानी पढ़ी है ?'

उसने पढ़ी थी। उसने कहानी की थीम, आइडिया और भाषा की तारीफ करते हुए बताया कि बस, एक ही बात गड़बड़ है। उस कहानी में गाँव में होटल है जबकि यहाँ किसी गाँव में होटल नहीं होता। लेकिन उसमें नागानन्द का कसूर नहीं क्योंकि उसने गाँव देखा ही नहीं है!

कुछ महीनों बाद फिर खबर लगी कि किसी पत्रिका में नागानन्द की कोई दूसरी कहानी आई है। नागानन्द ने लाख कहने पर नहीं दिखाया। पूछने पर धूमिल ने बताया कि कहानी वही है, शीर्षक बदल गया है।

वही कहानी तीसरी बार प्रकाशित हुई—दैनिक 'आज' के रविवासरीय अंक में—'नीली आँखों वाली लड़की'। जिस दिन मैंने वह कहानी पढ़ी, उसी दिन मेरे यहाँ इलाहाबाद से कथाकार दूधनाथ सिंह आए। मैंने उनसे जब चर्चा की तो उन्होंने कहा कि यह कहानी मेरी पढ़ी लगती है। मैंने बताया कि हाँ, इसके पहले दो बार छप चुकी है। वे कुछ नहीं बोले। सोचने के बाद पूछा, 'तुम्हारे पास 'एवरग्रीन रिव्यू' के अंक हैं क्या ?'

मैंने उस पत्रिका के आठ-नौ अंक ढूँढ़कर दूधनाथ को दिये। उन्होंने एक अंक उठाया और आक्टोविया पॉज की कहानी 'ए बकेट ऑफ ब्लू आईज' खोलकर रख दी। तो यह पॉज की कहानी का अनुवाद था!

शाम को हम लोगों ने धूमिल के साथ नागानन्द को पकड़ा। नागानन्द ने 'कहवाघर' की ओर घसीटते हुए हम लोगों से कहा, 'अरे मित्र, मुझसे क्या कहते हो तुम लोग ? हँसो यह देखकर कि हमारे सम्पादक कितने मूढ़ और अपढ़ हैं! एक ही कहानी तीन पत्रिकाओं में अलग-अलग तीन सम्पादकों ने छापी और उनमें से किसी को पता नहीं चल सका कि यह नागानन्द की नहीं, आक्टोवियो पॉज की कहानी है!'

दूसरे दिन उन्होंने मुझसे कहा कि तंगी के कारण एक ही कहानी तीन बार छपवानी पड़ी, सो भी अपने नाम से क्योंकि अनुवाद के पैसे कम मिलते हैं।

'क्यों नहीं लिख सके नागानन्द ? वह क्या है जो उन्हें लिखने से रोकता रहा ?' यह सवाल बार-बार मेरे दिमाग में आता है। वे अनवरत दस वर्षों तक साहित्य जीते रहे, पढ़ते रहे, बतियाते रहे। साहित्य के सिवा उनकी चिन्ता का और कोई विषय ही नहीं रहा—रहा भी तो साहित्य से जुड़ा हुआ।

मैंने उनसे कई बार पूछा। हर बार वे धूमिल पर थोप देते, 'धूमिल आदमी नहीं, दानव बालि है। सामने पड़ते ही वह मेरी आधी शक्ति हर लेता है। मैं कैसे लिखूँ ? क्या लिखूँ ?'

लेकिन सचाई यह नहीं है। यह अपने बचाव का एक बहाना-भर था

मैंने जितना नागानन्द का लिखा हुआ सुना या देखा है, उसके आधार पर कह सकता हूँ कि चीजों को उनके सही नाम से पुकारने की आदत नहीं रह गई थी उनमें। वे हर चीज का नाम बिगाड़कर बोलते थे, कभी-कभी तो उसका अपना नाम ही गायब कर देते थे। इस काम में उनका संस्कार भी आड़े आता था। जैसे वे कहना चाहते थे, 'शाम' या 'साँझ' लेकिन उनके मुँह से निकलता था 'प्रदोष काल'। वे कहना चाहते थे 'सुबह' या 'सबेरा', लेकिन मुँह से निकलता था— 'प्रातः बेला' या 'प्रत्यूष बेला'। वे बोलने और लिखने में फर्क करते थे। उनके लिए लिखना एक ऐसी भूमि पर पैर रखने के समान था जो निहायत 'पवित्र', 'वन्दनीय' और 'पूज्य' हो—रोजमर्रा के चलने-फिरने की धूल-कीचड़ सनी जमीन से अलग। वहाँ शाम नहीं ढलती, प्रदोषकाल ही होता है।

ऐसे ही, घर-दुआर, माँ-बाप, बीवी-बच्चे, चावल-दाल-रोटी—उनकी नजर में ये सब किरानियों-मास्टरों की चिन्ता के विषय थे, कवि-लेखक के नहीं, जबकि ये ही चिन्ताएँ आदमी को बाजार से, समाज से, राजनीति से जोड़ती हैं। अगर तह में उतरकर देखा जाए तो बाजार से जुड़ने का अर्थ है—खेतों-खलिहानों से जुड़ना, मिलों-फैक्टरियों से जुड़ना, मानवीय श्रम से जुड़ना। इनसे कटने या अपने को बचाए रखने का अर्थ है—रोजमर्रा की मुश्किलों, समस्याओं, कठिनाइयों, झंझटों से अपरिचित और अनजान रह जाना। गुस्सा, नफरत, प्यार, करुणा, सुख, दुख, जोश, आवेश आदि से बेखबर रह जाना। संवेदनहीन होना। अपना विस्तार न करना, खुद को अपने तक सीमित कर देना। नागानंद के पास अनुभव और संवेदना की कितनी पूँजी थी जिसके सहारे वे कविता या कहानी लिखते, इसे वही जानें।

इसके सिवा एक और बात थी—उनकी हँसीउड़ाऊ प्रवृत्ति। बनारस में कवियों-लेखकों की उतनी बड़ी तादाद कभी नहीं आई—गोविन्द, चन्द्रभूषण, मोहनराज, सत्यव्रत, कंचन, शम्भुनाथ, धूमिल, महेन्द्र शंकर, रामचन्द्र शुक्ल, राजशेखर, एस. अतिबल, आनन्द भैरव शाही, विष्णुचन्द्र शर्मा...और भी न जाने कौन-कौन थे! लेकिन इनमें से किसी की भी कविता नागानन्द को अच्छी नहीं लगती थी। सामने मारे डर के वे भले उसकी तारीफ कर दें, पीठ-पीछे वे उसकी पंक्तियों, भाषा और शब्दों का मखौल उड़ाते रहते थे। इसका मतलब है कि नागानन्द या तो अपने काव्य-विवेक अथवा संवेदनशीलता की उस ऊँचाई पर पहुँच चुके थे, जहाँ से चीजें बड़ी 'हेय' और 'तिरस्कारपूर्ण' दिखाई पड़ती हैं या उनकी 'पसन्द' में ही कोई बुनियादी खोट थी जिसे वे जीवन-भर नहीं समझ पाए।

वे कुछ 'विलक्षण', 'अद्‌भुत', 'असाधारण' लिखना चाहते थे। जाहिर है कि जिनका आप मजाक उड़ाते हैं, उनसे बेहतर और श्रेष्ठतर आपको लिखना ही चाहिए, वरना वे आप पर हँसेंगे। और असलियत में होता भी यही! नागानन्द जब

कभी बड़ी गम्भीरता से कुछ लाजवाब जैसी चीज सुनाते—हास्यास्पद हो उठते। धीरे-धीरे उन्होंने सुनाना भी बन्द कर दिया।

उन्होंने दूसरों की आलोचना और उपदेश में ही अपना कुशल समझा!

नागानन्द को देखे आज सदियाँ बीत गई हैं। सुना है कि वे मध्य प्रदेश में कहीं हैं। शायद किसी कॉलेज के अंग्रेजी विभाग में। वे खुद तो कुछ नहीं लिख सके लेकिन उस दौर में नगर में जो कुछ लिखा जा रहा था, उसके पीछे नागानन्द के वजूद की चुनौतियाँ थीं। उनका हाल चौराहे के बीचोबीच खड़े उस ट्रैफिक पुलिसिए का था जो खुद तो खड़ा रहता है, लेकिन जानेवालों को रास्ता बताता जाता है।

जी ही जाने है आह मत पूछो

1967 ई. की गर्मी की एक शाम!

मैं सहारनपुर में था—धूमिल के साथ।

राजकमल चौधरी की मौत की सूचना आई थी और हम स्तब्ध थे। एकदम चुप। राजकमल मरने से चार-पाँच महीने पहले बनारस आए थे। मेरे घर। वहीं धूमिल से उनका परिचय हुआ था। उनके हाथ में या कि जेब में एक बोतल थी और वहाँ से कमर की ओर जाती हुई प्लास्टिक की ट्यूब! उनके चेहरे पर मृत्यु का कोई भय न था। हमने नाव से दशाश्वमेध तक की यात्रा की थी और फिर शहर में घूमते-घामते शम्भुनाथ मिश्र के घर नाटी इमली गए थे और रात को रविशंकर और अकबरअली खाँ की जुगलबन्दी सुनी थी। इस दौरान धूमिल बराबर साथ था। राजकमल उसे जँचे नहीं, क्योंकि उन्होंने साहित्य पर कोई चर्चा नहीं की।

सामने पड़े हुए अखबार 'नवभारत टाइम्स' पर आँखें गड़ाए धूमिल बुदबुदाया, 'यह बुरा हुआ! बहुत बुरा हुआ!' फिर थोड़ी देर बाद ऊँचे स्वर में बोला, 'अब साले उसका नाम कमाएँगे! जो उसके इर्द-गिर्द बैठकर शराब और गाँजा पीते थे और जिनकी रचनाएँ कहीं नहीं छपती थीं, धड़ाधड़ लिखेंगे और खूब छपेंगे...

'श्रीकान्त को देखो! जब उसके पास कुछ नहीं रहा तो लो मुक्तिबोध! लो मुक्तिबोध! कवि बन गया मुक्तिबोध का नाम लेकर।...सुनो, राजकमल तुम्हारा भी तो दोस्त था?'

उसने मुझे चुप देखकर एक जोरदार ठहाका लगाया, 'दो-चार संस्मरण तो तुम भी लिखोगे ही कम-से-कम!'

उसके बाद वह तख्त पर लेट गया और चिटकियों में मूँछें ऐंठने लगा। मुझे देखती हुई उसकी आँखें व्यंग्य से मन्द-मन्द मुस्करा रही थीं।

आज—जब धूमिल पर मैं लिख रहा हूँ तो वह शाम मुझे याद आ रही है।

धूमिल मेरा दोस्त था।

ऐसा दोस्त कि उसके बाद इस नगर में दोबारा ऐसा कोई न आ सका जिसे अपना दोस्त कह सकूँ। उसे गुजरे आज सोलह साल हो चुके हैं, तब से मैं अकेला हूँ।

आज भी अस्सी जाता हूँ मैं, लेकिन कोई ऐसा दिन नहीं आया, जब चौराहे पर पहुँचते ही उसकी याद न आई हो। नगर की वे सारी जगहें—और वे सारे अड्डे, ठिकाने, दुकानें, और वे घाट, और वे फुटपाथ, और वे गलियाँ—जहाँ-जहाँ मैं गया हूँ या जाता हूँ या गुजरता हूँ—ऐसा कभी नहीं होता कि धूमिल के न होने का या अकेले होने का अहसास न हो।

क्या-क्या नहीं किया है इस नगर में हम दोनों ने!

नगर चकित भी था और भयभीत भी हमारी दोस्ती से। चकित इसलिए कि धूमिल जैसे मुँहफट, बेलाग, अस्थिर और बात-बात पर तैश में आकर गाली-गुफ्ता कर बैठनेवाले आदमी से कैसी दोस्ती, और भयभीत इसलिए कि कब किस बात पर वह किसे अपमानित कर बैठे; जिसमें किसी का लिहाज ही नहीं, उसका संग-साथ क्या?

धूमिल के लिए ऐसी बातें बकवास थीं—एकदम बेकार। लिहाज? किसका लिहाज? आपके ओहदे का? आप प्रोफेसर हों, डॉक्टर हों, इंजीनियर हों, बड़ी भारी तोप हों, चाहे जो हों, लेकिन बातें टुच्ची करते हैं, दिमागी तौर पर दिवालिया हैं, घटिया चीजों में दिलचस्पी लेते हैं तो आप बर्दाश्त के बाहर हैं। आपसे बात करना, अपना समय और दिमाग दोनों नष्ट करना है। और लिहाज किसका? उम्र का? महोदय, आप जहाँ-के-तहाँ रह गए, बीवी-बच्चों और दुनियादारी में जिन्दगी खपा दी और हमें भी वही बनाए रखना चाहते हैं। आपने किया ही क्या जिसके लिए आपका लिहाज करें, चुप रह जाएँ आपके प्रवचन को सुनकर? इतने बुद्धू नहीं हैं हम!

लेकिन यह आग और यह समझ काफी देर बाद पैदा हुई थी, शुरू में नहीं। शुरू में तो वह हरेक खूँटे के नजदीक गया और आदतन हरेक की पूँछ उठा के देखता रहा।

उसकी जान में जान आई 'मास्टर साहब' यानी नामवर सिंह के पास आकर—जिसकी उसे तलाश थी। वह यों ही भैया को 'मास्टर साहब' नहीं कहता था, अपने लिए उसने एक तर्क ढूँढ़ लिया था—विवेकानन्द रामकृष्ण परमहंस को 'माई मास्टर' कहते थे।

मास्टर साहब पैंसठ के शुरू में जब दिल्ली चले गए, तो धूमिल भी अकेला हो गया और मैं भी।

हम अब तक घनिष्ठ नहीं हो सके थे। हमारा मिलना-जुलना भी होता था, बातें भी होती थीं, लेकिन उनका दायरा सिर्फ कविता तक सीमित रह जाता था, जिसमें मेरी दिलचस्पी नहीं थी।

इसके साथ ही मेरे मन में एक गाँठ थी। मुझसे मिलने-जुलनेवालों में दो तरह के लोग हुआ करते थे। एक तो वे, जो भैया से मिलने आते, उनसे साहित्य की बातें करते, उन्हें मैं चाय-पान कराया करता था, वे चलते समय बाहर निकलकर मेरी बाँह टटोलते, दबाते और मुस्कराते हुए व्यंग्य से कहते, 'कितना डंड पेलते हो ?...असल चीज यही स्वास्थ्य है, बाकी सब बकवास।' दूसरे वे थे, जिनकी नजर भैया पर होती थी और मुझे माध्यम बनाना चाहते थे। मैं उनके लिए सीढ़ी था, जिस पर चढ़कर वहाँ पहुँचना चाहते थे। इन बातों ने हर मिलनेवाले के प्रति मुझे शंकालु बना दिया था।

मैंने देखा कि धूमिल अकेला शख्स है जो मुझे एक समीक्षक का भाई नहीं, एक सीरियस लेखक समझकर मिलता है और अपनी उन मुश्किलों और समस्याओं को 'शेयर' करना चाहता है जो उसकी समझ में नहीं आ रही हैं या परेशान कर रही हैं। मेरी भी अपनी मुश्किलें थीं। कहानी लिखनेवाले और कहानी पर बातें करनेवाले एक विजय मोहन थे, जो आरा चले गए थे।

धीरे-धीरे हमारा सम्बन्ध दो लेखकों का नहीं, दो परिवारों का हो गया। मेरी माँ या पिता या पत्नी को मुझसे कोई शिकायत होती तो वे धूमिल से कहते और उसके भाइयों को धूमिल से नाराजगी होती तो वे हमसे कहते।

धूमिल अपने भाइयों में सबसे बड़ा था—घर का मालिक। उसने अपने पिता या माँ की कभी चर्चा नहीं की। जब भी की तो भंगा बाबू की—अपने चाचा की—हरिहर पांडेय की।

चाचा तीन भाई थे। कभी-कभी भाइयों में झगड़ा होता किसी बात को लेकर। अलग-गुजारी तक नौबत आ जाती थी। उनमें कोई इतना नाराज होता कि आँगन में एक कोने में रात को अपना अलग चूल्हा जला लेता और खाना पकाने लगता।

जब वह खाने बैठता तो चौके में भंगा बाबू भी अपनी थाली लेकर बैठ जाते और उससे पूछते, 'कहो, तुम्हारे इहाँ आज का बना है ?'

फिर अपने आप ही बोलते, 'चोखा ? आलू-बैंगन का ? यार, हमारे इहाँ तो रसेदार तरकारी बनी है...ऐसा करो कि चोखा जरा हमें दे जाओ तो !'

भंगा बाबू भंगा इसलिए थे कि भाँग घोंटते थे और खाते थे—लगभग नित्य। जब वे गुदा रोग के कैंसर से चल बसे तो धूमिल बहुत बेचैन और उदास था। उसने चलते-फिरते एक दिन मुझसे पूछा, 'काशी, बता सकते हो, तुम्हारे शरीर में कितने और

कहाँ-कहाँ तिल हैं ?...मेरे पीठ पर एक मस्सा है, जिसे आज तक मैंने नहीं देखा कभी जरूरत ही नहीं समझी।'

परिवार में कोई व्यक्ति एक आदमी होता है। आदमी क्या, एक वृत्त होता है—एक घेरा जिसे हम अपने से जोड़कर, सम्बन्धित करके देखते हैं। लेकिन अस्पताल में उस आदमी के शरीर के उस-उस हिस्से से परिचय होता है जिससे हम अपरिचित रहते हैं—हमीं क्या, वह खुद अपरिचित रहता है।

और वही वह जगह या अंग विशेष होता है, जहाँ वह जीवित रह जाता है।

उदाहरण के लिए, भंगा बाबू की गाँड़ से मेरा परिचय अस्पताल में ही हुआ, जो मेरे लिए हमेशा से वर्जित चीज थी। भंगा बाबू से पहले चाचा की नूनी से...ऐसा कभी नहीं होता कि कभी किसी आदमी में अपनी गाँड़ देखने की ख्वाहिश पैदा हो, और वह शीशा लेकर बैठ जाए!

बहुत-से शालीन और सम्भ्रान्त साहित्यप्रेमी धूमिल द्वारा प्रयुक्त गालियों और यौनशब्दों पर हाय-तौबा मचाते हैं। उन्हें नहीं पता कि ऐसे शब्द किसी गली-कूँचे में मिले हुए या राह चलते सुने हुए उनके 'अन्वेषण' नहीं हैं।...जिन दिनों कृष्णा सोबती की कहानी 'यारों के यार' पर बहस हो रही थी, उसकी दो प्रतिक्रियाएँ थीं—एक, विचार कहानी पर न होकर 'चुदक्कड़' और 'बहनचोद' शब्दों पर क्यों हो रहा है ? दूसरे, देखना यह चाहिए कि कृष्णा सोबती इन शब्दों को जीवन में भी झेलती हैं या साहित्य में ही अकथ को कहने की गुंजाइश रखती हैं! साथ ही, क्या चरित्र के मुँह में ऐसे शब्दों को डाल देना, जो उसके मुँह में नहीं हैं, उचित है ?

इसलिए जब उसकी 'बसन्त' कविता प्रकाशित हुई थी और अस्सी पर तमाम दोस्त 'मासिक धर्म में डूबे हुए लत्ते-सा खड़खड़ाता हुआ दिन' काव्यांश को लेकर हो-हल्ला मचा रहे थे, धूमिल ने गुस्से में बिफरकर कहा, 'सालों को मिल गया है एक मासिक धर्म का लत्ता। कविता जहाँ की तहाँ है और वे उसी को उठाकर झंडे की तरह फहरा रहे हैं।'

चौराहे पर या जनसाधारण के बीच तथाकथित गन्दे शब्दों को बोलते समय न कभी धूमिल की जबान अटकती थी और न लटपटाती थी। उसके लिए वे निरे शब्द होते थे। उनकी गन्दगी धुल चुकी होती थी—उस गाँव के किसान की तरह, जो मतलब से बेपरवाह होकर अपनी बहन, बेटी, बेटा, भाई को गुस्से में धुआँधार गालियाँ देता है और फिर शान्त पड़ जाता है। वह भी घर पर कभी-कभी गालियाँ देता था—अपनी औरत को, जूठन को, भोला को और जब देकर आता था तो बहुत पछताता था।

'जानते हो?' एक दिन उसने कहा, 'गुस्से में आज जूठन को बहुत अंट-शंट कहा। उन सबों की औरतें दालान में थीं और उनकी तरफ से वह कुछ कह रहा था। मैंने कहा—साले, वे औरतें तुम्हारी माँएँ हैं? और उनकी औरतें भी सुन रही थीं।'

यों तो वह अपने सभी भाइयों को बहुत प्यार करता था, लेकिन उनमें अक्सर जूठन की चर्चा करता रहता था, 'जानते हो, जूठन गाय, भैंस, बैल से उसी तरह बतियाता है, जैसे आदमियों से, अपनी बोली में—अब का ताकत हयऽ? आउर भूसा चाही काऽ? ससुर खाए में तऽ कोताही नाही बाऽ, बाकी जुआठ देखतै पोंकै लागैला?...जानवरों के बीच रहते-रहते जूठन भी बैल हो गया है।

'कभी-कभी जब शाम को घर पहुँचता हूँ तो जूठन देखते ही पैर पर गिर पड़ता है—भैया, तू निराला से बड़ऽ कवी हउव। तोहरे आगे तुलसिया घास छीलै...मैं समझ जाता हूँ कि आज जूठन ने दारू छान रखी है लेकिन कम पड़ गई है। जूठन अँगूठा-टेक। क्या जाने निराला-तुलसी को! लेकिन मेरे मुँह से कभी सुन लिया होगा। बहरहाल, मैं बगैर बोले उसके हाथ पर चार-पाँच रुपए रख देता हूँ और वह मुझे देवता बनाते हुए चल देता है।'

उसके भाइयों में ही एक भाई कन्हैया थे (अब भी हैं)—उससे छोटे, पढ़े-लिखे और किसी आफिस में क्लर्क। नागानन्द उसे किरानी बोलते और घोर नापसन्द करते।

कन्हैया जब भी आते, गाँव की राजनीति की बातें करते, कोर्ट-कचहरी के मामले में सलाह लेते या मुकदमे की तारीख बता जाते या जूठन या भोला की किसी मनमानी या नादानी की चर्चा कर जाते। वे प्रायः धूमिल के घर नवाबगंज में नहीं, नगर में ही कहीं अपनी ससुराल में रात काटते।

कन्हैया के जाने के बाद उसका मूड थोड़ा 'अपसेट' हो जाता। वह कभी-कभी कहता कि मेरा भाई क्लर्क न होकर कुछ और होता...और का मतलब, चपरासी ही रहता तो कहीं अच्छा था। आसान से आसान काम भी क्लर्कों के हाथ में चला जाता है तो बड़ा मुश्किल और टेढ़ा हो जाता है। और कभी-कभी तो इतना नियम-विरुद्ध हो जाता है कि असम्भव।

पड़ाइन धूमिल के साथ कभी नहीं रहीं—न बलिया में, न नवाबगंज (बनारस) में और न हकीकत नगर (सहारनपुर) में। लेकिन धूमिल के लिए इस समूची पृथ्वी पर औरत केवल एक ही थी—उसकी पत्नी मूरत देवी। मैंने उसे कभी किसी लड़की या औरत में या औरतों के प्रसंग में दिलचस्पी लेते नहीं देखा।

वह दुनिया की तमाम औरतों की तुलना में अपनी पत्नी को ज्यादा खूबसूरत और स्वस्थ समझता था। वह कभी-कभी किसी काम से नवाबगंज आती थीं। उनके चले जाने पर कहता था, 'आ गए होते तो पड़ाइन से मिलवा देता। देख लेते तुम।'

वह लड़कियों को देखते ही लार टपकाते हुए अस्सी के कवियों, लेखकों को देखता तो बोलते-बोलते चुप हो जाता—गम्भीर। जब लड़की चली जाती और कोई कहता कि हाँ, तो धूमिल, क्या कह रहे थे? वह टूटे मन से कहता, 'कुछ नहीं कह रहे थे।'

एक बार ऋषिकेश में हम दोनों अलकनन्दा के तट पर बैठे थे कि सामने से एक गोरी-चिट्टी बेहद खूबसूरत लड़की आती हुई नजर आई। मैंने धूमिल से कहा, 'वह लड़की देखो, कितनी खूबसूरत है!'

उसने बिगड़कर कहा, 'तुम्हीं देखो! क्या मैं चमार हूँ कि बैठे-बैठे चमड़ी की तारीफ करूँ?'

मैं यह तो नहीं कह सकता कि धूमिल के पास सौन्दर्य को देखने की आँखें नहीं थीं क्योंकि कविता स्वयं में सौन्दर्य की रचना है, लेकिन सौन्दर्य में—चाहे वह मानवीय हो या प्राकृतिक—उसकी कोई रुचि नहीं थी।

हकीकत नगर (सहारनपुर) में अक्सर शाम को हम दोनों टहलने निकलते थे। कॉलोनी की औरतें और लड़कियाँ खाना पकाने के बाद अपने-अपने घर के सामने पुलिया पर बैठ जाया करती थीं। कभी-कभी टहलती हुई दूसरी पुलिया पर बैठी या आती हुई सहेलियों से मिल जाती थीं और उनके साथ आगे तक चली जाती थीं। धूमिल ने एक दिन कहा, 'जानते हो, ये मर्द की टोह में निकलती हैं।'

मुझे याद आए थे गाँव के बद्री भैया! वे लोलार्क कुंड आए थे अस्पताल के किसी काम से और शाम को कुंड के चबूतरे पर खटिया बिछा के लेटे थे। कुंड के दूसरी पार एक तिमंजिली बड़ी इमारत थी, जिसकी पहली मंजिल के गलियारे में आधे घंटे से एक लड़की इधर से उधर मटरगश्ती कर रही थी। कभी-कभी खड़ी हो जाती थी और बारजे से सामने ताकती रहती थी।

बद्री भैया ने मुझे बुलाया और पूछा, 'इसका बाप कौन है? कहाँ रहता है?'

मैंने बताया और कहा, 'क्या बात है?'

उन्होंने कहा, 'बहुत बेचैन है यह। इसे मर्द की जरूरत है।'

औरत-मर्द या लड़की-लड़का को नर-मादा के रूप में देखने का धूमिल का स्वभाव असल में किसान स्वभाव था। उनके बीच प्रेम या भावना जैसी चीज या पेचीदगी भी हो सकती है—उसके दिमाग में नहीं आता था।

धूमिल की नस-नस में गाँव था—बेहाल और कंगाल गाँव। वह उसकी जड़ता और उसमें होनेवाले हर बदलाव से परेशान था।

—अजब हाल है गाँव का। पंचायत बैठती है आज की समस्या को लेकर, चाहे मेड़ हो या पेड़ हो या नाली हो, लेकिन शुरू होती है बाप के बाप के बाप से। पचास साल पुरानी लाग-डाँट से—'तुम्हारे दादा ने हमारे बाबा के साथ ऐसा किया था।'

—आज मैं कटिया (फसल की कटाई) पर था। मैंने वहाँ से गाँव की ओर देखा—कितना सन्नाटा था! सुबह की सारी आवाजें खत्म हो गई थीं। सूरज डूबने के साथ गाँव भी डूब जाता है।

—शहर में तो लोग लड़ाई-झगड़े से बचना चाहते हैं लेकिन गाँव दो कदम और आगे चला गया है। अब वहाँ रहना मुश्किल होता जा रहा है। गाली-गलौच खत्म हो रही है। अब तो सीधे तमंचा निकाला और ठाँय! सीधे शॉट डैड।

—खेत से लौटा हुआ आदमी बैठता नहीं, खटिया पर सीधे लेट जाता है—चारों खाने चित।

—जो सताता है, हर आदमी उसी की तरफ जाता है।

—गाँव में कोर्ट-कचहरी और मुकदमेबाजी लोगों के मनोरंजन का साधन हैं, आदि-आदि।

शहर के बारे में उसकी वैसी ही राय थी, जैसी आज देवीलाल की है।

—चाहिए यह कि सारे किसान खेती करना बन्द कर दें और शहर में चले आएँ और दुकानों पर, होटलों में, ढाबों में, ठेलों पर जो कुछ मिले, उसे छीन लें। छीनना गलत क्रिया है क्योंकि ये सारे सामान वस्तुतः किसानों के ही हैं। वे उठा लें और खाना शुरू कर दें। दुकानों पर खाएँ और फुटपाथों पर या शहर के पिछले हिस्से में या जहाँ कहीं जगह मिले, सो जाया करें। और अगर जगहें नहीं मिलें तो लोगों को बँगलों से घसीटकर बाहर कर दें और उनमें सोएँ।

—खेती का कोई मतलब नहीं रह गया है। उसे तो बन्द ही कर दें।

—सारा शहर और शहर के तमाम लोग चुटकुलों और मजाक में फेंक दिये गए हैं। वे अपने परिवार, घर, रोजी-रोटी, सब्जी-तेल के लिए तो संघर्ष करते हैं लेकिन जब पढ़ने बैठते हैं तो चुटकुले।

यह अपने-आपमें चिन्ता की बात है। यह ऐसे ही है, जैसे हम लोग किसी विषय पर गम्भीरता से बातें कर रहे हों और कोई 'फुस्स' से हँस दे या पाद दे!

पत्रिकाएँ बेचनेवाले पंडित से, 'पंडित जी! यह जो आप सजाए हुए बैठे हैं और बेच रहे हैं, ये सारी पत्रिकाएँ सेठों और बनियों की हैं। और हमेशा इनके कवर पर मोटी-मोटी बनी-ठनी औरतों की तस्वीरें छपती हैं। ऐसा नहीं कि इनमें अकाल और कंगाली का चित्र नहीं छपता। वह भी छपता है लेकिन अन्दर।'

धूमिल जब कभी कचहरी से लौटता, वहाँ की किसी-न-किसी घटना का बयान जरूर करता :

—कचहरी के पास एक लड़का कम्युनिस्ट विरोधी किताबें बेचता है। उसने वहाँ दफ्ती पर लिखकर टाँग दिया है—यहाँ बिकनेवाली किताबें कम्युनिस्ट-विरोधी हैं।

और बेचनेवाला यह आदमी ?—मैंने उसी से पूछा।

वह हें-हें कर हँसने लगा।

मैंने उसे देखा और कहा—यह लो पन्द्रह पैसे और इसकी एक किताब दो। लेकिन मैं ये पैसे तुम्हारी किताब के नहीं, 'हें-हें' के दे रहा हूँ।

—आज कचहरी से लौटते हुए मैं गहने के लिए सेठ बुलाकीदास के यहाँ गया। सेठ जी ने चाय के लिए पूछा। मैंने कहा—नहीं, अभी-अभी चाय पीकर आ रहा हूँ।

उससे क्या होता है ?—उन्होंने कहा।

मैंने कहा—बात यह है कि मैंने वहाँ चाय पी है और गर्व से चाय का दाम भी दिया है और यहाँ भी पैसा मैं ही दूँगा लेकिन एक फर्क है। यहाँ पैसा मेरी जेब से जाएगा, मगर हाथ आपका रहेगा जबकि वहाँ जेब भी मेरी रही है और हाथ भी मेरा रहा है।

—67 के चुनाव के एक दिन पहले।

दो सिपाही एक अढ़तिया को गिरफ्तार करके जैसे ही कचहरी के अन्दर घुसे, उसने चिल्लाना शुरू किया, 'भाइयो! हमसे दरोगा बैजनाथ सिंह पाँच सौ रुपए घूस माँग रहे थे। जब मैंने नहीं दिया तो अब जेल में ठूँसने जा रहा है। भाइयो, कल जनतंत्र है। चुनाव में हमें वोट देना है। दरोगा हमें वोट देने के अधिकार से रोक रहा है।'

थोड़ी देर बाद जब इलजास से लौटा तो फिर चिल्लाने लगा, 'भाइयो, यह देखिए घोर अन्याय! स्पेशल मजिस्ट्रेट जो मेज पर टाँगें फैलाए लेटा था, बिना समझे-बूझे दस्तखत भी कर दिया। भाइयो!'

ये सारी बातें उन दिनों की हैं, जब हम दोनों अभिन्न हो चले थे। जब धूमिल अस्सी पर अकेला होता, मान लिया जाता कि या तो काशी शहर से बाहर है या वह उसके इन्तजार में खड़ा है। अगर मैं अकेला दिखता तो किसी को समझते देर न लगती कि धूमिल गाँव गया है या नवाबगंज से आ रहा होगा।

सन् '65 के अक्टूबर-नवम्बर तक हमारी दिनचर्या बन चुकी थी।

धूमिल रोज साढ़े नौ-दस बजे के करीब लोलार्क कुंड आता और हम दोनों अपनी-अपनी साइकिल उठाते और चल देते। प्राय: साइकिल हाथ में रहती और हम विश्वविद्यालय के अन्दर बिड़ला होस्टल चौराहे पर पैदल जाते। वहाँ से साइकिल से हम हिन्दी विभाग और वह परिसर के बाहर औद्योगिक प्रशिक्षण केन्द्र।

शाम को हम सबका जमावड़ा होता रवीन्द्रपुरी के कोने 'पद्मश्री' सिनेमा हॉल के सामनेवाली चाय की दुकान पर। उन दिनों न यह सिनेमा हॉल था और न आज जैसी वह दुकान। यहीं नागानन्द, मोहन राज, सत्यव्रत, गोविन्द और कभी-कभी पद्मधर त्रिपाठी जुटते। वहाँ घंटा-डेढ़ घंटा ठहरने के बाद नागानन्द, धूमिल और मैं—हम तीनों रवीन्द्रपुरी की खुली सड़क पर निकल पड़ते। कभी-कभी गोदौलिया

जाते, जहाँ कंचन कुमार, करुणानिधान, अनिल करंजई और सुवास मिलते। फिर वहाँ से कभी सड़क से और कभी घाट से अस्सी आते।

धूमिल को जब रात का खाना नहीं बनाना होता तो अस्सी पर ही 'धर्मराज होटल' (जिसे हम जमराज होटल कहते थे) में भोजन करता।

इसी समय मौसम के मुताबिक मैं धूमिल के साथ कार्यक्रम बनाता—रात का। शहर में सितम्बर में होने वोले 'लोलार्क कुंड' के मेले के बाद से देवी-देवताओं के मन्दिरों का शृंगार शुरू होता है। इसमें मन्दिरों की सजावट की जाती है, बिजली की बत्तियों और झालरों से, फिर बाकायदा पूजा होती है और उसके बाद रात साढ़े दस-ग्यारह से आरम्भ होता है कजली दंगल, बिरहा दंगल, कव्वाली आदि। यह सिलसिला लगभग छह माह तक चलता है—आधी रात से लेकर सुबह सात बजे तक।

ये दंगल ऐसे तो मनोरंजन के साधन थे, लेकिन इसमें देखनेवाली कई बातें थीं। अपने-अपने साजों और ठेका भरनेवालों के साथ आमने-सामने दो अलग-अलग पार्टियाँ। पुराने से लेकर आधुनिकतम बाजों का इस्तेमाल। बिरहा और कजरी के परम्परागत छन्दों और लोक-शैलियों से लेकर फिल्मी धुनों की तर्ज। एक दूसरे पर व्यंग्य और मजाक—जिसे लड़ंत बोलते हैं। लोकगायक पौराणिक कथाओं और लोकश्रुत आख्यानों से लेकर समकालीन वारदातों को विविध छन्दों में पिरोकर अपने विपक्षी के आगे ऐसा जटिल प्रश्न उछालते थे कि उसका जवाब देना कठिन हो जाए। इन आख्यानों में लोक-कल्पना की अद्‌भुत मिलावट होती थी। प्रश्न भी हमारी आज की जिन्दगी से जुड़े हुए होते थे और देखा जा सकता था कि जनसाधारण उनका कैसा उत्तर पेश कर रहा है।

ऐसे आयोजनों के लिए न तो प्रचार करना होता था और न विज्ञापन। दस बजते-बजते अपने-आप हजार-पाँच सौ की भीड़ सड़कों और चबूतरों पर खड़ी हो जाती थी। इनमें रिक्शेवाले, ठेलावाले, खोमचेवाले, कबाड़ी, दूधवाले जैसे लोग होते।

हम कभी भीड़ में धँसकर खड़े रहते थे, कभी दूर चाय की दुकान पर। लोगों की बातें सुनना, प्रतिक्रियाएँ देखना और गाई जानेवाली बातों पर उनसे जिरह करना अपने-आपमें दिलचस्प था। कई गाने बलिदानियों और देश के लिए कुर्बानी देनेवालों पर होते थे जिन्हें सुनकर श्रोताओं के रोंगटे खड़े हो जाते थे और वे बिरहिया पर एक-दो से लेकर दस रुपए तक के नोट निछावर करने लगते थे। धूमिल ने अनुभव किया था कि :

'यहाँ सिर्फ वही आदमी देश के करीब है
जो या तो मूर्ख है
या फिर गरीब है।'

यह शौक मेरा था, लेकिन धूमिल बराबर साथ देता था।

एक और साझा शौक था।

जाड़े की उन रातों में जब नगर में सबसे ज्यादा ठंड पड़ती, हवा में ठिठुरन और गलन होती, सड़कें खाली हो जातीं, नगरपालिका की ओर से हर चौराहे पर फुटपथियों के लिए अलाव जलाए जाते, रात के ग्यारह-बारह के आस-पास हम दोनों अपनी-अपनी साइकिलों से निकलते और नगर के इस छोर (अस्सी) से लेकर दूसरे छोर (कचहरी) तक सुबह तक चक्कर काटते।

जब बहुत ज्यादा कुहरा पड़ता तब भी यही करते।

ऐसे ही जून की वह दोपहर सैर के लिए चुनते जब सबसे ज्यादा उमस होती या घाम होता या लू चलती।

इस हाल में शहर का वह रंग दिखाई पड़ता, जिसकी कल्पना कमरे में बैठे नहीं की जा सकती थी।

धूमिल के आरम्भिक दिनों में एक लत थी जिसे मैंने काफी समय बाद जाना। हम अस्सी पर बतियाते रहते थे कि वह एक जरूरी काम के बहाने बीच में फूट जाता था। सन् '66 तक यह आदत उसमें बनी रही।

हम दोनों हफ्ते में अस्सी स्थित 'भारती' टाकीज में कम-से-कम एक बार सिनेमा जरूर देखते थे। इसके लिए फिल्म का अच्छी होना जरूरी नहीं था। बस, देखते थे। देखने गए थे—'वक्त'। 'न्यूजरील' से पहले पोस्टर दिखाए जा रहे थे, उसी में 'एन इवनिंग इन पेरिस' का पोस्टर आया, जिसमें शर्मिला टैगोर समुद्र पर खड़ी घुटनों को मोड़े रस्सियाँ पकड़े खड़ी थी।

धूमिल बोला, 'इसकी जाँघें सीढ़ियों जैसी हैं, जिस पर चढ़कर मर्द अँधेरे में घुसता है।'

ऐसे ही जब 'नसीहत' फिल्म देख रहे थे तो कहा था, 'ये मोटी-मोटी खूबसूरत लड़कियाँ और कोल्हू जैसी रानें—खूब हैं।'

'वक्त' देखने के बाद जब बाहर निकले तो बोला, 'निहायत वाहियात। देश में इतनी समस्याएँ हैं और उनमें से एक भी इसमें नहीं। सेठों की मोटी-मोटी लड़कियाँ हैं साली, जो छाती उभारकर और जाँघें उघारकर प्रेम करती हैं। इससे तो अच्छी कहीं 'मुहब्बत और जंग' थी जो कोई बात तो कहती है, भले ही उसका सारा विद्रोह और क्रान्ति बारह स्क्वायर फीट में ही होता है।'

हम बाहर निकले तो वह फिर जरूरी काम के बहाने उस दुकान की तरफ बढ़ा, जहाँ भाड़े पर जासूसी उपन्यास मिलते थे। मैंने उससे पूछा कि ऐसे उपन्यास क्यों पढ़ते हो?

उसने कहा, 'इसमें न भाषा है, न भाव, न विचार, न संवेदना। न मारनेवालों को अपराध-बोध होता है, न मरनेवालों को पीड़ा। सब यांत्रिक गति से चलता है। ये

ही—गति—महत्त्वपूर्ण है। आज की ये अकविताएँ 'स्टिल्स' हैं—स्थिर और जड़ और निर्जीव चित्र।'

'इससे पहले कि 'वह' तुम्हें
सिलसिले से काटकर अलग कर दे
कविता पर
बहस शुरू करो
और शहर को अपनी ओर
झुका लो।'

'मुनासिब कार्रवाई' की ये पंक्तियाँ जब लिखी गईं, तब लिखी गईं, शहर भी जब झुका, तब झुका लेकिन काशी बेचारा बहुत पहले झुक गया था। कविता से मोहब्बत के कारण नहीं, धूमिल की प्रतिभा के कारण भी नहीं, बल्कि अपनी दिनचर्या के कारण। उसे अगले दिन लोलार्क कुंड से बिड़ला हॉस्टल तक धूमिल की आधी-तिहाई कविताएँ या पंक्तियाँ सुननी होती थीं और उन पर बहस करनी होती थी (बच नहीं सकते थे आप) कि कौन-से शब्द घिसे हुए हैं, कि किन पंक्तियों में फेरबदल की जरूरत है, कि किन मुहावरों में धार नहीं आ सकी है, कि कितना हिस्सा खारिज करना है, कि किन्हें 'रिराइट' करना है—इसलिए उन्हें प्रचलित समकालीन कविता की नापसन्दगी के पक्ष में स्पष्ट तर्क देना होता था, जिसके लिए तैयारी करनी पड़ती थी।

काशी को एक काम और करना पड़ता था। चूँकि वे कविता के 'लहरियादार' (लखनवी अद्धी के कुर्तों की बाँहों की चुन्नट जैसी) और 'तरल' होने के जितने खिलाफ थे, उतने ही रूखे-बेजान और बेस्वाद गद्य के, इसलिए उन्हें उसकी पंक्तियों के बगल में बराबर नमूने के तौर पर पढ़े जा रहे क्लासिक उपन्यासों और कहानियों से ऐसे गद्य रखने पड़ते थे जो काव्यांशों से भारी, आकर्षक और सजीव हों।

इन वजहों से या जाने किन वजहों से धूमिल ने मुझे अपनी कविताओं का बैकुंठ बाबू समझ लिया था। बैकुंठ बाबू यानी शरतचन्द्र की कथाओं के वह श्रोता जिनकी पसन्द के आगे, समर्थन के आगे विरोध में आनेवाली सारी टिप्पणियाँ बेकार थीं—चाहे वे जिसकी हों।

हाँ, इस पूरे घटनाक्रम में फायदे के साथ मेरा नुकसान यह हुआ कि एक अर्से तक मेरा अपना लिखना ठप्प-सा रहा।

यह एक संयोग ही था कि धूमिल की ओर हिन्दी जगत का ध्यान खींचनेवाले समीक्षक नामवर सिंह ने जब दिल्ली जाकर 'जनयुग' का कार्यभार सँभाला तो आरम्भ के अंकों के लिए उन्होंने धूमिल से कविताएँ माँगीं। जिस तरह से नामवर सिंह का एक मतलब होता था, उसी तरह से 'जनयुग' का भी। वह पहली बार छपने जा रहा था। नगर के उसके सारे तीसमार खाँ कवि दोस्त उसकी इस सूचना से

पीड़ित भी थे और ईर्ष्यादग्ध भी। चालीस के जमाने में त्रिलोचन, पचास के जमाने में केदारनाथ सिंह और साठ के जमाने में धूमिल—धूमिल काशी की कविता का एक नया इतिहास था—नया स्वर।

यह स्वर एक मायने में बिल्कुल अलग था। धूमिल चौराहे पर होता या चाय की दुकान में, या कहीं भी, बातें चाहे जहाँ की हो रही हों या चाहे जहाँ से शुरू हों, वह उन्हें खींचकर कविता पर ले आता। यही नहीं, अगल-बगल और आस-पास जो भी बैठे हों, चाहे वह जिस धन्धे या पेशे के हों, धूमिल उनकी खिल्ली उड़ाकर या व्यंग्य करके या सम्बोधित करके उनके भीतर का 'परायापन' हटा करके अपनी कविता की बहस में उन्हें शरीक कर लेता।

यह खूबी मैंने धूमिल के सिवा और किसी कवि या कथाकार में नहीं देखी।

धूमिल अपने-आपमें अपनी कविता था—कविता के ही मुहावरों की तरह उसका व्यक्तित्व धारदार व चमकदार था।

अमूमन होता यह है कि जब आदमी झूठ बोलता है या गलत का समर्थन करता है तो उसकी आवाज बेदम होती है और उसका आत्मविश्वास भी कँपकँपाता दिखाई पड़ता है। धूमिल की आवाज और आत्मविश्वास में कोई फर्क नहीं पड़ता था। ऐसा वह अक्सर जानबूझकर करता था—दूसरों को चिढ़ाने के लिए और उन्हें उगलवाने के लिए भी।

वह बतियाते समय भी सूक्तियाँ बोला करता था—कभी सार्थक, कभी निरर्थक मगर हमेशा उत्तेजक। जैसे :

अपने साथी कवि गोविन्द उपाध्याय के बारे में—वह आदमी अच्छा लिख सकता था लेकिन वह एक क्षण के लिए भी नहीं भूल पाता कि उसका बाप ड्राइवर है।

एक कांग्रेसी को देखकर—सिर के इन बालों को क्या मालूम कि इस टोपी के नीचे कितने अपराध तह किए हुए रखे हैं।

—भारत माँ, तुम्हें जो बवासीर हो गई है, उसे मैं अपने खून से भरूँगा।

धूमिल—शर्मा जी, आप मूर्ख हैं।

शर्मा—वह तो हूँ ही।

धूमिल—(बगल में खड़े पके बालोंवाले बूढ़े मास्टर साहब से)—मास्टर साहब, आप भी खुश हैं?

मास्टर साहब की समझ में न आया कि क्या बोलें?

इलाहाबाद में जगदीश गुप्त से मिलकर आने के बाद—वह ऐसे कविता लिखता है, जैसे दोनों हाथ उसके नहीं, कोई एक ही उसका है। उसके घर के अन्दर ही दो हजार साल पुराना बल्लम है।

‘तुम बेईमान हो।’ एक ने कहा।

‘नहीं, बेईमान तुम हो।’ दूसरे ने कहा।

‘अब बोलोगे तो कॉलर खींच लूँगा।’ उसी एक ने कहा।

‘ऐसी फूहड़ बात करोगे तो सदन से बाहर चला जाऊँगा,’ और ठुक-ठुक करते हुए दूसरा बाहर चला गया।

यही संसद है।

—बाप मर जाता है और बेटा अपने-आप उस खाली जगह पर बैठ जाता है। उसे पता भी नहीं चलता।

—यह तो साफ है कि लोग ऊबे हुए हैं। लेकिन इतने ऊबे हुए लोगों में से उन्हें चुना जा सकता है, जिनमें शर्म बाकी है।

—साले ऐसी आलोचनाएँ लिखते हैं कि कभी-कभी पन्ने पर खुद ही चारों खाने चित हो जाते हैं।

हम गोदौलिया से रिक्शे से आ रहे थे और सामने से पैदल आचार्य हजारीप्रसाद द्विवेदी चले जा रहे थे। शिवाला पोस्ट ऑफिस के पास। वे मेरे गुरु थे। बगैर उन्हें पढ़े, उन्हें जाने, उनसे मिले धूमिल बोला, ‘इतना अकेला आदमी इस शहर में अब तक मैंने नहीं देखा था और यह अकेलापन भी ऐसा जिससे नफरत पैदा हो, दया नहीं।’

—हमारी जरूरत को ऋषियों की जरूरत से जोड़ना ही आधुनिकता है।

—आहा! मित्र, यह कुत्ता पागल हो गया है। जरा इससे बच के चलो। लेकिन रुको! पागल नहीं हुआ है क्योंकि इसकी पूँछ टेढ़ी नहीं है अभी।

—नागानन्द! श्रीराम जी और माता सीता जी के दिव्य जोड़े देखो। (मारवाड़ी धर्म संघ में स्थापित राम-सीता की मूर्तियों को देखकर सड़क से)—एक-दूसरे से सटे हुए, दिव्य हैं। लेकिन ऐसा कभी नहीं देखा गया कि वे आपस में सम्भोग करें।

—मरे हुए लोग तो बहाना होते हैं जिनके सहारे लोग जन्मशती या शोक-गोष्ठी में आत्म गीत सुनाते हैं।

—युद्ध में मरा हुआ सैनिक दूसरे जीवित युद्धरत सैनिक के लिए बालू से भरे बोरे का काम करता है—ओट या आड़ का।

—व्यक्ति अपने-आपमें बुरा नहीं है। बुरी है वह सामाजिक भावना जो उसके लिए दलदल है जिसमें उसके पैर फँसे हुए हैं।

मेरे एक अफसर साले ने प्रेम-विवाह किया—एक लखपति बाप की लड़की से। उसके पिता, भाई और भाभियाँ दुखी और अलफ। धूमिल की प्रतिक्रिया—यह अच्छी बात है कि उसकी शादी एक लखपति बेटी से हुई, लेकिन गड़बड़ी यह हुई है कि वह लड़का अपने घर से निकलकर उस घर में चला गया और वह

लड़की अपने घर पर है। जबकि होना यह चाहिए था कि लड़के का घर उस लड़की का हो। ऐसा न होने से परिणाम यह हुआ है कि लड़का तो अपने घर से निकल गया, लेकिन वह लड़की लड़के के घर नहीं आई।

शुरू के दो-ढाई साल उसकी तैयारी के साल थे—पढ़ने, समझने, बहस करने, लिखने-काटने, फिर लिखने, खारिज करने, रियाज करने के साल, कि '67 में ही उसके सहारनपुर तबादले का आदेश आ गया।

वह भी चिन्तित और मैं भी। अलग होने के बारे में हमने सोचा तक न था

उत्तर प्रदेश में संविद सरकार बनी थी। बनारस के दो मंत्री। प्रभुनारायण सिंह श्रममंत्री थे और उन्हीं की देख-रेख में इसका विभाग था। उनसे सीधे कोई परिचय नहीं। परिचय था तो कम्युनिस्ट पार्टी के रुस्तम सैटिन से, जिनके चुनाव में हमने काम भी किया था और जो गृह मंत्रालय में राज्यमंत्री थे।

हमने योजना बनाई कि तबादला रुकवाने के लिए लखनऊ चला जाए।

धूमिल ने 'मेडिकल लीव' ली।

मैंने मजाक में कहा, 'यार, इतने मोटे-तगड़े हो। लोग पूछेंगे कि जनाब! आप कहाँ से बीमार हैं तो क्या कहोगे?'

'हम चुप रहेंगे। मेरे पास दो चीजें हैं—कान और जबान। कान दूसरों के लिए हैं, जबान अपने लिए। वे कहेंगे और हम सुनेंगे। लेकिन जबान अपनी है, इसे हिलने नहीं दूँगा।'

मई के पहले सप्ताह में आखिकार हमने लखनऊ की यात्रा कर ही डाली। मेरी पहली लखनऊ यात्रा। तब तक 'आरम्भ' और नरेश सक्सेना और विनोद भारद्वाज प्रकाश में नहीं आए थे।

लखनऊ से सुदामा पांडेय तो खाली हाथ लौटे लेकिन धूमिल की जेबें भरी हुई आईं—'जनतंत्र' से सम्बन्धित कविताओं और 'पटकथा' के अनुभवों से।

हमने तीन दिनों तक हजरतगंज से दारुलशफा, दारुलशफा से रॉयल होटल, रॉयल होटल से विधानसभा, विधानसभा से सचिवालय की घुमाइ की। श्रममंत्री को छोड़कर नेताओं से भी मिले, बिचौलियों से भी और एकाध मंत्री से भी। रॉयल होटल की कतार में खड़ी जनता से भी और विधानसभा के गलियारों में सिफारिशी चिट्ठियाँ और अर्जी के लिए देहात से आए गरजू वोटरों से भी।

लखनऊ में आमने-सामने होने पर भी लगता था, जैसे हम दूर-दूर हों और फोन पर बात कर रहे हों। भोजपुरी लोग बनारस में भी बोलते थे और लखनऊ में भी, लेकिन एक फर्क के साथ। बनारस में बोलते समय लोग अपने को ध्यान में रखते थे, लेकिन लखनऊ में दूसरों को।

रॉयल होटल में घुसनेवाले किसी भी आदमी के पीछे अपने-आप कतार बन जाती थी। वह चला जाता था और कतार रह जाती थी। हम भी रह जाते थे।

मैंने पाया कि धूमिल वह कबाड़ी है जो ऐसे हर सामान को बड़ी सावधानी और एहतियात से बटोरता रहता है, जिसे दूसरे रद्दी और फालतू समझकर छोड़ा या फेंका करते हैं।

आखिर उसे बनारस छोड़ना पड़ा—इस शर्त के साथ कि मैं मई के अन्त या जून के शुरू में सहारनपुर आऊँगा।

मैंने यह भी कहा कि सहारनपुर और दिल्ली की दूरी बहुत कम है, वह जब चाहे 'मास्टर साहब' से मिल सकता है, अपनी मुश्किलों और समस्याओं की बातें कर सकता है।

सहारनपुर गए उसे महीना-भर भी नहीं हुआ था कि उसने बुला लिया। पहुँचते ही सहारनपुर पर उसने टिप्पणी की—यार! अजीब हाल है यहाँ दुकानों का। किसी चीज के बारे में पूछो तो कहेंगे—'कहिए जी, सब आपका ही है जी' और वे दो 'जी' के बीच में तुम्हें मजबूर कर देते हैं।

उसने हफ्ते-भर की छुट्टियाँ लीं और बड़ी मस्ती से पहले हरिद्वार, ऋषिकेश, लक्ष्मण झूला और बाद में दिल्ली की यात्रा की।

इस यात्रा की दो बातें दिलचस्प हैं :

एक तो, जिस दिन मैं सहारनपुर पहुँचा था, उसी दिन शाम को धूमिल बाजार से मेरे लिए एक बोतल बीयर और साथ में एक कुल्हड़ लिये हुए आया। मुझे आश्चर्य हुआ क्योंकि वह कोई नशा नहीं करता था—न बीड़ी, न सिगरेट, न भाँग, न गाँजा, न शराब। पान खाता था लेकिन उसके साथ तम्बाकू नहीं। उसे मालूम भी नहीं था कि मैं कभी-कभी बीयर पीता हूँ। उसने अपना पीतल का गिलास मेरे हाथ में थमाया, 'लो, रात-भर के थके हुए हो। और आज मैं भी चखूँगा और देखूँगा कि इसमें कौन-सा मजा है?'

उसने अपने कुल्हड़ में कुछ बूँदें टपकाईं और चखकर कुल्हड़ फेंक दिया, 'साली बहुत कड़वी है—मूत के रंग की। कैसे पीते हैं लोग?'

दूसरी, रुड़की से लगभग पाँच किलोमीटर दूर गंगा नहर के किनारे एक जगह है—पिरान कलियर। किसी पीर का मजार। पता चला कि वहाँ महीने-भर तक भारत, पाकिस्तान, लंका, बर्मा की रंडियों का मेला लगता है। वे मजार पर चादर चढ़ाती हैं और रात-रात भर नाचती-गाती हैं। मीलों तक फैले हुए उनके तम्बू हैं और हर किसी को नाच-गाना सुनने की छूट है। हमने तय किया कि मेला रास्ते में ही पड़ता है, इसलिए उसे देखते हुए हरिद्वार चला जाए।

हमने यही किया और रात-भर तम्बू-तम्बू घूमते रहे। जाने कितने तम्बुओं में घुँघरुओं, तबलों, सारंगियों और गानों के सुरों के पीछे चटाई पर लेटे बच्चे हाथ-पाँव फेंक रहे थे और रो रहे थे।

धूमिल को इतना उदास मैंने कम ही देखा था—एकदम चुप और भावहीन। हम सिर्फ चलते रहे—चलते रहे।

'68 मार्च तक धूमिल फिर बनारस आ गया। अपने 'धूमिल' होने के पूरे अहसास के साथ।

इस दौरान उसकी कुछ कविताएँ प्रकाश में आ चुकी थीं और कुछ आ रही थीं। 'गाँव', 'अकाल दर्शन', 'मोचीराम', 'कुत्ता', 'एक बूढ़ा और मैं', 'जनतंत्र के सूर्योदय में' (आरम्भ); 'शान्तिपाठ' (अकविता); 'राजकमल चौधरी' (आमुख); 'पटकथा' (आलोचना); 'शहर में सूर्यास्त' (अकथ); 'भाषा की रात' (सम्भावना) आदि कविताएँ छप चुकी थीं और उसे यह आभास था कि इन पत्रिकाओं के जिन अंकों में मेरी कविताएँ आई हैं, वे सम्पादकों और पाठकों के लिए उस पत्रिका के खास अंक हैं। यही नहीं, ये कविताएँ आलोचकों के लिए भी उस पत्रिका के आकर्षण का केन्द्र हैं। उसने 'कविता' को नया अर्थ—नई परिभाषा दी थी।

वह पूरा तरंग में था। आत्मविश्वास तो उसमें पहले भी था, लेकिन अब उसके पीछे कविता के इतिहास की नासमझी का आधार ढह चुका था। वह अपनी जमीन पर दृढ़ता से खड़ा था। उन्हीं दिनों एक दिन सोनारपुरा चौराहे के पास उससे कवि विष्णुचंद्र शर्मा की भेंट हो गई। हम गोदौलिया जा रहे थे।

शर्मा जी ने उससे कहा, 'देखो धूमिल, वक्तव्य कविता नहीं होते और न कविता विचारों से बनती है। संवेदना भी एक चीज है भाई, जिसका कविता से गहरा नाता है।'

धूमिल गोदौलिया तक अपने तर्कों पर अड़ा रहा और टस-से-मस न हुआ। जब शर्मा जी चले गए तो उसने कहा, 'संवेदना के सहारे क्या कर लिया इन लोगों ने?'

मैं पूरी बहस के दौरान चुप था। मैंने कहा, 'यह अलग बात है लेकिन शर्मा जी गलत नहीं कह रहे थे।'

वह खड़ा हो गया और मुझे देखने लगा, 'तुम कहानी की बात कविता पर लागू कर रहे हो?'

'नहीं धूमिल,' मैंने कहा, 'अगर ऐसी बात न होती तो तुम्हारी कविताओं में 'मोचीराम' ही मुझे सबसे अच्छी क्यों लगती?' वह अबकी हँसा, 'चूतिया समझते हो तुम? मुझको मुझी से मारकर चुप कराना चाहते हो?'

इसी तरह उसका बहस करना और लिखना जारी रहा।

बनारस लगभग खाली हो गया था। अस्सी पर रह गए थे धूमिल, नागानन्द और मैं। त्रिलोचन इस तरफ कभी-कभी ही आते थे। विजय मोहन आरा छोड़कर जरूर आ गए थे शोध करने के लिए, लेकिन रहते थे सोनिया पर, जहाँ से अस्सी की ओर उनका आना बहुत कम हो पाता था। अक्सर हमीं कार्यक्रम बनाकर उनके यहाँ जाया करते थे, लेकिन वे धूमिल से बहस करने से बचते थे। कारण कि एक तो उसके दिमाग में उसकी कविताओं की चर्चा और साहित्यिक स्वीकृति चढ़ने लगी थी, जिसके चलते वह बहस 'बहस के लिए' करने पर उतारू हो जाता था। वह घुमा-फिराकर, अपनी बात पर तब तक अड़ा रहता था जब तक आप चुप न हो जाएँ या झल्लाकर कह न दें कि तुम्हीं सही हो। बहस उसके लिए सहमति-असहमति या विचार-विनिमय या सही-गलत की नहीं, जय-पराजय की चीज थी। उसके लिए यह 'विवाद' या 'संवाद' नहीं, एकालाप होती जा रही थी जिसमें दूसरा-तीसरा सिर्फ श्रोता होकर रह जाता था। उसकी यह उग्रता और आक्रामकता तब और बढ़ जाती जब प्रतिवादी एक नहीं, कई हों।

मेरी और धूमिल की दोस्ती का रहस्य यही था कि बहस मेरे स्वभाव में नहीं है। आप बोलते जाइए—चाहे, जितनी देर, मैं उतना ही सुनूँगा जितना मन करेगा। अन्त में आप चाहेंगे तो अपनी राय जाहिर कर दूँगा, आप मानिए या न मानिए, आपकी मर्जी। कोई जबर्दस्ती नहीं। धूमिल मेरे इस स्वभाव से परिचित था। वह लोगों के बीच जब काफी बहस लेता तो रास्ते में आते हुए या अगर मैं उस बहस का साक्षी नहीं रहा तो घर आकर पूरी बहस बयान करता और मेरी प्रतिक्रिया पूछता। मैं आज तक यह नहीं समझ पाया हूँ कि वह मेरी राय या मेरी बातों को इतनी गम्भीरता से क्यों लेता था?

एक शाम मैं धूमिल के कमरे पर पहुँचा—यों ही।

वह 'सारिका' पढ़ रहा था—कहानियों की पत्रिका। मेरे जाने के बाद उसने पत्रिका कमरे के एक कोने में फेंक दी, 'पढ़ ली मैंने।'

'कैसी लगी कहानियाँ?'

'तुम क्यों नहीं लिख रहे हो आजकल?'

'रात-दिन कविता पर कविता ठाँसे जा रहे हो, लिखने का मौका कब दे रहे हो?'

उसने हँसते हुए एक लम्बी साँस ली, 'यह अजीब-सी बात है कि जिन्हें मैं पढ़ना चाहता हूँ, वे लिख नहीं रहे हैं और जो लिख रहे हैं, उन्हें पढ़ने की इच्छा नहीं होती...एक बात बताओ काशी, ये कहानीकार 'सच' लिखने से बचना क्यों चाहते हैं? क्या उन्हें नहीं पता कि सच क्या है?'

'नहीं, वे 'सच' को जानते हैं लेकिन उन्हें उस 'सच' पर सन्देह है, जिसे वे जानते हैं। उन्हें लगता है कि कहीं यह 'सच' कल गलत हो जाए तो ये कहानियाँ

कहाँ जाएँगी? इसलिए वे हर बात गुंजाइश रखकर कहना चाहते हैं, नतीजतन कहानियों में दम नहीं पैदा हो रहा है।'

वह व्यंग्य से मुस्कराया, 'लेकिन ऐसी गुंजाइश तो कभी-कभी तुम भी रखते हो!'

'हो सकता है। मैं कह नहीं सकता। हो सकता है, 'यथार्थ' और 'सच' में कन्फ्यूज कर जाता होऊँ!'

वह बाहर निकलने के लिए कपड़े बदल रहा था। जब वह कुर्ता-धोती-सदरी के ऊपर चादर लपेटने लगा तो बोला, 'कविताएँ जिस पैनेपन से अपना सच कह जाती हैं, कहानियाँ क्यों नहीं कह पा रही हैं?'

सहसा किसी बात का जवाब दे देना मेरे लिए हमेशा मुश्किल होता है, इसे वह जानता था और सब्र से इन्तजार करता था। हम बाहर निकले।

'तुम 'सच' कहते कहाँ हो, उसे उठाकर पत्थर की तरह सामनेवाले आदमी के मुँह पर मारते हो। कहानियों का नेचर थोड़ा दूसरा है। वे बाँस की तरह लम्बी होती हैं और बाँस ऊपर जाकर बहुत पतला होकर झुक जाता है। हम कोशिश करते हैं कि वह ऊपर जाकर भी वैसा ही खड़ा और तना और नुकीला रहे। इसी में गड़बड़ हो जाती है, बड़ा मुश्किल काम है यह। एक बात और, इससे खोदा या कोंचा जा सकता है, मारा नहीं जा सकता।'

उसके बाद जाने क्या-क्या बतियाते रहे हम!

उन्हीं दिनों जोधपुर से 'मास्टर साहब' आए और उन्होंने धूमिल से उसकी कविताओं की पांडुलिपि तैयार करने को कहा। उन्होंने शायद 'राजकमल' से बात कर रखी थी।

धूमिल की खुशी का ठिकाना न था। पहली किताब, नया-नया लेखक। वह भी कवि, जबकि कविताओं के प्रकाशक नहीं मिलते, और यहाँ राजकमल प्रकाशन! जबकि इसी नगर में उसके समकालीन काशी, विजय मोहन वगैरह ऐसे ही पड़े हुए हैं। या तो इन्हें प्रकाशक नहीं मिल रहे हैं या मिल रहे हैं तो नौसिखुए!

हमारी पहलेवाली दिनचर्या फिर शुरू हो गई थी यानी दस बजे के आसपास साइकिल उठाते और पैदल चल पड़ते। अब बातें सिर्फ उसकी कविताओं पर नहीं, दूसरों की कविताओं, लेखों, टिप्पणियों, 'दिनमान' में प्रकाशित कलास्तम्भों, समीक्षाओं पर होतीं। उसी में बीच-बीच में घर-दुआर की भी बातें हो जातीं।

इसे संयोग ही कहिए कि ज्यादातर महत्त्वपूर्ण फैसले हमने अस्सी से लंका चौराहे के बीच की सड़क पर ही किए और वह भी मजाक-मजाक में। धूमिल की एक ही कविता में कभी-कभी इतने विविध और बिखरे जीवन-सन्दर्भ ठूँसे रहते थे कि वह शीर्षक को लेकर दुविधा में पड़ जाता था। हालाँकि उस दौरान मैंने

कहानियाँ बहुत कम लिखीं, लेकिन ऐसी ही मुश्किलें मेरे सामने भी आतीं। हमने तय किया था कि मेरी कहानियों के शीर्षक वह देगा और उसकी कविताओं के मैं। 'तीन काल-कथा', 'आदमी का आदमी', 'हस्तक्षेप', 'सुबह का डर', 'चोट' कहानियों के शीर्षक उसके दिये हुए हैं और 'पटकथा' तथा 'कवि 1970' को छोड़कर अधिकांश कविताओं के शीर्षक मेरे।

चलते-चलते उसने कहा, 'यह किताब तो मास्टर साहब की है, उन्हीं को समर्पित भी होनी है, इसलिए एक अच्छा-सा नाम सोचो।'

मैंने कहा, 'धूमिल! यह सड़क जिस पर हम सन् 65 ई. से आ-जा रहे हैं, तुम्हारी कविताओं और उनके नामकरण से अच्छी तरह वाकिफ है। इसलिए उसमें एक शब्द 'सड़क' जरूर होना चाहिए।'

''पटकथा और अन्य कविताएँ' कैसा रहेगा? हम तो यही सोच रहे थे।'

'अरे हटाओ। बाकी कविताएँ घास-भूसा हैं क्या? और 'अन्य' का क्या मतलब?'

वह चुप होकर सोचने लगा।

'तुम्हारी कविताओं में 'जनतंत्र', 'प्रजातंत्र' खूब है लेकिन 'सड़क' से उसका तुक नहीं बैठ रहा है।...हाँ, 'पटकथा' में 'संसद' जरूर है। और इन्हीं दोनों के बीच तुम्हारी सारी कविताएँ हैं।'

''सड़क से संसद तक'?' उसने अपने-आप कहा और प्रश्नसूचक निगाहों से मेरी ओर देखा।

मैं कुछ नहीं बोला। अस्सी पुल से सोचते हुए हम दोनों लंका चौराहे तक आए और दाहिने कोने पान की दुकान पर खड़े हो गए।

'यह तो आम आदमी का रास्ता नहीं। दूसरे वहाँ तक पहुँचते हैं। अगर होना ही हो तो 'संसद से सड़क तक' कैसा रहेगा? ऐसे अभी कोई जल्दी नहीं है। किताब का मामला है, किसी एक कविता का नहीं। दूसरों की भी सलाह ले लो। हम लोग खुद और नाम सोचें।'

'ठीक है। मगर मुझे कुछ-कुछ जम रहा है।' उसने पान जमाते हुए कहा।

धूमिल भी नागानन्द की तरह कभी-कभी चिढ़ानेवाली और ओछी हरकतें कर जाता था—लेकिन कौतुक में और वह भी सोद्देश्य। नगर के दो विद्वानों-लेखकों ने उससे कई बार कहा कि 'पंडित! सुना है, खाना बहुत बढ़िया बनाते हो, तुमने हमें कभी दावत नहीं दी।'

उसने उन्हें एक शाम न्यौता दिया। मुझसे बोला, 'देखो, तुम्हें जाने की जरूरत नहीं है। मैं गाँव जा रहा हूँ।'

'जिन्हें न्यौता है, उनका क्या होगा? मना करोगे?'

वह हँसा, 'यार! मैंने बहुत सोचा। वे पाखंडी हैं। साहित्य के विशुद्ध मास्टर। आज तक कभी मन नहीं मिला उनसे। मैं अड्डे पर जा रहा हूँ, साँकल में या तो चिट लगा दूँगा या किवाड़ पर खड़िया से बड़े-बड़े अक्षरों में लिख दूँगा—आटा लेने के लिए चक्की की दुकान पर जा रहा हूँ। इन्तजार करें।'

उठते हुए कहा, 'नागानन्द को बोलता जा रहा हूँ कि आठ बजे वे भी पहुँच जाएँ और मजा लें।'

ऐसे ही एक बार आरा से कथाकार मधुकर सिंह आए। उन दिनों पत्नी बच्चों के साथ मायके गई थी। घर पर सत्तर साल की बूढ़ी माँ थी। महरी भी कुछ दिनों से छुट्टी पर थी। माँ ही खाना भी पका रही थी और बर्तन भी माँज रही थी।

जब हम तीनों खाने के लिए ऊपर चले तो सीढ़ियों पर चढ़ते हुए धूमिल ने धीरे से कहा, 'तुम बोलना मत। देखो, क्या करता हूँ।'

जब हम खा चुके तो धूमिल ने माँ से कहा, 'माई! तैं एहू कऽ थरिया मजबी?'

'काहे? तोहार माजब तऽ मधुरी बचवा कऽ थरिया ना माजब?' माँ मधुकर को मधुरी बोलती थी।

'अरे, ईऽ कोइरी हऽ। कहार-कोइरी।' धूमिल फिर बोला। जोर देकर।

माँ के संस्कारों ने जोर मारा। वह चौंकी, बोली, 'अइसन बात हऽ त मधुरी बचवा, हम ए लोग क माँज देभ, तू आपन माँज दऽ।'

मधुकर असमंजस में पड़ गए—शायद अपमानित भी। मैंने माँ से कहा कि धूमिल झूठ बोल रहा है, इसकी मत सुनो।

और हम नीचे चले आए।

यही वह प्रसंग है जिसके आधार पर मधुकर सिंह मुझे सवर्ण और जातिवादी या ठाकुर कहते रहे हैं।

उसके स्वभाव या व्यवहार से बहुतों को—बल्कि सबों को—लगता था कि यह झगड़ालू, उजड्ड, मुँहफट, मार-पीट पर उतारू और बगैर तौर-तरीके का आदमी है। मैं जानता था कि ऐसा वह है नहीं, सिर्फ लगता है। मैंने उससे एकाध बार कहा कि अपनी यह 'इमेज' बदलो। लेकिन उसका कहना था कि जैसे लोगों के बीच रहना पड़ रहा है, वहाँ ऐसा दिखना जरूरी है, वरना या तो वे पालतू बना लेंगे या हजम कर जाएँगे।

इतने वर्षों बाद मुझे यह कहने में हिचक नहीं कि उतना 'मानवीय' मैंने कम लेखक देखे हैं। छोटी-छोटी बातें, मामूली घटनाएँ जिन्हें हम तरह दे जाते हैं या जिनसे बचके निकल जाते हैं, राह चलते उसे रोक लेती थीं। किसी रिक्शेवाले से सवारी का झगड़ा हो, कोई रिक्शा उलट जाए और सवारी दूर जा लुढ़के, रिक्शा और

साइकिल भिड़ जाए, किसी सब्जीवाले से ग्राहक की तकरार हो, कुँजड़े आपस में लड़ रहे हों, कहीं मारपीट हो—धूमिल वहाँ हाजिर। वह बहसें छोड़कर भागता था और मामले को समझने की कोशिश करता था या अनुमान से किसी एक तरफ हो लेता था।

कचहरी में एक बार पुलिस के घेरे से एक आदमी भागा, लेकिन थोड़ी दूर जाने पर ही पकड़ लिया गया। सिपाहियों ने उसे मारना शुरू किया। उनके साथ सिविल पोशाक में एक खुफिया भी था। धूमिल ने सिपाहियों को रोका कि मार क्यों रहे हैं आप?

खुफिया बोला, 'आप कानून के खिलाफ बोल रहे हैं।'

'क्यों, आप इन्दिरा गांधी हैं क्या?' धूमिल भी बिगड़ा।

'आपका परिचय?' उसने पूछा।

'मैं एक बेकार युवक हूँ, सोहन यादव और आप?'

'मैं एक मैकेनिक हूँ, रामनाथ तिवारी।' खुफिया ने कहा।

'लेकिन आपके कपड़े पर कोई दाग नहीं है। मैकेनिक के कपड़े ऐसे नहीं होते।'

दोनों एक-दूसरे को जानते थे और दोनों ने एक-दूसरे को अपना गलत परिचय दिया था। हालाँकि मार पर कोई खास असर नहीं पड़ा, लेकिन भिड़ा रहा।

इसी तरह सोनारपुरा तिमुहानी से पहले लोहे के छड़ लादे एक ठेला जा रहा था और आगे गाय सड़क पार कर रही थी। बचाते-बचाते छड़ के अगले सिरे गाय के पेट में लगे और वह भहरा पड़ी। हम गोदौलिया जा रहे थे। धूमिल दौड़ा और उसने गाय को ठोंक-ठाक कर खड़ा किया।

और कई लोग जुट आए। वह देर तक गाय के उन हिस्सों को सहलाता रहा जहाँ छड़ चुभे थे।

ऐसी अनगिनत बातें हैं जो लेखकों के कार्यक्षेत्र में नहीं आतीं। वे वैचारिक मुठभेड़ तो करते हैं, लेकिन सामाजिक हस्तक्षेप नहीं करते।

एक दिन जाने क्या हुआ कि आकर बोला, 'काशी, चलो, आज विश्वनाथ गली चलें। पड़ाइन के लिए टिकुली लेनी है। कई बार कह चुकी हैं।' रास्ते में उसने कहा, 'औरत के माथे की टिकुली मर्द के लिए मारी हुई टिटकारी है।'

(टिटकारी या टिकोरी, जानते हैं आप? जब गाय या भैंस उठती है यानी कि उसकी ऋतु आती है तो वह खूँटे में बँधी होने के बावजूद बेचैन होकर चक्कर काटने लगती है और डाँ-डाँऽऽ चिल्लाती हुई साँड़ या भैंसा को आवाज देती है। किसान उसे खूँटे से खोलता है और साँड़ की खोज में निकल पड़ता है। वह बीच-बीच में टिकोरी मारता जाता है कि अगर कहीं साँड़ हो तो सुनकर आ जाए।)

टिकुली खरीदने के बाद हम दशाश्वमेध घाट गए और अहल्याबाई घाट पर एकान्त देखकर अँधेरे में बैठ गए।

बगल से आती हुई मन्दिर के घंटियों की टन-टन, पाँवों के नीचे लहरों की हलर-हलर, नहाते हुए बच्चों की किलकारियाँ—हम चुपचाप बैठे रहे।

अस्वाभाविक रूप से धूमिल उस दिन उचाट और भावुक था। बेतुकी और उलटी-सीधी बातें कर रहा था। बोला, 'काशी, तुम कभी अस्पताल में भर्ती हुए हो?'

'कभी नहीं,' मैंने कहा।

'ऐसा नहीं हो सकता कि हम-तुम किसी एक ही दिन एक ही अस्पताल में और एक ही वार्ड में भरती हों? हमारे बेड भी अगल-बगल रहें और रोग भी एक ही हो? लेकिन कैंसर न हो। भंगा बाबू की तकलीफ और दुर्गति देखी है मैंने।...महीनों तक वहीं पड़े रहे और फिर वहाँ से लौटकर घर न आए।'

'कैंसर तुम्हें तो हो नहीं सकता। हाँ, मेरी बात दीगर है। पान में भी जर्दा खाता हूँ और खैनी भी अलग से। गले में दर्द भी होता है कभी-कभी।' मैंने कहा।

उसने सुना नहीं या सुनकर भी नहीं सुना।

काफी देर बाद बोला, 'काशी, यह बात जो कहने जा रहा हूँ, उसे कहीं नोट कर लो।...तुम्हारे मित्रों में मेरे जैसा पतित, नीच, स्वार्थी और नमकहराम आदमी नहीं हो सकता, लेकिन कहीं-न-कहीं मुझमें भयंकर संन्यास और उदासीनता है। मैं किसी समय तुम्हें छोड़ सकता हूँ और मुझे कोई तकलीफ नहीं होगी। छोड़ूँगा और भूल जाऊँगा।

'तुम विश्वास नहीं करोगे कि मैं कहीं भी जाता हूँ तो घर के किसी आदमी का चेहरा मेरी आँखों के सामने नहीं आता। पड़ाइन का भी नहीं।'

उसे संन्यास तो न कहें लेकिन धूमिल में एक अजीब किस्म की निस्संगता थी। हम तमाम लोगों के बीच अचानक वह अकेला और असंग महसूस करने लगता था खुद को। हमने उन दिनों एक फिल्म देखी थी—'उपकार'। उस फिल्म में प्राण ने पर्दे पर एक गाना गाया था :

कसमें, वादे, प्यार, वफा, सब बातें हैं बातों का क्या?

जाने क्यों, उसे यह गाना बेहद पसन्द था। वह गीतकार रहा था और उसका कंठ बेसुरा न था। प्राय: वह गाता भी नहीं था लेकिन चलते-चलते जब भी गुनगुनाता था, यही गाना! फिल्म देखने के समय तो उसकी आँखें भर आई थीं।

स्वभाव के उलट ऐसी कविताएँ या शेर जिनमें उदासी और अकेलेपन की गूँज थी, उसे बहुत अच्छे लगते थे। एक बार मैंने उसे एक शेर सुनाया :

वो सूरते इलाही, किस देश बसतियाँ हैं,
अब जिनको देखने को आँखें तरसतियाँ हैं।

मैंने उसे सुनाया था 'बसतियाँ, तरसतियाँ' जैसे प्रयोग के लिए, लेकिन वह इस पूरे शेर पर मर मिटा। हफ्तों तक जिस किसी से मिलता, बिना प्रसंग के अपने-आप कह बैठता और फिर चुप्पी मार जाता। उसने एक दिन 'इससे बढ़िया' शेर मुझे सुनाया—फैज का, लेकिन उसका मिजाज भी वैसा ही था :

इस तरह है कि हर एक पेड़ कोई मन्दिर है
कोई उजड़ा हुआ बेनूर पुराना मन्दिर।

उसका कहना था कि सबका जवाब हो सकता है, लेकिन कम्बख्त इस 'इस तरह' का कोई जवाब नहीं है। वह कह तो जाता था लेकिन उसकी जबान 'कोई उजड़ा हुआ बेनूर पुराना मन्दिर' अपने आप रटती रहती थी।

उन्हीं दिनों मेरे पास विश्वविद्यालय के 'डीन ऑफ स्टूडेंट्स' की ओर से एक प्रस्ताव आया—'परिवेश' के सम्पादन का।

मेरे नाम पत्र की प्रतिलिपि लेकर कुछ छात्रनेता आए और उन्होंने कहा कि इस पत्रिका के लिए हम साल-भर से लड़ते रहे हैं। पत्रिका मिली तो 'सम्पादक' को लेकर बवाल, लेकिन आज जाकर कमेटी ने आपके हक में निर्णय लिया। ये लड़के इंजीनियरिंग और साइंस के थे।

मैंने धूमिल से राय-बात की। वह खिलाफ।

'व्यवस्था का पत्र है, मत लो।'

मैंने कहा, 'पैसा नहीं लूँगा इस काम के लिए और व्यवस्था दखल देगी तो छोड़ दूँगा।'

उसने पूछा, 'इस पत्रिका को निकालने से लाभ क्या होगा?'

मैंने कहा कि एक तो यही कि जो चाहोगे, वह छपेगा। 'विपक्ष' निकालने की योजना रह गई थी। वह काम इसी से पूरा करेंगे।

'दूसरा?' उसने पूछा।

'दूसरा यह कि विश्वविद्यालय में लिखनेवालों की अच्छी संख्या होगी—अध्यापकों में भी और लड़कों में भी। उन्हें हम नहीं जानते। हमें काम करने के लिए पूरी एक टीम मिल जाएगी। यह पत्र उनकी रचनात्मक सक्रियता का मंच बनेगा।'

ये बातें रवीन्द्रपुरी की सड़क पर टहलते हुए हो रही थीं। साथ में नागानन्द भी थे और धूमिल को नागा का समर्थन मिल रहा था।

मैंने नागा को डाँटा।

थोड़ा सोचने के बाद धूमिल बोला, 'लेकिन मैं कविताएँ नहीं दूँगा। कोई सम्बन्ध नहीं रहेगा मेरा।'

मैंने उसे एक बार फिर समझाने की कोशिश की, 'देखो धूमिल! जो स्थिति बन गई है, उसमें पत्रिका तो निकलेगी ही। यह जरूर है कि सम्पादन किसी गलत

हाथ में चला जाएगा।...इस काम का मुझे कोई अनुभव नहीं है, इस बहाने अनुभव भी हो जाएगा।'

'मैं एक शर्त के साथ कविताएँ दे सकता हूँ। उनके साथ फोटो भी छापोगे और मेरी कविताओं पर एक लेख भी।' उसने कहा।

मुझे आश्चर्य हुआ और थोड़ी पीड़ा भी, 'शर्त तुम मुझसे लगा रहे हो?'

'हाँ, सम्पादक से।'

'लेकिन अभी तो यही बातें हो रही थीं कि मुझे यह काम हाथ में लेना चाहिए या नहीं और तुम इसके पक्ष में नहीं थे।'

'हूँ तो अब भी नहीं, लेकिन अगर पत्रिका निकालते हो तो मेरी यही शर्त है—सहयोग की।'

पत्रिका साल-भर तक मतभेद में पड़ी रही। डीन दक्षिण भारत के तमिलभाषी थे और विज्ञान के आदमी थे। उनके दिमाग में विज्ञान के 'जर्नल' की कल्पना थी और चाहते थे कि कम-से-कम पत्रिका में आधे फर्मे अंग्रेजी में हों।

लेकिन फिर न कभी मैंने 'परिवेश' की चर्चा की और न कभी धूमिल ने। मिलना हमेशा की तरह होता रहा।

उसने 'संसद से सड़क तक' की पांडुलिपि भिजवा दी थी।

वह हमारे दौर के सबसे प्रभावशाली कवि-व्यक्तित्व के रूप में चर्चित हो रहा था। लेकिन साथ-साथ उस पर आरोप भी लग रहे थे कि उसकी विचारधारा अस्पष्ट है, कि वह अपने ही तैयार किए हुए कविता के मुहावरों में फँस गया है, कि उसकी सारी कविताओं में लगभग एक ही मुद्रा है—बौखलाए हुए युवक की, कि वह अपने को दुहरा रहा है...

ऐसा कहनेवालों में प्रायः प्रगतिशील मार्क्सवादी युवाकवि और आलोचक थे। ये वे आलोचक थे जो नामवर सिंह द्वारा सुझाए गए कविता के नए प्रतिमानों के भी खिलाफ थे और उन्हें 'रूपवादी' घोषित कर रहे थे।

धूमिल असमंजस और दुविधा की स्थिति में आ गया। एक ओर उसे लग रहा था कि उसकी ये आलोचनाएँ नामवर सिंह से जुड़े होने के कारण हो रही हैं, क्योंकि उसके भी विरोधी वही हैं जो उनके विरोधी हैं। उसे यह भी लगने लगा कि साहित्य के भीतर ही एक और नामवर-विरोधी दुनिया है जिसमें अज्ञेय, भारती परिमलीय हैं, जो शायद इसी कारण से उसकी उपेक्षा किए बैठी है। उनके लेखों में कहीं भी धूमिल की चर्चा नहीं।

एक बात और थी, जिसकी वह लगातार चर्चा कर रहा था। 'आरम्भ', 'आमुख' या 'नई धारा' को कितने लोग जानते हैं। 'आलोचना' को कौन पढ़ता है? साहित्यकार और अध्यापक। इनका धूमिल को जानना, न जानना बराबर है। धूमिल नाम का

कोई आदमी कवि है—उसे हरहुआ बाजार में कोई नहीं जानता। खेवली में कोई नहीं जानता। इसी चायवाले से पूछो, उसे नहीं पता। हमने 'धर्मयुग', 'साप्ताहिक हिन्दुस्तान' और दूसरी बड़ी पत्रिकाओं के खिलाफ हो-हल्ला मचाकर, उनका बहिष्कार कर ठीक नहीं किया। कम-से-कम वह घर-घर पहुँचती तो हैं। हरहुआ के बाजार में हर दुकान पर 'आज' अखबार जाता है, जिसमें हम कभी नहीं छपते।

(बाद के वर्षों में उसकी कविता 'साप्ताहिक हिन्दुस्तान' में भी छपी थी और 'आज' विशेषांक में भी। 'आज' में छपने के बाद वह बहुत खुश था। हरहुआ के दुकानदारों ने उसे पहचान लिया था और उनकी नजर में उसकी इज्जत बढ़ गई थी।)

उसकी इन सारी बातों से मुझे लगने लगा कि या तो नागानन्द का उस पर असर पड़ने लगा है या नगर के कुछ पुराने 'परिमलियों' से उसकी आमद-रफ्त बढ़ गई है।

लेकिन बात ऐसी नहीं थी। सिर्फ मेरा भ्रम रहा होगा।

वह एक समर्पित कवि था और कविता को बदलते हुए समाज में हाशिए पर नहीं देखना चाहता था। वह चाहता था कि कविता उसी तरह से लोगों की जबान की जरूरत हो, जैसे चाय, जैसे रोटी।

मेरी समझ में यह उसके आत्मसंघर्ष का तीसरा चरण था।

धूमिल, गोविन्द और मैं तुलसीघाट की सीढ़ियों से उतर रहे थे, बातें कविताओं से होते हुए धूमिल की कविताओं पर आ गई थीं। हम बड़े हल्के और मजाकिया मूड में थे। मेरे मुँह से निकला, 'जिस तरह हम तुलसीघाट की सीढ़ियों पर पाँव रखते हुए नदी तक पहुँच रहे हैं, उसी तरह तुक तुम्हारे यहाँ कविता तक उतरने की सीढ़ियाँ हैं। कविता लिखने का तुम्हारा यह ट्रेड सीक्रेट लोगों को पता चल गया है कि किस तरह तुम पहले तुकों की किल्लियाँ गाड़ते हो, फिर उस पर अपने विचार टाँगते हो। अब इसे बदलो।'...इसी तरह की बातें।

अगले दिन वह घर आया। बेचैन। उसकी आँखें लाल थीं। बोला, 'मैं रात-भर जगा हूँ। नींद नहीं आई। मैं खुद महसूस करता हूँ, लोग जो कह रहे हैं। मेरी समझ में नहीं आ रहा कि क्या करूँ? अपने को कैसे तोड़ूँ, कैसे बदलूँ? मैं भाषा के उन्हीं मुहावरों में कैद हो गया हूँ, जिन्हें खुद मैंने तैयार किया है। बहुत हाथ-पाँव मार रहा हूँ, लेकिन वे कंक्रीट के किले की तरह मजबूत हो चुके हैं।'

मैंने उसे पढ़कर एक कहानी सुनाई जो आज भूल चुकी है। कहानी शायद लुइगी पिरान्देलो की थी और उसका आशय कुछ ऐसा था—एक राजा के पास एक बहुत बड़ा बर्तन था। शायद घड़ा। वह फूटकर रिस रहा था। राजा ने राज्य-भर में डुगडुगी बजवाई कि जो कारीगर इसे ठीक कर देगा, उसे ढेर सारा इनाम दिया जाएगा। कारीगर आते, बाहर से मरम्मत करते और घड़ा वैसे ही रिसता रहता। अन्त

में एक कारीगर आया। उसने घड़े को ठीक से देखा और कहा—यह बाहर से नहीं, अन्दर से ही ठीक होगा। वह घड़े के अन्दर कूद गया। मरम्मत के बाद उसने पाया कि घड़ा तो ठीक हो गया लेकिन वह बाहर नहीं आ सकता।

'यह कारीगर मैं हूँ। मैं ही वह कारीगर हूँ। बाहर तभी आ सकता हूँ जब घड़ा फूटे लेकिन वह फूट नहीं रहा है...' धूमिल परेशान हो गया।

उसे कौन समझाता कि वह कारीगर वही नहीं, हम सारे रचनाकार हैं।

'परिवेश' की तैयारी में लगने के बाद से उससे मेरा मिलना पहले जैसा नहीं रहा। फिर भी एकाध दिन के अन्तर पर मुलाकात हो जाती थी। या तो मैं उसके यहाँ चला जाता था या वह मेरे यहाँ आता था। लेकिन मुझे लगता कि अब वह मुझसे उतना बेतकल्लुफ नहीं है। कुछ है जो चुप है या खुल के कहना नहीं चाहता। मैं सोचता था कि वह अपनी किसी लिखी जा रही कविता या उसकी पंक्तियाँ इसलिए नहीं सुना रहा कि इन दिनों लिख नहीं रहा है। और यह सच भी था। बदलाव के लिए वह कुछ महीनों की मोहलत ले रहा था, वरना धूमिल साथ रहे और चुप रहे, यह हो नहीं सकता था।

ये वे दिन थे, जब मैं 'अपना मोर्चा' पूरा कर रहा था। मैंने उससे एक दिन कहा कि मैंने अपना उपन्यास पूरा कर लिया है। अगर देख लेते तो सन्तोष होता। उसने कोई उत्साह नहीं दिखाया। यह मुझे कुछ अटपटा-सा लगा। उसकी निगाह में मैं कोई ऐसा घटिया लेखक भी नहीं था जिसे पढ़ने या सुनने में उसकी कोई दिलचस्पी न हो। मैंने किसी दिन फिर कहा कि प्रकाशक को देना है। छपने के बाद कुछ उल्टा-सीधा कहो; इसके पहले ही बता दो तो जहाँ आवश्यक समझूँ, बदल दूँ।

'उसे छप जाने दो, तभी पढ़ूँगा।'

'यार, तुम्हें उसका नाम भी तो बताना है।' मैंने जोर दिया।

'कल दस बजे साथ ही विश्वविद्यालय चलेंगे तो रास्ते में तय कर लेंगे। हाँ, अन्तिम परिच्छेद लिये चलना।...चलो, कमरे पर चलते हैं, वहीं चाय पी जाएगी।'

कमरे पर पहुँचकर उसके तख्त पर पड़ी हुई लम्बी-सी कॉपी उठाई और पलटने लगा। उसने छीनकर ताखे पर रख दी, बोला, 'अभी मत देखो। इसमें कुछ नहीं है। मैं अचानक किसी दिन कई कविताओं के साथ तुम्हारे यहाँ खुद आऊँगा। सुनोगे तो दंग रह जाओगे।'

जब हम चाय पी रहे थे, तब उसने कहा, 'यार काशी! मैं अपनी आँखों की जाँच करवाना चाहता हूँ। पता नहीं, कैसा लगेगा चश्मा?'

'क्यों, आँख में कोई तकलीफ है क्या?' मैंने पूछा।

'कभी-कभी सिर में दर्द होता है। लोगों ने कहा कि चश्मा ले लो, ठीक हो जाएगा। लेकिन मैं चश्मा नहीं लगाना चाहता।'

मैं हँसा, 'लगता है, चालीसा पहले आ गया तुम्हारा। चलो, अच्छा है। चश्मावाला अब तक मैं अकेला ही था।'

'कई दिनों से एक बात मेरे दिमाग में आ रही है। साथ में हमारा-तुम्हारा कोई फोटो नहीं है। अगर तुम भी मेरी तरह मूँछें बढ़ाओ—ऐसी ही नुकीली तो साथ चलकर जे.के. स्टूडियो में फोटो खिंचवाई जाए। ठीक?'

और मैंने मूँछें नुकीली करनी शुरू कर दीं। फोटो खिंचाने तक।

सिरदर्द का सम्बन्ध उसकी आँखों से नहीं है—इसे न कभी वह समझ सका और न कभी मैं।

चुपके-चुपके एक चोर 'ट्यूमर' उसके दिमाग में पलना शुरू हो गया है—इसका न उसे गुमान था, न किसी को आभास।

और इन्हीं स्थितियों में वह दुर्घटना घटी जिसके बारे में हम दोनों में से किसी ने नहीं सोचा था। हममें हल्के-फुल्के मतभेद होते थे लेकिन उनका कोई मतलब नहीं होता था। हमारे घर कोई आयोजन होता था तो उसकी जिम्मेदारी अपने-आप उसके कन्धों पर चली जाती थी। उसकी बेटी आशा का वरच्छा हो या विवाह, वह सिर्फ सूचना देता था। मुझे याद है कि जिस दिन साल-भर बाद मुझसे भेंट करने के लिए जोधपुर से भैया आए थे, मैं उन्हें छोड़कर खेवली चला गया था—आशा की शादी में, जो मैंने कभी नहीं किया। मेरे गाँव के घर का ढाँचा उसी के बनाए नक्शे पर खड़ा है।

लेकिन जाने क्या हो गया कि उस घटना के बाद से हमारी बातचीत औपचारिक हो गई।

हुआ यह कि 1971 ई. की जून की दोपहर में धूमिल अपनी पाँच कविताओं के साथ लोलार्क कुंड आया। धूप में वह पसीने-पसीने हो रहा था मगर बेहद उत्साहित और जोश में था। उसने कहा, 'पहले पानी पिलाओ।...आज मैं अपना वादा पूरा कर रहा हूँ। आखिर मैंने अपनी सीमाएँ तोड़ ही दीं। अब न वे तुक रहे, न भाषा, न मुहावरे, सुनो।'

उसने जो कविताएँ सुनाईं, उनमें से चार बांगलादेश युद्ध से सम्बन्धित थीं जिनमें से दो के नाम मुझे याद हैं—एक थी 'मैमनसिंह' और दूसरी 'आतिश के अनार-सी वह लड़की'।

मैंने कविताएँ ध्यान से सुनीं। हमारी यह आपसी समझदारी रही थी कि कोई मुँह-देखी नहीं बोलेगा। और जो भी बोलेगा, वही बोलेगा जो वह ईमानदारी से महसूस करता है।

मैंने उससे क्या और कितनी बातें की थीं, वह सारा कुछ याद नहीं, लेकिन उन बातों का सार लगभग यह था :

'देखो धूमिल, पहले तो तुम अपने दिमाग से यह बात निकाल दो कि तुम अपने फार्म के शिकंजे की कैद से बाहर आ गए हो या कोई नई जमीन तोड़ी है; बल्कि इन्हें देखते हुए तो यह भी कह सकता हूँ कि तुम जहाँ थे, वहीं ठीक थे।

'दूसरी बात यह कि तुम्हारी कविताएँ अखबारी सूचनाओं पर आधारित हैं। माना कि यह गलत नहीं, लेकिन पत्रकारिता में और साहित्य में कुछ तो फर्क होना चाहिए। मान लो, अनार वाली लड़की की कविता पढ़कर कोई भावुक या अश्रुविह्वल हो उठे तो यह श्रेय इस कविता को नहीं, उस पूरी सिचुएशन को जाता है जिसमें एक सोलह साल की लड़की अपनी छाती पर बम बाँधकर टैंक के आगे कूद जाती है। इसमें इस कविता का क्या रोल है?

'अन्तिम बात, मैं यह जानता हूँ कि कविता वह है जिसका गद्यान्तर न हो सके। अगर इन कविताओं को, मान लो, मैं गद्य में रूपान्तरित कर दूँ तो मुझे लगता है कि गद्य इन कविताओं से ज्यादा पावरफुल और प्रभावकारी होगा।' ...इसी तरह की बातें।

धूमिल का चेहरा तमतमा उठा।

'तुम्हें कविता की तमीज नहीं।' उसने क्रोध और हिकारत से देखा और ठहाके लगाकर कहा, 'आखिर तुम भी मास्टर ही निकले। आ गए अपनी जात पर।'

मैं चकित। अपने लिए मैंने उसकी ऐसी टोन कभी नहीं सुनी थी। अगर सामान्य ढंग से ये बातें कही गई होतीं तो या तो मैं हँसकर टाल जाता या बहस करता, लेकिन मुझे लगा कि उसकी टिप्पणी का सम्बन्ध इन कविताओं से नहीं है। वह एक लम्बे गैप के बाद आया था। मुझे आशंका थी कि उसे मेरे खिलाफ भड़काया गया है और वह भरा हुआ है।

मैंने कहा, 'कल तक तुम्हारी कविताओं की प्रशंसा करता था तो मास्टर नहीं था, आज आलोचना की तो मास्टर हो गया?'

लेकिन वह मेरी काहे को सुनता। अपनी ही ओटे जा रहा था और अनाप-शनाप बक रहा था। मैं समझ नहीं पा रहा था कुछ। जब वह 'मास्टरों' की ओर से होते हुए बिना किसी सन्दर्भ के बेमतलब 'मास्टर साहब' की ओर बढ़ा तो मेरे बर्दाश्त के बाहर हो गया।

'अच्छा, अब धूमिल, उठ जाओ, चले जाओ यहाँ से।' मैं बेचैनी से खड़ा हो गया, 'मुझसे कभी बात मत करना।'

वह बैठा रहा और उसी तरह बकता रहा।

मैंने ताला-चाबी उठाई और घर के बाहर निकलकर इन्तजार करने लगा।

जब वह बाहर निकला, मैंने ताला लगाया और आगे-आगे तुलसी रोड तक आया। हममें से कोई नहीं बोला। मैं अकेले पान की दुकान तक गया। वह धूप और लू में अकेले साइकिल लिये पैदल अस्सी की ओर चला जा रहा था।

पान खाकर मैं घर लौटा, ताला खोला और बिस्तर पर भहरा पड़ा।

यह सब कैसे हो गया—समझ में नहीं आ रहा था। दिमाग घूम-फिरकर नागानन्द पर टिक रहा था। राम नारायण कहा करते थे कि बाबू साहब, एक दिन नगवा आपमें और पाँड़ेजी में झगड़ा करवा के दम लेगा। कन्हैया ने भी कुछ-एक बार ऐसा संकेत दिया था लेकिन धूमिल तो नागानन्द को मुझसे ज्यादा जानता था। इसलिए मन इसे मानने को तैयार नहीं था। समझ में सिर्फ यही आ रहा था कि उसके गुस्से का सम्बन्ध केवल मेरी टिप्पणी से नहीं था।

मैं अकेला था घर पर। माँ गाँव गई थी और पत्नी बच्चों के साथ मायके। मैं उस दिन वैसे ही पड़ा रहा।

मुझे धूमिल का विकल्प तो क्या मिलता, लेकिन कहीं-न-कहीं खुद को लगाए रखना था और इसके लिए 'परिवेश' कम नहीं था। मैंने अपना कार्य-क्षेत्र विश्वविद्यालय की रचनात्मक प्रतिभाओं की तलाश बनाया। इसी क्रम में मुझे कुछ युवा कवि-लेखक मिलते गए—नरेन्द्र नीरव, सुधेन्दु पटेल, आनन्द कुमार, वीरभारत तलवार, उज्ज्वल भट्टाचार्य, जसवीर चावला, महेश्वर (सम्पादक—समकालीन जनमत), कथाकार कुमार सम्भव। इनमें महेश्वर और कुमार सम्भव मेरे रात-दिन के साथी हुए, इन्हीं के साथ मैं मार्क्सवाद-लेनिनवाद से जुड़ा और ये जब तक बनारस रहे, 'परिवेश' निकलता रहा।

ये उम्र में मुझसे काफी छोटे थे, ये धूमिल के विकल्प तो नहीं हो सकते थे, लेकिन उसकी कमी एक हद तक पूरी कर रहे थे।

लेकिन धूमिल की हालत मुझसे कहीं ज्यादा खस्ता थी। वह एकदम अकेला हो गया था। यह देखकर मेरी स्थिति अजीब होती थी। एक ओर मुझे आज की हिन्दी फिल्मों के घटिया और कमीने खलनायकों जैसा सुख मिल रहा था कि बच्चू, अब पता चला कि काशी क्या है? देखें, कब तक ऐंठे रहते हो और नहीं बोलते! दूसरी ओर मन देखते ही बेचैन हो उठता, खुद पर गुस्सा आता, पछतावा होता कि हे भगवान! कहीं यह दुकड़हों की संगत में न चला जाए। कभी-कभी तो उसे अकेला देखकर इच्छा होती कि साले, अब बहुत अकड़ लिया। चल, यादव की दुकान में छोले-समोसे खाएँ, चाय पिएँ और दोनों मिलकर नगवा की कुटम्मस करें।

काश! ऐसा कर गुजरा होता।

उसे महेश्वर और कुमार सम्भव फूटी आँखों नहीं सुहाते थे। उसने इन्हें 'करकट-दमनक' (पंचतंत्र के दो सियार) नाम दिया था। उसने अस्सी आना कम कर दिया था। जब कभी आता, सामना होता, फिर दुआ-सलाम, बस। लोगों से सुनता कि वह

इन दिनों गोदौलिया जा रहा है। इसका मतलब था गीतकारों का वही अड्डा जिसे वह आठ-दस साल पहले छोड़ चुका था।

वह 1972 के अगस्त के पहले सप्ताह में 'संसद से सड़क तक' की प्रति के साथ घर आया—'अपनी कविताओं के अभिन्न प्रिय काशी को देने के लिए।' माँ गुजर चुकी थी। पत्नी को बुलवाया, बातें कीं। बच्चों को प्यार किया। मुझसे पूछा कि किताब कैसी छपी है? मैं सोचता रहा कि अगर यह पिछले प्रसंग की चर्चा छेड़ दे तो मजा आ जाए। सारा तनाव और सारी चुप्पी और सारी दूरियाँ एक झटके से टूट जाएँ, लेकिन उसने सिर्फ इतना पूछा कि 'तुम्हारा परिवेश' का कैसा चल रहा है।

उसके बाद एक बार और आया—'त्रिलोचन अध्ययन केन्द्र' के बारे में बात करने। उसका उद्देश्य था नगर के सभी कवियों-लेखकों के लिए एक मंच तैयार करना। उसने बताया कि पहली गोष्ठी का उद्घाटन कवि केदारनाथ अग्रवाल करेंगे। मैंने कहा कि इसमें जो मेरी मदद चाहो, ले सकते हो। उसने कहा कि मौके पर बताएँगे।

मैं इन्तजार करता रहा लेकिन फिर उसने पिछले प्रसंग की चर्चा नहीं की।

मुझसे कई बार पत्नी ने बताया और फिर दूसरों ने कि धूमिल आ रहे थे, लेकिन उन्होंने दरवाजे के बाहर महेश्वर, कुमार सम्भव की साइकिल देखी और वापस लौट गए।

नगर ने सिर्फ इतना सूँघा कि काशी-धूमिल के दरमियान कोई बात हुई है जरूर, लेकिन वह क्या बात है, इसकी चर्चा न किसी से धूमिल ने की और न मैंने।

कभी-काल एक-दो लोगों ने बताया यह कहते हुए कि 'कसिया नष्ट हो रहा है, गलत लोगों से घिर रहा है,' उसकी आँखों में आँसू आ जाते थे।

1974 की अक्टूबर की एक सुबह हाँफते हुए मेरे घर कन्हैया आए और उन्होंने कहा कि भैया ने आपको बुलाया है।

'क्यों, सीतापुर से लौट आए?'

'वे ज्वाइन करने के बाद से सीतापुर गए ही कहाँ?' मैंने हैरत से कन्हैया को देखा।

'उनकी तबीयत ठीक नहीं चल रही है। तीन-चार महीनों से घर पर ही दवा चल रही थी। सिर में भयानक पीड़ा होती है। आँखों से भी कम दिखाई पड़ता है। भूख-प्यास नहीं लगती। पेशाब या टट्टी करने उठते हैं तो लड़खड़ाकर गिर जाते हैं। कभी-कभी बेहोश हो जाते हैं। अपने से उठना चाहते हैं, लेकिन उठ नहीं पाते। सहारा देकर उठाया जाता है...' कन्हैया बताते जा रहे थे और रोते जा रहे थे।

मुझे गुस्सा आ गया, 'तुम लोग क्या कर रहे थे इस बीच? मुझको खबर क्यों नहीं दी?'

'आप उनका स्वभाव तो जानते हैं। किसी की सुनते नहीं थे। डाँट देते थे। चन्द्रा की भी दवा चल रही थी और खरबिरैया भी कर रहे थे। इधर लोगों के बताने पर माथे पर पिसी हुई सरसों छोपी जा रही थी लेकिन कोई लाभ नहीं। तो कल शाम को उन्हें लेकर नवाबगंज आए।'

मैं जैसे ही धूमिल के कमरे में घुसा और उसे देखा, जी धक् से हो गया। सामने की दीवार की ओर सूनी और बुझी आँखों ताक रहा था धूमिल। सिर के बाल छोटे-छोटे कर दिये गए थे। गरम की हुई पिसी सरसों के लगातार रखने से उसके चौड़े ललाट की चमड़ी जल गई थी और जगह-जगह काले-सफेद धब्बे बन गए थे। शरीर उसी तरह लहीम-शहीम था। गंजी और लुंगी पहने लेटे धूमिल की नजर जैसे ही मुझसे मिली, उसने मुस्कराने की लाचार असहाय कोशिश की! सिर्फ होंठ काँपकर रह गए।

मेरी आँखें डबडबाईं, लेकिन मैंने जाहिर नहीं होने दिया, 'चिन्ता की कोई बात नहीं। सब ठीक हो जाएगा। आ गया हूँ मैं।'

मैंने कन्हैया से तुरन्त रिक्शा मँगवाया। उसे सहारा देकर नीचे उतारा और खुद उसे पकड़कर अपने साथ बैठाया।

सबसे पहले हम अपने परिचित आँखों के डॉक्टर नेमा के यहाँ गए। उन्होंने आँखों की जाँच करते हुए कहा कि इन्हें डॉ. कटियार को दिखाइए, यह आँखों का केस नहीं है।

डॉ. कटियार देर से आते थे। मैंने कन्हैया से उनका इन्तजार करने के लिए कहा और कहा, तब तक मैं विभाग में हाजिरी देकर आ रहा हूँ।

किसी वजह से मुझे थोड़ी देर हो गई। जब दुबारा अस्पताल पहुँचा तो वहाँ न कटियार थे और न धूमिल और न कन्हैया। इतना पता चला कि कटियार आए थे। मैं एक वार्ड से दूसरे वार्ड में ढूँढ़ता रहा लेकिन कहीं पता न चला। जब मैं नवाबगंज पहुँचा तो धूमिल के कमरे में ताला। मेरी समझ में कुछ नहीं आ रहा था। नीचे आया तो नागानन्द नजर आए। पूछने पर उन्होंने बताया कि कन्हैया उसे लेकर लखनऊ चले गए। डॉक्टर ने वहाँ किसी को चिट्ठी दी है।

मुझे पहली बार लगा कि कोई गम्भीर बात है।

'उसे क्या हुआ है?' मैंने डरते-डरते पूछा।

'यह कुछ नहीं मालूम।'

मैंने नागानन्द से और कुछ नहीं पूछा, क्योंकि मुझे भनक थी कि एक अरसे से वे भी धूमिल से कट चुके हैं। उन्हें कहीं नौकरी मिल रही है और वे आज-कल में जानेवाले हैं।

मैंने साइकिल हाथ में पकड़ी और घर के लिए पैदल लौट पड़ा—एक डरावनी आशंका और दहशत से भरा हुआ। 'कुछ है जरूर जो इस अस्पताल के बस के बाहर का है।' सिर्फ इतना ही मेरे दिमाग में आ रहा था और बीच-बीच में आँखें भर आ रही थीं।

मुझे याद है कि 'पद्मश्री' के तिराहेवाली उस चाय की दुकान पर मैंने साइकिल खड़ी की, जहाँ वर्षों तक हम चाय पीते रहे थे। वहाँ से घर न लौटकर मैं रवीन्द्रपुरी की सुनसान सड़क पर चल पड़ा। आज मेरे साथ धूमिल न था; मेरी धुँधलाई आँखों के आगे-आगे थोड़ा फासला रखकर एक मन्दिर चल रहा था—उजड़ा और बेनूर मगर जवान मन्दिर, जिसके कंगूरे के पलस्तर जगह-जगह से उखड़ गए थे और सामने के ताखों पर रखे दोनों दीये बुझे-बुझे थे।

सुबह की भेंट धूमिल से मेरी अन्तिम भेंट थी।

किस्सा साढ़े चार यार

कासी के चार यार
लोग कहें बार-बार
कासी के चार यार!

किस्सा-कहानी में नामी-गिरामी! शराफत की लत के मारे बेचारे, इसके बावजूद परम हरामी! इन हरामियों में सिरमौर रवीन्द्र कालिया। मेरा खयाल है कि वह यदि 'हरामीपन' पर उतर आए तो राजेन्द्र यादव तो मान लीजिए आजकल शरीफ आदमी हो चले हैं, लेकिन कमलेश्वर जैसे 'चूड़ामणि' भी उसके आगे पानी भरें।

लेकिन वह मारा गया दिल के हाथों। जवानी के दिनों में उसके पास एक खूबसूरत-सा दिल था जिसे वह रूमाल की तरह जेब में रखा करता था। जहाँ जरूरत पड़ी, लहरा दिया। उसे वह जालन्धर, दिल्ली, बम्बई में लहराता घूमता रहा—बहुत दिनों तक कि एक दिन ममता अग्रवाल की उस पर नजर पड़ी और वह हौले-से ले उड़ी।

कालिया ने सोचा कि जमाना बदल गया है और अब एक दिल से काम चलनेवाला नहीं। सो, उसने कई दिलों का बंदोबस्त किया—एक प्रेम के लिए, दूसरा मोहल्लेवालों के लिए, तीसरा साहित्यकारों के लिए, चौथा 'संजय गांधी' के लिए।

संजय गांधी के मरने के बाद एक दिन उसके 'ड्राइंग रूम' में एक नौजवान खूबसूरत-से लौंडे को देखा। पूछा, 'यह कौन है ?' कालिया बोला, 'संजय सिंह—अमेठी का राजकुमार। संजय गांधी के मरने के बाद से बेचारा बड़ा दुखी हो गया है। राजनीति में आना चाहता है लेकिन इसे पता ही नहीं कि राजनीति क्या चीज है ?'

'तो तुम समझाओगे ?'

'समझाना पड़ेगा। और दूसरा रास्ता नहीं।' उसने सिगरेट का कश लेते हुए कहा।

वह इलाहाबाद से अमेठी और अमेठी से लखनऊ आते-जाते हुए राजनीति समझाता रहा और राजीव गांधी के 'गुड बुक' में पहुँचा ही था कि एक दिन उसके घर डी.पी.टी. (देवी प्रसाद त्रिपाठी) नजर आए।

रात के बारह बज रहे थे और मुझे भोर में बनारस के लिए गाड़ी पकड़नी थी।

मैंने पूछा, 'त्रिपाठी जी तो सी.पी.एम. में हैं?'

'हाँ, देखो, फिलहाल हैं। बेचारे बड़े दुखी हैं।' उसने सिगरेट की राख झाड़ते हुए कहा।

मैं देखता रहा—उसका एक दिल किन्हीं जगदीश पीयूष के साथ अमेठी में था जिनके पास आज कई पेट्रोल पम्प और जाने क्या-क्या हैं। दूसरा दिल संजय सिंह के साथ लगा हुआ था और तीसरा डी.पी.टी. के आगे मेमने की तरह उछल-कूद रहा था।

मैंने पूछा, 'तुम अपने लिए भी कुछ सोच रहे हो?'

'यार कस्सी, मैं यह सब सिर्फ अनुभव के लिए कर रहा हूँ।'

'देखो, चूतिया मत बनाओ। मेरे कहने का मतलब...एम.एल.ए. या एम.पी. का टिकट या राज्यसभा की मेंबरी या और कोई एसाइनमेंट...'

'यार, यही क्या कम है कि लखनऊ, दिल्ली से जो भी आता है, कालिया को पूछते हुए आता है। कालिया के बिना उसका काम नहीं चल सकता।'

अभी कालिया मुझे बता ही रहा था कि कब देवी प्रसाद उस मेमने को उठाकर चुपके से चम्पत हो गए—यह उसने देखा हो तो देखा हो, मैंने नहीं देखा।

पिछले दिनों उसने बताया कि यार कस्सी, सारा समीकरण गड़बड़ा गया। संजय सिंह जनता दल में चला गया।

उसे कौन समझाए कि वह जनता दल में न गया होता तो भी तुम अपने इसी स्कूटर के साथ इसी 'इलाहाबाद प्रेस' में होते।

मैं जब भी कालिया को देखता हूँ, मुझे याद आते हैं अपने विद्यार्थी जीवन के दिनों के बाबू लक्ष्मण सिंह—पानी-कल के एक साधारण इंस्पेक्टर, बड़े नेक और सज्जन। लोलार्क कुंड से थोड़ी दूर पर घर था उनका। किराए का। मैं उनके यहाँ जब भी पहुँचता, यही सुनता कि वे राजा साहब अवसानगंज के यहाँ गए हैं या वहाँ से आ रहे हैं, रिटायर्ड कर्नल साहब—जिनकी 'वह' वाली कोठी है जिस पर लिखा है 'कुत्तों से सावधान'—के बुलावे पर उनके घर गए हैं। 'कार ड्राइव' करते समय राजा साहब अवसानगंज के दामाद की कलाई में मोच आ गया है, उन्हें देखने गए हैं। इसी तरह की बातें। यह कभी नहीं सुना कि भदैनी में दसई चौधरी के घर नल खराब है, उसकी टोंटी बदलवाने गए हैं।

ऐसे ही पिछले कई सालों से जब-जब मैं इलाहाबाद गया, यही सुना कि कल लखनऊ गया है, परसों से दिल्ली में है, यह कभी नहीं सुना कि आजकल कहीं नहीं जा रहा है, सिर्फ लिख रहा है।

मैंने उसे एक बार सुझाया भी कि यार, क्यों न अपने भीतर एक परमानन्द श्रीवास्तव पैदा करो कि जितना ही घूमो, उतना ही लिखो। बल्कि घूम-घूम के लिखो। वह उस लिखे से तो अच्छा ही होगा जो बैठे-बैठे गिरिराज किशोर करता है।

उसने मेरा कान पकड़ा और कहा, 'यार! और कोई भी गाली दे लो, मगर यह मत दो।' फिर एक लम्बी साँस लेकर बोला, 'काशी, उसकी कहानियों-किताबों को चाहे जो कहो, आदमी बड़ा प्यारा है गिरिराज।'

'यही तो रोना है गुरु, इतना प्यारा न होता तो शायद अच्छा लिखता।' मेरे कहते ही कालिया ने ठहाका लगाया, तब मुझे बोध हुआ कि वह मेरे मुँह से यही कहलवाना चाहता था।

कालिया के पास एक 'स्मार्ट'-सी भाषा है—गड़ही के थिर जल की सतह पर उछलते-बिछलते हुए खपड़े के समतल चौकोर टुकड़े की तरह, जिससे हम बचपन में 'छिछली' खेला करते थे—और है चुटकुलों, शगूफों और फितरतों की संस्कृति जिसके साथ वह बम्बई से इलाहाबाद आया था।

इलाहाबाद में कामयाबी हासिल करने में उसकी इन्हीं खूबियों ने मदद की और पाया गया कि अश्क को टक्कर देनेवाली एक नौजवान प्रतिभा इस पावन नगर में नमूदार हो गई है।

लेकिन मेरा कालिया से पहला परिचय उसी दिल के साथ हुआ था जो आज उसकी पत्नी ममता के कब्जे में है।

मुझे आज भी याद है सन् '67 के जाड़ों की वह शाम।

आरा में अब के कथाकार गोविन्द मिश्र की छत।

विजयमोहन उन दिनों वहीं महाराज कॉलेज में अध्यापक थे और उन्होंने गोविन्द मिश्र को कहानीकार बनवाने के लिए वह कहानी-गोष्ठी बुलवाई थी, उन्हीं के खान-खर्चे पर।

मुझे वहीं पता चला कि विजयमोहन के पास भी अब एक दिल हो चला है जो 'इनकम टैक्स ऑफिसर' गोविन्द मिश्र के फ्रिज में बोतल की शक्ल में विराजता रहता है।

वहीं मेरा परिचय हुआ आलोचक-कहानीकार गंगाप्रसाद विमल से जिसने एक पर्चा पढ़ा था—बेहद गम्भीर। पिछले दस-पन्द्रह वर्षों में छपी हुई मनोविज्ञान, अर्थशास्त्र, समाजशास्त्र, भाषाशास्त्र, दर्शन, साहित्य की ऐसी कोई अमेरिकी-फ्रांसीसी किताब नहीं, जिसके उद्धरण उसके अकहानीवाले लेख में न हों। काफी ऊँची चीज। मैंने पहली बार 'साइबर्नेटिक्स' शब्द उसी के मुँह से सुना...

ऐसा पर्चा कि आरा के श्रोता त्राहि-त्राहि कर उठे।

उसने और भी एक कमाल किया था।

यह पता चलने पर कि बनारस से काशीनाथ भी आया है, कहानीकारों में 'इत्यादि' की जगह मेरा भी नाम डाल दिया। मैं शर्म से पानी-पानी हो गया और क्रोध आया मुझे आलोचक नामवर सिंह पर कि उन्होंने बहुत कुछ सिखाया अपने भाई को, लेकिन यह कभी नहीं बताया कि समीक्षा का एक चलन यह भी है।

यहीं मैंने दर्शन किए 'नई कहानियों' के भूतपूर्व सम्पादक और 'अकहानी-आन्दोलन' के मंच कमलेश्वर का।

सुना कि गोष्ठी के पहले तक वे विजयमोहन से इस बात के लिए बहुत नाराज थे कि नामवर के भाई को क्यों बुला लिया? जासूसी करने के लिए? कोई कहानीकार नहीं मिला क्या?

मैंने कहा—'गोष्ठी' के पहले तक।

'संस्मरण' का यह वह स्थल है मित्रो, जहाँ मैं एक मानवीय दुर्बलता का शिकार हो रहा हूँ। अगर मेरे कथन में 'आत्मप्रशंसा' झलक जाए—जो कि झलकेगी—तो मुझे मतिमन्द, कुटिल, खल, अधम आदि जानकर क्षमा करें।

आइए, फिलहाल शाम और गोविन्द की छत छोड़कर लौट चलें—दोपहर के सभागार में।

उद्घाटन और अध्यक्षता का 'सुदर्शन चक्र' लिये मंच के बीचोबीच कमलेश्वर। अगल-बगल उनकी अक्षौहिणी के दो-चार योद्धा और सबसे पीछे 'नामवर के भाई' की तोहमत से लज्जित, दुर्मन, गुड़ी-मुड़ी बैठा बेचारा काशी।

आरम्भ में कमलेश्वर ने कुछ आप्त वाक्य सुनाए—आज आदमी 'फालतू' हो गया है। उसके होने का कोई अर्थ नहीं रह गया है। 'अकहानी' इसी लगातार 'फालतू' होते जाते आदमी की कहानी है।

इसके बाद लेखों का सिलसिला शुरू हुआ—विमल, कालिया, विजयमोहन। वे लेख पढ़ते रहे और बीच-बीच में मैं सिर उठा के आरा के श्रोताओं को देखता रहा। वे खाँस रहे थे, काँख रहे थे, नाक छिनक रहे थे, जम्हाइयाँ ले रहे थे, उठ-बैठ रहे थे, आ-जा रहे थे...बातें ऊँचे पाए की हो रही थीं लेकिन वे बदकिस्मत, अपने अज्ञान से लाचार।

मैं रात-भर जगा था। 'आसमाँ पे था खुदा और जमीं पे हम।' सबसे अलग-थलग। नीचे भुसहुल जैसा कमरा। सीलन और बदबू से भरा। मच्छरों की भरमार। कड़ाके की ठंड। किसी तरह आधी रात के बाद झपकी आई ही थी कि बगल के मकान से ठहाके। गेट पर गाड़ी का फाटक बन्द होने की आवाज और ठहाके। सीढ़ियों पर चलने की आवाज और ठहाके। विजयमोहन के कमरे में कुर्सी घिसटने की आवाज और ठहाके। अर्थात् कमलेश्वर की ट्रेन आ गई...मेरी आँखों के आगे एक दृश्य 'सभागार' का और दूसरा अपनी रात की बेचारगी का।

और विजयमोहन। हमारे जमाने की कहानियों का सबसे गम्भीर आलोचक। उन्होंने अपने पर्चे में पढ़ा—साठ के बाद की कहानी सही अर्थों में कमलेश्वर, यादव, राकेश की कहानियों का विकास है। कहानी में जो कविता की कतरनें जमा होना शुरू हो गई थीं, उसे राकेश, कमलेश्वर, यादव ने कठोर वास्तविकता की ओर मोड़ दिया...

'यी टू ब्रूट!' मेरी आत्मा बोली जिसे मेरे कानों ने सुना। इसके बाद मेरे नाम की पुकार। खड़ा होने पर सामने चन्द्रभूषण तिवारी, चित्तरंजन, वेदनन्दन, रामनिहाल गुंजन, श्रीराम तिवारी आदि के चेहरे दिखे तो टाँगें काँपनी बन्द हो गईं। मैंने कहा, 'मित्रो, मैं रात-भर का जगा हूँ। कमलेश्वर, कालिया, विमल के ठहाकों ने मुझे सोने नहीं दिया। जब भी जरा देर के लिए आँख लगती कि छत फाड़ते हुए जोरदार ठहाके।...मैं तब से हैरत में हूँ कि ये ठहाके इनकी कहानियों में क्यों नहीं हैं?'

और फिर जो तालियाँ बजीं कि न पूछिए। आयोजन की पहली और लम्बी तालियाँ, जैसे घंटों की जमा सारी ऊब और एकरसता श्रोताओं की हथेलियों से फट रही हो!

इसके बाद मैंने फालतू आदमी के बरक्स उस 'आम आदमी' की प्रतिष्ठा की जिसने आगे चलकर 'समान्तर कहानी' के दिनों में कमलेश्वर के निश्चल फेफड़े में 'ऑक्सीजन' देने का काम किया।

मेरे बाद कमलेश्वर बोले—अध्यक्ष पद से।

इसी दम मैंने कहानी के 'शेयर बाजार' के चतुर व्यवसायी कमलेश्वर के व्यक्तित्व की मूल पांडुलिपि देखी। उन्होंने काशी के हवाले से उन लोगों की घनघोर भर्त्सना की जो आदमी के फालतू होने की वकालत करते थे।

इस तरह मित्रो, अपनी मूर्खता में अद्वितीय यह 'कालिदास' आरा-स्वयंवर का ऐसा हीरो हुआ कि कमलेश्वर उसके बगैर चलने-फिरने में असमर्थ।

अब चलिए छत पर।

वहाँ चाँद की धुँधली रोशनी और तारों की टिमटिम के नीचे जहाँ-तहाँ फैली मुर्गों की टाँगों और छप्पन प्रकार के व्यंजनों से सुशोभित मेजें आपका इन्तजार कर रही हैं।

मैं तब तक भाँग-बूटीवाला आदमी। अनैतिक, गर्हित और घर को तबाह करनेवाली शराब को छूना भी पाप समझता था। लेकिन हर मेज पर बोतल और गिलास। मेरे लिए कोका कोला मँगाया गया।

वहीं पता चला कि कमलेश्वर दो-तीन महीने के भीतर 'सारिका' के सम्पादक हो रहे हैं।

बहरहाल, अभी मित्र लोग सुरूर में आए ही थे कि जाने किधर से गोविन्द मिश्र और मधुकर सिंह के साथ गिलास उठाए कमलेश्वर चले आए और एक कुर्सी खींचकर बैठ गए। जाने किस बात पर उत्तेजित थे वे। बोले, 'तुम लोग दो कौड़ी के लेखक। तुम लोग हो किस खेत की मूली, तुम्हारी हैसियत क्या थी ?...तुम लोगों को लेखक मैंने बनाया। मैंने लिखना सिखाया। भाषा तक लिखने की तमीज न थी, कहानी क्या लिखते ?...तुम्हारी समूची पीढ़ी में अकेला लेखक है यह काशी। जो कुछ बना—अच्छा या बुरा, अपने बलबूते पर बना है। इसके लिए न मैं कह सकता हूँ, न कोई और।'

कमलेश्वर अपने पूरे रंग में थे। उन्होंने एक बड़ी चुस्की ली और फिर 'नई कहानियाँ' में छपनेवाली विमल, कालिया और दूसरे कहानीकारों की एक-एक कहानी का नाम लेना शुरू किया, 'और तुम विमल, याद है तुम्हें ? गिड़गिड़ाते हुए आए थे मेरे पास कि यह कहानी छाप दीजिए। मैंने उठाकर फेंक दिया था। तुम दूसरी लाए। मैंने कहा, यह शीर्षक नहीं चलेगा। याद है तुम्हें ? वह शीर्षक मेरा दिया हुआ है, जो चल रहा है। तुम्हारी कई कहानियों का आरम्भ ठीक किया, अन्त ठीक किया, कई कहानियाँ 'रिराइट' कीं। क्या-क्या नहीं किया तुम लोगों के लिए ?...और कालिया, आज तीसमार खाँ बन रहे हो तुम, जबकि आज तुम्हारी जिन कहानियों की चर्चा हो रही है, वे सारे शीर्षक मेरे लगाए हुए हैं।...काशी, आपस में मार करते थे ये सब कि अगले अंक की पहली कहानी मेरी हो। यह कहता था कि मेरी, वह कहता था कि मेरी...'

कालिया तमतमाए चेहरे से बीच-बीच में प्रतिवाद करता रहा लेकिन कमलेश्वर तो कमलेश्वर।

मैं सन्न सुनता रहा और मित्रों को जलील होते देखता रहा। मैंने सोचा तक न था कि कोई सम्पादक इतना मगरूर या घटिया होगा और अपने ही उन लेखकों को इस तरह बेइज्जत करेगा जिनके सहारे वह सम्पादक रहा है।

मैंने पास में खड़े गोविन्द मिश्र को देखा—जो कमलेश्वर की महिमा से अभिभूत होकर उनकी ओर ऐसे ताक रहे थे, जैसे खूँटे में बँधा बछड़ा भूखा होने पर गाय को देखता है!

मैंने थोड़ी दूर पर खड़े मधुकर को भी देखा। वह पूरे दिन कमलेश्वर के आगे-पीछे नाच रहा था और इस वक्त भी उन्हें लोलुप नेत्रों से ऐसे देख रहा था, जैसे घनियारी घटा उतनी दूर क्यों घिर रही है।

मैं दुखी था। मेरी आँखों के आगे 'सारिका' की शक्ल में वह ठीहा घूम गया जिस पर कल गोविन्द मिश्र, मधुकर सिंह और जाने कितने कहानीकारों की गरदन हलाल होनी थी।

इसी बीच कमलेश्वर ने मेरी कुहनी पकड़ी और छत पर एक किनारे ले गए, 'काशी! मैंने इन सबों को जो सुनाया है, उसका तुम बुरा न मानना। ये इसी लायक

हैं...और सुनो, मैं नशे में नहीं बोल रहा हूँ। 'सारिका' तुम्हारी पत्रिका है। जैसी चाहोगे, वैसी निकलेगी। जिसे चाहोगे, वह छपेगा, ठीक?' फिर मुड़ने के पहले उसी गम्भीरता से कहा, 'और सुनो! अगर तुम सहयोग नहीं करोगे तो मैं चूतियों को ही कहानीकार बनाऊँगा। हर हाल में पत्रिका तो निकलनी है। मेरे सामने और चारा क्या है?'

'काशी!' कालिया का बेकरार स्वर सुनाई पड़ा छत के दूसरे छोर से।

आगे मौका मिले, न मिले इसलिए मित्रो! यहाँ एक छोटा-सा जातक कि किस तरह बोधिसत्व देवदत्त यानी मगर के चंगुल से बाल-बाल बचे?

वाराणसी में ब्रह्मदत्त के राज्य करते समय बोधिसत्व बन्दर की योनि में पैदा होकर गंगा के किनारे मौज से रह रहे थे। उनके आहार के लिए इस पार के जंगल के रूखे-सूखे फल ही काफी थे। उन्हीं दिनों गंगा में अपनी जनानी के साथ एक मगर भी रहता था। जब मगरनी के पेट में बच्चा आया तो चटक-मटक खाने की इच्छा होने लगी। वह बराबर बन्दर को इस डाल से उस डाल पर कूदते-फाँदते देखा करती। एक दिन उसने मगर से कहा कि 'हे स्वामी, मैं बन्दर का कलेजा खाऊँगी।'

'मैं जलचर, वह थलचर। मैं तुम्हें उसका कलेजा कैसे खिला सकता हूँ?' मगर बोला।

आखिरकार मगरनी ने अपने नारीसुलभ अमोघ अस्त्र का इस्तेमाल किया, 'अगर नहीं खाऊँगी तो मर जाऊँगी।'

मगर ने उसे आश्वासन दिया और मौका देखकर बन्दर से कहा, 'हे आर्य! एक ही स्थान पर वे ही फल रोज-रोज खाते हुए आप ऊबते नहीं? जरा उस पार देखिए, आम, जामुन, कटहल, बड़हल के पेड़। नाना प्रकार के फलों से सम्पन्न। क्यों नहीं उस पार चलते?'

'मैं थलचर। उस पार कैसे जा सकता हूँ?' बन्दर बोला।

'क्यों?' मगर ने कहा, 'मेरी पीठ पर बैठें, पहुँचा दूँ।'

जब बन्दर मगर की पीठ पर बैठा तो आधी गंगा ले जाने के बाद मगर बन्दर को डुबोने लगा। बन्दर ने पूछा, 'हे सौम्य, यह क्या कर रहे हो?'

मगर ने कहा, 'मैं तुम्हें धर्मभाव से नहीं लाया हूँ। मेरी जनानी के पेट में बच्चा है। उसे तुम्हारा कलेजा खाना है, इसीलिए लाया हूँ।'

बन्दर की तत्काल बुद्धि जगी। उसने कहा, 'हे सौम्य! तुमने पहले क्यों नहीं बताया? अगर हमारा कलेजा हमारे पेट में हो तो शाखाओं पर कूदते समय चूर्ण-विचूर्ण न हो जाए?'

'फिर कहाँ रखते हो तुम लोग?'

बन्दर ने एक पेड़ में लटकते हुए गूलरों को दिखाकर कहा, 'देखो, वे रहे हमारे कलेजे।'

मगर ने कहा, 'यदि फिर वहाँ तुम्हें ले चलें, तो दोगे?'

'क्यों नहीं? चलो, ले आएँ!'

मगर जब बन्दर को लिये हुए तट पर पहुँचा तो बन्दर उछलकर डाल पर! उसकी जान में जान आई। डाल से बोला, 'भर पाए उस पार के कटहल, जामुन, आम, बड़हल आदि के फलों से। हे मूर्ख, मेरे लिए ये गूलर ही भले।'

तो मित्रो, लघु पत्रिकाओं में लिखने और छपनेवाला मैं। कमलेश्वर ने लालच दिया—क्या इन पत्रिकाओं में छपते रहते हो? जिनके न पाठक हैं, न खरीदार। पाँच सौ छपीं, पाठक तो पाठक, लेखकों तक भी पहुँचीं, नहीं तो नहीं पहुँचीं। किसी को पता भी नहीं कि तुम लेखक हो...अरे, आओ उस पार, 'सारिका' में छपकर देखो। लाखों हाथों में पहुँचोगे। पूरे भारत में, देश-विदेश में। लोग पढ़ेंगे, जानेंगे, अनुवाद होंगे, चर्चा होगी आदि-आदि।

तो साहब! इसी लालच में 'सारिका' में मैंने दो कहानियाँ दीं—'आदमी का आदमी' और 'तीन काल-कथा'—इस शर्त के साथ कि न शीर्षक बदले जाएँगे और न कोई वाक्य और न शब्द। और यह हुआ भी।

ये कहानियाँ आई ही थीं कि कलमेश्वर ने डुबकी लगा दी—'ऐयाश प्रेतों का विद्रोह'। कमलेश्वर ने 'धर्मयुग' में लिखा और धर्मवीर भारती से 'सारिका' में लिखवाया। दोनों के कलम में स्याही की जगह कोलतार था, और कोलतार के सामने चेहरा था हमारे दौर की कहानियों का। मैं उछला और आ बैठा फिर गूलर के अपने पेड़ों पर।

'कस्सी! कस्सी!' छत पर झुकी हुई डाल के साये में खड़ा कालिया मेरे माथे और कन्धे को दबा-दबाकर देख रहा था और बोल रहा था।

'अगर तुम न मिले होते तो मेरा आना बेकार होता।' वह नशे में तर था। हम कुर्सियाँ खींचकर बैठ गए।

वह बेहद भावुक हो गया था। उसकी आवाज भरभरा रही थी। उसमें मुझे ऐसा इनसान नजर आने लगा जो दिल्ली-बम्बई में मुश्किल से मिलता होगा। वह दुखी था, थका-थका लग रहा था। बहुत अकेला।

'वह इस तरह बोल रहा था तुम लोगों से और तुम चुप रहे?' मैंने कहा।

'मैं उसके जबड़े तोड़ देता काशी, लेकिन तुम नहीं समझ सकते...पिछले दिनों नामवरजी बम्बई आए थे। भारती और यह नहीं चाहते थे कि हममें से कोई उनसे मिले, बातें करें लेकिन यह कैसे हो सकता था? नामवरजी हमें कितना प्यार करते हैं, तुम नहीं जानते। हम उनके साथ बराबर रहे, उन्हें 'सी ऑफ' भी किया...यही खुन्नस है इन सबों को।'

'किसी सम्पादक की यह मजाल कि कहे, लेखक तुम्हें मैंने बनाया ?' मैं उसी मूड में था।

'तुम भारती को नहीं जानते। उसकी नौकरशाही को, दादागीरी को। हफ्ते में एक बार नोटिस देता रहता है। यह भी वहीं जा रहा है। दोनों एक-दूसरे से चिढ़ते हैं, नापसन्द करते हैं एक-दूसरे को, मगर दोस्त भी हैं अपने मातहतों के मामले में। बस चले तो किसी को चैन से न जीने दें। ये हमारे बारे में एक-दूसरे से रिपोर्ट लेते-देते रहते हैं। देखना, दो-तीन दिन में यहाँ की हर बात भारती तक पहुँच जाएगी...तुम देखना, मैं छोड़ दूँगा 'धर्मयुग'। मैं...'

मैं फिर कुछ कहने जा रहा था कि बोला, 'प्लीज, काशी! अब बस, सुनो। तुम्हें पता है, मैंने ममता से शादी कर ली है ?'

'न, मैं नहीं जानता।'

'तभी तो! मैंने भी कहा, क्यों यह साला पूछ नहीं रहा है कुछ!' कालिया सिगरेट फूँकने लगा और किसी फिल्मी गाने की धुन गुनगुनाने लगा। फिर ऐसा लगा, जैसे रो देगा, 'काशी, मैं विवाह के बाद पहली बार अलग हुआ हूँ। ममता से। रात से ही मेरा मन नहीं लग रहा है। किसी भी काम में नहीं। उसकी बड़ी याद आ रही है। यार, कितनी अच्छी लड़की है वह! तुमने देखा है ? नहीं न ?...यार, मैंने तो सोचा नहीं था कि इतनी अच्छी होगी वह—औरत भी और पत्नी भी। सुनो, मैं बता रहा हूँ, सुहागरात कैसे मनाई हम दोनों ने... ?'

मैं मर मिटा उस कालिया पर जिससे पहली बार भेंट हुई थी, जिसे मैं विरोधी खेमे का आदमी समझता था और बातें नहीं कर रहा था, जो न मुझे ठीक से जानता था और न जिसे मैं, जिससे कभी कोई चिट्ठी-पत्री नहीं...वह परत-दर-परत अपनी छाती के एक-एक रेशे को चीरकर मेरे आगे रखे जा रहा था और एक औसत किशोर की तरह अपने शारीरिक और मानसिक सुख की खुशियाँ भरे गले से बयान कर रहा था। आँसू-भरी आँखों से 'ममता! ममता!' बुदबुदाते हुए उसने मेरे कन्धे पर अपना सिर रख दिया।

विजयमोहन ने डिनर के लिए आवाज दी।

'स्साला!' कालिया ने गुस्से से उधर देखा, 'जाने दो उस साले विजयमोहन को। हाँ, अब यह भी सुनो।'

विजयमोहन।

जिन्हें मैं आज तक 'तुम' नहीं कह सका और जिन्हें लिखना शुरू करने से पहले से जानता हूँ और जो मुझसे उम्र में भी छोटे हैं और छात्र-जीवन में भी एक साल पीछे। जानता एक जमाने से हूँ लेकिन दोस्ती हुई '68-'69 में जब वे रिसर्च करने के इरादे से आरा छोड़कर दूसरी बार बनारस आए।

वे लेखक के रूप में मुझसे सीनियर थे। 'कृति', 'कहानी', 'कल्पना' में छपे लेखक। उस वक्त तक मैंने आँखें नहीं खोली थीं।

वे मुझे पसन्द न थे आरम्भिक दिनों में। उन्हें पसन्द करने के लिए जैसी जीवन-शैली चाहिए, वह मेरे बूते के बाहर की थी। मैं उनकी प्रतिभा से अभिभूत था और उनकी बातें सुनकर हतोत्साहित हो जाता था।

उन दिनों केदारनाथ सिंह, शालिग्राम शुक्ल और विजयमोहन एक ही मकान के अलग-अलग तीन कमरों में रहा करते थे।

वे सुबह देर से उठते थे और एक-दूसरे की नींद और सपनों के बारे में पूछते थे।

वे चाय पीते थे और कॉफी के बारे में बातें करते थे। वे बाहर निकलते थे और धूप, मौसम, हवा, बारिश, फूल, पत्ती, पेड़ वगैरह के बारे में उसी उत्तेजना और विस्मय के साथ बातें करते थे, जिस उत्तेजना और विस्मय के साथ बॉदलेयर, फ्लॉबेयर, इलियट, ऑडेन, पाउंड, सार्त्र, काफ्का, कामू और अज्ञेय के बारे में।

वे नगर में साहित्य और कला के 'होल टाइमर' थे।

मैंने उन्हें बाजार से अमरूद, दही और चाय की पत्ती के सिवा कुछ खरीदते हुए कभी नहीं देखा।

इन्हें सुनने, इनसे जानने और इनसे सीखने का मेरा बहुत मन करता था, लेकिन इस डर से इनके यहाँ कम जाता था कि कहीं ये लोग मेरे साथ भी 'जायकाओं' जैसा बर्ताव न कर बैठें यानी 'अरे काशी, तुम? अब क्या कहें? ऐसे वक्त आए हो जब लंका जाने की तैयारी कर रहे हैं।' (जबकि कहीं नहीं जाना है।)

जब नामवरजी कहानी को राँड छोड़कर कविता की ओर चले गए तो विजयमोहन ने उसके पहलू में अपनी सीतल पाटी (चटाई) डाल ली।

वे उन दिनों इस नगर में मेरे जैसे अपढ़ कहानीकार के लिए दर्रा-खैबर थे जिससे विदेशी कथा के मुहावरे अलग-अलग कबीलों में मुझ तक आ रहे थे।

'आधुनिकता' विजयमोहन के लिए कोई 'वाद' नहीं थी, वह उनकी जिन्दगी से फूटी थी—एक निर्झर की तरह।

उनके पिता 'बिहार' के एक गाँव केसठ के जमींदार थे लेकिन जमींदारी खत्म हो चुकी थी। वह सिर्फ उनके रहन-सहन, तौर-तरीके और खान-पान में ही रह गई थी। मुझे याद नहीं कि कभी वे केसठ गए हों या उसकी चर्चा की हो।

उनका परिवार था। भाई, भाभी, उनके बच्चे, माँ। बाद में विजयमोहन की भी शादी हुई—एक प्यारी-सी खूबसूरत और समझदार पत्नी। दो बेटे और एक बिटिया। लेकिन विजयमोहन ने नहीं जाना कि उनका अपना एक हरा-भरा घर है। वे आरा तक कुँआरे थे, फिर वे दिल्ली गए, वहाँ मकान था, घर नहीं। शिमला गए, वहाँ भी मकान मिला, घर नहीं। भोपाल में रहे घर के बगैर एक मकान में।

उन्हें घर में रहने की शायद आदत ही नहीं रही।

उनकी अब तक की जिन्दगी मकानों में गुजरी है, घर में नहीं। और भाई साहब, भयानक है यह। आदमी के मानवीय रिश्ते बनते हैं घरों से। घर के अन्दर से अपने-आप एक पदार्थ रिसता रहता है जिसे लासा बोलते हैं और जो एक को दूसरे से लेसता रहता है। जो जोड़ता है, तोड़ता है, फिर जोड़ता है। टूटना भी जुड़ने का ही हिस्सा है।

हमारे दौर की कहानी जब नौवाँ महीना पूरा कर रही थी, विजयमोहन ने बड़े कायदे से जन्माया—एक कुशल नाइन की तरह। 'साठ के बाद की कहानियाँ' का सम्पादन किया और बताया कि इसकी पहचान है—'सम्बन्धों का विघटन'। विमल और दूसरे कई लोग जाने कब से उसका पेट माँड रहे थे। मगर यह पहचान कहानियों की भले रही हो—उनकी अपनी भी थी।

कुछ ही सालों बाद साठ की कहानी बदल गई लेकिन विजयमोहन नहीं बदले।

यों तो कोई भी किसी का दोस्त नहीं होता, फिर भी मैं कहने की हिमाकत कर सकता हूँ कि विजयमोहन मेरे दोस्त हैं लेकिन विजयमोहन से पूछिए। क्या वे दावे से कह सकते हैं कि 'काशी' उनका दोस्त है? अशोक वाजपेयी, विष्णु खरे उनके दोस्त हैं?

दोस्ती की एक उम्र हुआ करती है और हम सारे लोग उसे बहुत पहले गँवा चुके हैं। दिल्ली में अकेले हैं नामवर भी और विजयमोहन भी, लेकिन नामवर का अकेलापन उस 'ब्रह्म' का अकेलापन है जिसके भीतर 'सृष्टि' है, जो जब चाहे तब दुकेला-तिकेला हो लें। मगर विजयमोहन का अकेलापन बेजान खड़ी दीवारों का अकेलापन है—शाम और भोर में दी जानेवाली अजान की तरह, जो धरती छोड़ देती है मगर कहीं नहीं पहुँचती।

मैं जब-जब विजयमोहन को याद करता हूँ, भीमसेन जोशी हो जाना चाहता हूँ। और चाहता हूँ कि कोई ऐसा राग बनाऊँ जिसमें भीगी हुई लम्बी कराह का कभी खत्म न होनेवाला अन्तहीन आलाप हो।

और वह आलाप शाम को लिया जाए।

और पूरा दिन दिन न हो, सिर्फ शाम हो।

मेरे जमाने की इस सबसे खूबसूरत और बेजोड़ प्रतिभा ने जिन्दगी से सिर्फ एक ही चीज माँगी थी—'एक अच्छी-सी शाम।'

जहाँ चारों ओर सन्नाटा हो, एक बड़ा-सा ड्राइंग रूम हो, एक कोने में रेकार्ड प्लेयर हो, बेगम अख्तर, फरीदा खान, भीमसेन जोशी, कुमार गन्धर्व, रविशंकर, अली अकबर खाँ आदि-आदि के रेकाड्र्स हों, जिनके सुरों के साथ अगरबत्ती या सेंट की महक भी निकलती रहे, एक खूबसूरत-सी लड़की हो, जिसके दिल में

उनके लिए प्यार हो—अगर वह न हो तो गिने-चुने मन के दोस्त हों हालाँकि वही हो तो ज्यादा अच्छा और बीच की मेज पर अच्छी-सी स्कॉच या जिन हो और हों दो-चार गिलास—यही शाम।

लेकिन यह शाम न आरा में सम्भव थी, न बनारस में, वे इसी की तलाश में दिल्ली पहुँचे। दिल्ली में सबकुछ था—संग-साथ भी, ड्राइंग रूम भी, रेकार्ड्स भी, शायद फरीदा खानम भी—मगर जो था, वह अपना नहीं। साथ ही न वहाँ शाम थी, न कोई काम।

पहुँचे शिमला आखिरकार। वहाँ शाम भी मिली और काम भी। उनकी मनचाही जगह। यह जरूर है कि दोस्त-मित्र दिल्ली और मैदानों में छूट गए थे और उनकी यादें तंग करती थीं, मगर पहाड़ और बर्फ और हरियाली और फुलवारी ये उनके सपने थे और वे पूरे हो ही रहे थे कि डॉक्टरों ने कहा—पहाड़ सूट नहीं करता, मैदान में जाओ।

और संयोग देखिए कि मैदान में ऐसी जगह मिली जहाँ मैदान का मैदान और पहाड़ का पहाड़। शामला हिल्स, भोपाल। आधुनिक संस्कृति और कला का चकलाघर। जहाँ शाम ही शाम होती है, दिन नहीं, बल्कि शाम ही दिन हुआ करती है...सोचा, अब विजयमोहन सन्तुष्ट होंगे, प्रसन्न होंगे और एक बार उन्हें देखने गया—और विजयमोहन इतने प्यार और उछाह से गले मिले कि आँखें भर आईं। बँगले की वही दीवारें और वही अकेलापन। सारा कुछ था, मगर कुछ भी नहीं।

'साहब' को दोस्त समझने का भ्रम पाले जिए जा रहे थे वे।

आयोजन पर आयोजन हो रहे थे, मगर वे कहीं नहीं थे।

वहाँ शामें चौबीस घंटे थीं लेकिन वह शाम—जिसकी तमन्ना थी उन्हें और अब भी जिसकी तलाश में थे—जाने कहाँ छूट गई थी?

साठ के दिनों में विजयमोहन के मुँह से एक शब्द सुनता रहता था—'नास्टेल्जिया'। समझा था कि यह भी मलेरिया, फाइलेरिया, हिस्टीरिया की तरह की कोई चीज है।

लेकिन जिस तरह आज कवि केदारनाथ जी दिल्ली में शाम को अपने घर से बाहर निकलते समय जेब में भुने हुए चने रख लिया करते हैं कि कौन जाने, कहाँ इनकी जरूरत आ पड़े, वैसे ही विजयमोहन से जब कभी किसी कहानी की बात करता था, वे अपनी जेब में हाथ डाल देते थे और 'नास्टेल्जिया' निकालकर उसे पीटने लगते थे।

वे भावुक थे लेकिन कहानी में भावुकता नापसन्द करते थे।

वे रोमांटिक थे लेकिन कहानी में रोमांटिकता नापसन्द करते थे।

विजयमोहन के साथ मेरी हजारों शामें गुजरी हैं इस बनारस में।

मैंने उनके साथ काश्मीर और डलहौजी की यात्राएँ की हैं, उन्हें निकट से देखा है, जानने और समझने की कोशिश की है मैंने। वे कहानियाँ गले के ऊपर से लिखते हैं मगर आलोचनाएँ समूचे मन से। विसंगतियों और विडम्बनाओं से बिंधा उनका व्यक्तित्व कहानियों की आलोचनाओं में खुलने लगता है और जब वह सचमुच खुलने लगता है, विजयमोहन ठेंपी मार देते हैं।

यह ठेंपी उनके व्यक्तित्व के हर मुहाने पर पड़ी हुई है।

वे जो कुछ करते हैं, अपनी नहीं, दूसरों की इच्छा से। मैं जानता हूँ, अपने अनुभवों के सीमित दायरे के बावजूद वे वह कर सकते हैं जो हममें से कोई नहीं कर सकता लेकिन उनसे यह कौन कहे और कितनी बार कहे?

और जब अपनी ही इच्छा न रहे तो दूसरों के कहने से क्या?

हालाँकि विजयमोहन के पास इसके खिलाफ तर्क होंगे। वह कह सकते हैं कि जिन्दगी ने कब मुझे चैन से जीने दिया? कब मुझे एक जगह टिकने दिया? मैं पिछले तीस सालों से यहाँ से वहाँ सिर्फ भटक ही तो रहा हूँ—एक खानाबदोश की तरह।

लेकिन विजयमोहन! इसके लिए कौन जिम्मेदार है?

आप अपनी शाम की चिन्ता करें और दूसरे आपकी—है कोई ऐसा इस जमाने में?

विजयमोहन! मेरे दोस्त! मेरे भाई! मेरे बाप! मन से निकाल दो कि नामवर, केदार, बच्चन सिंह, विष्णु खरे, अशोक वाजपेयी या कोई और तुम्हारे लिए वह शाम मुहय्या करेगा।

हम उम्र के जिस मुकाम की ओर बढ़ रहे हैं, उसे देखते हुए डॉक्टर तुमसे एक दिन बोले कि अब तुम इस 'शाम' के काबिल नहीं, इसके पहले जाओ, हिम्मत बाँधो और वह जहाँ कहीं मिले, उसे भगा लाओ।

'अचारी जी!' (आचार्य जी) दूधनाथ बोलता था विजयमोहन को।

लगभग बीस साल पहले की बात होगी यह। मैंने, विजयमोहन और ज्ञानरंजन ने इलाहाबाद में 'सिविल लाइंस' से रम का एक अद्धा खरीदा। समस्या आई कि कहाँ बैठा जाए। विजयमोहन ने कहा, 'चलो, दूधनाथ के यहाँ चलते हैं'।

ज्ञान ने घड़ी देखी, 'रात के दस बज रहे हैं। वह सो रहा होगा।'

'सो क्या रहा होगा साला? जगाया जाएगा।' मैंने कहा।

गरमी की रात। हमने एक रिक्शा लिया, पावदान के पास बर्फ की सिल्ली का एक बड़ा टुकड़ा रखा और तीनों जन बैठकर चले...दूधनाथ के घर के आगे घुप अँधेरा। उसके लॉन में तीन मच्छरदानियाँ। विजयमोहन ने आवाज दी। दूधनाथ हड़बड़ाकर उठा, 'अरे, तुम लोग?'

'अबे हाथ गल रहा है, जल्दी दरवाजा खोलो?'

उसने दरवाजा खोला, बत्ती जलाई और पहले अचारी जी को गले लगाया, फिर मेरी ओर देखकर हँसते हुए बढ़ा, 'अरे साले तू? कसिया?'

'अबे, बर्फ के लिए जल्दी ला बर्तन।' मैंने फिर कहा।

वह दौड़ा हुआ गया और किचेन से एक चमचमाता कुकर ले आया।

'इसी में रखो। ऊपर से, यूँ देखो, बन्द कर देंगे, गलेगी नहीं।'

हमने एक जोरदार ठहाका लगाया उसकी इस हिकमत पर। उसकी समझ में नहीं आया कि इसमें हँसी की क्या बात है?

'आज ही खरीदा है गुरु! इसे उद्घाटन ही समझो।' वह खुश होकर बोला।

विजयमोहन ने सुनाया, 'यही हाल काशी का है। इसके यहाँ पहुँचा जून में एक दिन दोपहर बारह बजे। भयानक धूप और गरमी। यह जा रहा था फिल्म देखने। इसने शायद उसी दिन ट्यूबलाइट लगवाई थी। इसने कहा, विजयमोहन जी, आप ट्यूबलाइट जलाकर आराम करें, मैं तीन बजे तक आ रहा हूँ।—मैं सोचने लगा कि ट्यूबलाइट का आराम से क्या सम्बन्ध? वह भी इस लू और अन्धड़ में!

'इसी तरह,' हम जब बोतल खोलकर बैठ गए तो विजयमोहन—जिन्हें मेरी बेवकूफियों के किस्से सुनाने में बड़ा मजा आता था—बोले, 'एक दिन काशी आया मेरे घर। मैं अन्दर से तैयार होकर आया तो क्या देखता हूँ कि यह कमीज उतारकर पीठ पर, गरदन पर, बगल में, छाती पर 'विम' उँडेले जा रहा है। मैं चिल्लाया—अरेरेरे, यह क्या कर रहे हो? उसने कहा—बहुत पसीना हो रहा है, जरा पाउडर...!

'मैंने लपककर विम का डिब्बा छीन लिया—अरे बेवकूफ, यह पाउडर नहीं है!' हम हँसते रहे और आधी रात तक पीते रहे।

यह दूधनाथ से मेरी दूसरी मुलाकात थी।

पहली मुलाकात तो ऐसी थी जिसे भूल नहीं सकता।

मैं व्याकरण कार्यालय में सौ रुपए की नौकरी कर रहा था सन् '64 में। जून के महीने में साइकिल से पसीने में तर दो बजे दोपहरबाद घर पहुँचा तो देखा—आगे वाले कमरे में नंगी खटिया पर कोई लेटा हुआ है।

'कौन है?' मैंने पत्नी से पूछा।

बताया उन्होंने, 'दूधनाथ।'

'दूधनाथ कहानीकार?' चौंककर मैंने कहा।

दूधनाथ एक बड़ा लेखक था उन दिनों। पत्रिकाओं में प्राय: उसकी कहानियाँ, कविताएँ, लेख, टिप्पणियाँ देखा करता था। उसके मुकाबले मैं बच्चा था। मुझे भीतर खुशी हुई कि उसकी नजर में मैं भी लेखक हूँ, वरना यहाँ क्यों आता?

'दूधनाथ!' मैंने उसे धीमे स्वर में आवाज दी।

उसने आँखें खोलीं और मुस्कराया।

मैंने गले से मिलाने के लिए अपने हाथ बढ़ा दिये।

उसने उठने की कोशिश की और खटिया पर भहरा गया।

'साले!' वह उठा और मैंने बाँहों में समेट लिया। वह बोला, 'कसिया!'

'अचानक कैसे?' मैंने पूछा।

'अरे पूछो मत यार! गाजीपुर से चला आ रहा हूँ, उठता-बैठता, गिरता-पड़ता कैसे पहुँचा हूँ तुम्हारे घर तक, होश नहीं है।'

'पैदल?'

'तब क्या?' वह बोला। हम खटिया पर बैठ गए थे।

'पैसे नहीं थे क्या?' मैंने आश्चर्य से पूछा।

'रहे होते तो मुझे कुत्ते ने काटा था?' वह मेरे अविश्वास को ताड़ गया।

मैं भाव-विह्वल हो उठा। हे भगवान्, तुम्हारे पास सारी मुसीबतें केवल लेखकों के लिए ही हैं? बताओ, सत्तर-अस्सी मील पैदल चलकर आ रहा है यह लेखक!

'जाना कहाँ है तुम्हें?'

'इलाहाबाद। लेकिन तुम चिन्ता न करो। जैसे गाजीपुर से बनारस आया हूँ, वैसे बनारस से इलाहाबाद पहुँच जाऊँगा। कल तक न सही, परसों तक। नरसों तक।'

'कितना किराया होता है इलाहाबाद का?'

वह मुस्कराते हुए मुझे कुछ देर तक घूरता रहा, फिर हँसा, 'साले, पता है, कौन-सी तारीख है आज? अट्ठाईस। महीने का अन्तिम दिन। कहाँ से इन्तजाम करोगे?'

'अरे तू बोल तो।' मैंने जोर देकर कहा।

'कुछ खास नहीं। बीस रुपए भी हों तो चल जाएगा।'

उन दिनों इतना कम नहीं होता था। पन्द्रह तारीख से उधार शुरू हो जाता था मेरे यहाँ। लेकिन मैंने अपनी चिन्ता जाहिर नहीं होने दी।

'अच्छा, तो तू आराम कर। मैं देखता हूँ।' मैंने कहा और बन्दोबस्त के लिए निकल पड़ा।

इसके बाद दूधनाथ से दो-चार साल में कभी भेंट हुई, कभी नहीं हुई। वह भी बाहर किसी-न-किसी जलसे में। वहाँ भी उसी 'साले' और 'कसिया' और 'हँसी' और 'चमकते दाँतों' के साथ।

अपने दौर का सबसे तेज-तर्रार युवक! सबसे अधिक पढ़ा और बहुश्रुत। हमले और बचाव की कला में माहिर। बदमाशी करनेवाले किसी वक्ता पर पिल पड़े तो वह उसके पंजों के नीचे 'कें-कें' करने लगे। यही मैं जानता था दूधनाथ को।

लेकिन मैं उसके बारे में बराबर सुनता रहा किसी-न-किसी इलाहाबादी से ही—'अरे दूधनाथ? वह झुट्ठा? उसकी बात का विश्वास करते हो?'...'यार काशी, तुम्हारा मित्र है वह। उसे समझाओ, कभी सच भी बोला करे।'...'मत करो

उसकी बात। उसे दिल्ली जाना है तो कहेगा, कलकत्ता जा रहा हूँ।'...'आजकल भिड़ा रखा है उसने अमुक को तमुक से।'...'भइया, उसकी माया भगवान ही जाने! कल तक जो महाशय गालियाँ देते फिर रहे थे, आज उसकी तारीफ के पुल बँध रहे हैं। पता नहीं, कौन-सा मंतर मारा है उसने!'

एक मित्र ने तो बहुत उदास और दुखी होकर कहा था एक बार, 'सुनोगे उसका? मैं अमुक मुहल्ले में किराए का कमरा लेकर रह रहा था उन दिनों। दूधनाथ भी बेकार था। शाम को आठ बजे पहुँचा—घबराया हुआ। बोला—यार, समस्या आ गई है। गाँव से चाची आई है और घर में कुछ नहीं। मैंने कहा—चिन्ता न करो! नौकर खाना पका रहा है, उसी में से ले जाओ। खाओ तुम दोनों। उसने कहा—नहीं, कायदे का खाना चाहिए, सामनेवाले होटल से दिला दो। मैंने कहा—ठीक। अगर होटल का खाना खा सकें तो वही ले जाओ...भैया, वह गया—चिकेन दो प्याजा, सींक कबाब, तंदूरी रोटियाँ, दही-बड़े, आइसक्रीम, रसगुल्ले...जाने क्या-क्या बँधवा लाया। बिल सत्तर रुपए। मैंने कहा—यार, बड़ी शौकीन हैं तुम्हारी चाची...अब बताओ! उसने सही-सही बताया होता तो कुछ बिगड़ गया होता?'

गरज कि दूधनाथ से दुनिया-भर की शिकायतें और वह भी उसके झूठ की।

गरज यह भी कि वह इलाहाबाद की जबान था, गोया दूधनाथ नहीं तो इलाहाबाद नहीं।

मित्रो, सारी चर्चाएँ होती रहीं लेकिन कभी किसी ने यह चर्चा नहीं की कि वह झूठ क्यों बोला आखिरकार? किसने उसके अन्दर यह लत पैदा की? क्यों की?

अगर दूधनाथ से पूछा जाए कि सच बोलने का सिला क्या दिया तुम्हें इलाहाबाद ने तो बातें समझ में आएँ। शायद पचासों उदाहरण होंगे उसके पास, लेकिन न कभी मैंने पूछा, न उसने बताया।

इलाहाबाद का ही पढ़ा-लिखा, सारी प्रतिभा के बावजूद दर-दर का मारा, अन्तर्जातीय विवाह के कारण घर से दुत्कारा, दूसरों की किताबों की प्रूफरीडरी करके जिसने यौवन गुजारा—ऐसा नौजवान अपने ही नगर में काम के लिए एड़ियाँ घिसता रहे, फालतू का विरोध सहता रहे, लोगों के उपहासों और मजाकों के बीच यहाँ से वहाँ नाचता रहे, आज किसी तरह परसों का जुगाड़ बिठाया ही था कि कल पत्ता साफ—इससे उसके अन्दर असुरक्षा का भय पैदा न हो तो क्या हो?

दूधनाथ का झूठ दूधनाथ पर नहीं, इलाहाबाद ही साहित्यिक संस्कृति पर करारी टिप्पणी है।

मित्रो, आपमें से बहुतों को लग सकता है कि काशी अपना 'समधियाना' निभा रहा है, क्योंकि हमारी पिछली पीढ़ी और आज की राजनीति ने यही संस्कार दिय है आपको।

(यहीं पर अगर जान बख्श पाऊँ तो एक छोटा-सा क्षेपक गाऊँ। पिछले दिनों राजेन्द्र यादव मिले मुझसे। 'नई कहानी' के दिनों के जाने-माने कथाकार और 'हंस' के सम्पादक। इसी बनारस में। तीस साल में पहली बार। जाते-जाते बोले, 'मैंने अबकी जाना तुम्हें। कहानीकारों की चर्चा में बार-बार जिक्र करके नामवर ने बड़ा नुकसान किया तुम्हारा।' मैं हँसकर रह गया क्योंकि जो बोलता, वह उनकी समझ में न आता। कौन बतलाए कि तरह-तरह के आरोपों के तमाम खतरे उठा के नामवर ने एक आलोचक के नैतिक साहस का परिचय दिया। नुकसान तो उनका होता और वह भी तब, जब वे भाई मानकर चुप मार गए होते।)

तो जैसा आपने जाना, दूधनाथ समधी है मेरा। समधी होने का किस्सा कम दिलचस्प नहीं है। एक शाम कालिया ने अपने घर पर पूछा, 'कहो काशी, गुड्डी तो बड़ी हो गई होगी?'

मैंने कहा, 'यार, चिन्ता हो रही है। कोई लड़का बताओ न?'

उसने कहा, 'दूधनाथ से मिलो। उसका बेटा आया है इन दिनों।'

'अरे वह झूठा, बदमाश, हरामी!' मैंने उसे पचास गालियाँ दीं मगर उठ खड़ा हुआ।

चलते-चलते कालिया ने कहा, 'और एक बात सुनो। तुम बस देख आओ। बाकी ज्ञान है, हम हैं, और लोग हैं। इसलिए कह रहा हूँ कि उसका बेटा बड़ा खूबसूरत और होनहार है। आई.आई.टी. कानपुर का पढ़ा। तीन-चार नौकरियों के ऑफर हैं उसकी जेब में। उसके लिए मारामारी हो रही है इलाहाबाद में। लाखों की बोलियाँ लग रही हैं...बस, देख आओ। अपने बाप पर बिल्कुल नहीं गया है।'

पहुँचते ही दूधनाथ ने स्कूटर निकाला और कहा, 'चलो, आज चिकेन खाया जाएगा।'

स्कूटर के पीछे बैठा मैं उसके कान के पास मुँह ले जाकर बोला, 'दूधनाथ! अपने लड़के की शादी करोगे मेरी बेटी से?'

'साले!' वह ठठाकर हँसा और सड़क के किनारे स्कूटर खड़ा कर उतर गया, 'क्या बोले, जरा फिर से कहो?'

मैंने दुहरा दिया।

'तुम गम्भीरता से कह रहे हो?' उसने हँसते हुए पूछा।

'तब क्या मजाक कर रहा हूँ?'

'रुको, अब मैं पूछ रहा हूँ।' वह बोला, 'तुम अपनी बेटी की शादी करोगे मेरे लड़के से?'

और हम दोनों ने एक-दूसरे को बाँहों में बाँध लिया। यह था इलाहाबाद की जबानों और कानों का दूधनाथ।

और दूधनाथ ने उस तरह शादी की जैसे बेटा ही नहीं, बेटी भी उसी की हो!

मुझे याद है, विवाह के बाद मड़वे में जमीन पर एक कम्बल बिछाकर, हम दोनों साथ ही लेटे और दूसरे कम्बल के नीचे ठंड से काँपते हुए वह अपने बच्चों के सुख के सपने सजाता रहा।

भोर में अभी देर थी। बाराती 'गेस्ट हाउस' में थे और घराती घर में। हम दोनों आँगन में मड़वे के नीचे दाँत किटकिटा रहे थे।

मैंने उससे धीरे से पूछा, 'दूधनाथ! जाड़ा ज्यादा है, थोड़ी-सी लोगे? रम या व्हिस्की?'

उसने आँखें मेरी ओर घुमाईं। उनमें खुशी के आँसू थे।

'यह यज्ञ था काशी। एक अनुष्ठान। आज कुछ नहीं।'

सन् '70 के बाद दूधनाथ ने अपना जीना स्थगित कर दिया था और अपने बच्चों में जीने लगा था और अठारह वर्षों तक लगातार उन्हीं की जिन्दगी जीता रहा।

लोगो! मैं सरेआम कह रहा हूँ कि हम दोस्तों में सबसे गए-बीते बाप विजयमोहन थे। मैं उनसे उन्नीस नहीं था, ज्ञान कैसा था यह वही जाने, ममता ममता भी थी और कालिया भी, मगर देखना हो कि हमारी पीढ़ी का 'पिता' कैसा होता था, तो दूधनाथ को देखो।

उसके दुश्मन भी कहते हैं कि कोई उससे 'पिता' होना सीखे।

'पिता' शब्द सुनते ही किसी भी पाठक को याद आ सकता है ज्ञानरंजन।

मेरा जीना हराम कर रखा है इस ससुरे ने। उसे 'मसि-कागद' छुए हुए बीस साल गुजर गए और तब से मैं लगातार लिखता रहा हूँ। अच्छा से अच्छा भी और बुरा से बुरा भी। नामवर तो नामवर, हाथ में कलम पकड़नेवाला समीक्षा का एक अदना राहगीर भी कहानी की चर्चा करता है तो बोलता है—ज्ञानरंजन और काशी।

बुढ़ापा आ गया, दाढ़ी-बाल सफेद हो गए, चश्मा नाक से सरककर नथने पर आ गया लेकिन कभी नहीं सुना—काशी और ज्ञानरंजन।

कभी-कभी मन करता है, उसे पटककर, उसकी छाती पर सवार होकर उसका टेंटुआ दबाकर किचकिचाते हुए उससे पूछूँ, 'साले, आज बता दे, तू कहानी की कौन-सी कला जानता है जो हम नहीं जानते?'

यह ज्ञान मेरा दोस्त है, जिसके सीने में दिल की जगह मेरे लिए भी पोस्टकार्ड है। कुछ भी लिखो, चाहे जितनी गम्भीर बात—आएगा टाइप किया हुआ पोस्टकार्ड ही और वह भी दो लाइन का। अगर मैं लिखूँ कि—'अब मेरे आगे आत्महत्या करने के सिवा और कोई चारा नहीं,' तो उसका जवाब आएगा—'हिम्मत मत हारो, यह उचित नहीं।'

मेरे दोस्तों में सबसे न्यारा। इसे मैं उतना भी नहीं जानता जितना कालिया को, मगर जाने क्या है उसमें कि दिल की बात इन चारों में से किसी से करनी होती है तो

इसी से करता हूँ, जबकि मिला मैं इससे सबके बाद...अब यह तो मेरे बगैर बताए आप समझ जाएँगे कि हमारे मिलन की—चाहे वह अलग-अलग हो, चाहे सामूहिक—भाषा गालियाँ और पसली तोड़ आलिंगन है।

जब पहली बार मिले तो साथ में विजयमोहन थे।

हमने माली को पटाकर अपने हाथों से तोड़-तोड़कर 'खुसरोबाग' में अमरूद खाए और ज्ञान को लिए-दिए बनारस का कार्यक्रम बनाया।

ट्रेन में बैठे—बगैर टिकट। भीड़ बेइंतहा। बिछाई चादर पाखाने के बगल में और शुरू हो गए। लड़की को पता हो या न हो, दिल हम तीनों के बेकरार रहते थे। उमर ही ऐसी थी। विजयमोहन ने शुरू किया जोहराबाई-अंबाला और सहगल से। जिसको कहीं न गाना आए, वह ट्रेन में गाए। उतार-चढ़ाव, द्रुत, विलम्बित, कम्पन—सारी कमियाँ छिप जाती हैं। विजयमोहन को तो जानता था लेकिन ज्ञान? फिल्मों के मामले में कमाल का ज्ञानी निकला। उस समय तक की कोई ऐसी फिल्म नहीं, जिसके गाने उसे याद नहीं। और राग के क्या कहने! बेगम अख्तर के दो दादरे उसने गाए जिनके सुर साधने में मैंने महीनों लगा दिए। एक था—'हमार कहा मानो—राजाजी हो।' दूसरा—'देखा-देखी बलम होइ जाए।'

इसी गायक और हुल्लड़बाज ज्ञान से दूसरी भेंट हुई पटना में। सन् '71 में। आयोजन नन्दकिशोर नवल का था। पहले दिन की गोष्ठी के बाद हम घूम-घामकर, खा-पीकर, थककर सोए ही थे कि उसने कीर्तन शुरू किया :

बम भोलेनाथ! बम भोलेनाथ!
हम चलेंगे साथ, ले के हाथ में हाथ
तेरी बहन के साथ...बम भोलेनाथ!
जानी आओ अन्दर में
कोई नहीं है मन्दर में
साधु-सन्त सब सोए पड़े हैं
भोलेनाथ! बम भोलेनाथ!

शुद्ध रूप से लुच्चों और लफंगों का गीत। लेकिन हर कमरे में गाते हुए लेखक-कवि निकल आए और कीर्तन का समाँ बँध गया। इसी में अपनी पतली (?) कमर लचकाते हुए कुमार विकल ने गाया था—'सारीयाँ बीबीयाँ आइयाँ, हरजीत कौर ना आई।'

इसके बाद से मध्यप्रदेश में मेरा आना-जाना शुरू हुआ।

मैं यह देखकर दंग रह गया कि यह कम्बख्त तो आदमी नहीं, चुम्बक है। चाहे जिस शहर में जाओ, जिस भी नए लेखक से मिलो, वह 'ज्ञान दादा' के बारे में बोले बगैर न मानेगा। 'यह कविता ज्ञान दादा सुन चुके हैं।'...'उनके सुझाव पर मैंने इसे

इस तरह लिखा।'...'यह कहानी ज्ञान दादा को भी पसन्द है।'...'ज्ञान दादा के कहने पर इसे दुबारा लिखा।'...'ज्ञान दादा के पास इसे सुनने की फुर्सत ही नहीं है।'...'फिलहाल तो ज्ञान दादा के ही कहने पर मैं यह काम कर रहा हूँ।' मैं सोचता कि साला आदमी है कि भूत? दिखाई कहीं नहीं पड़ता, सुनाई हर जगह पड़ता है!

और उसे सुनने के दिन आए।

सन् '80 का पहला विराट राष्ट्रीय आयोजन। प्रगतिशील लेखक महासंघ का। गहमागहमी का माहौल। हिन्दी और दूसरी भाषाओं के सैकड़ों बड़े और छोटे लेखक। मैं चकित रह गया भारत-भर में फैले उसके सम्पर्कों, हमदर्दों, मददगारों और कार्यकर्ताओं को देखकर। एक कमरे में दरी पर बैठा ज्ञान—एक छोटा-सा ब्रीफकेस लिये, फैली हुई तमाम पत्रिकाएँ, चिट्ठियाँ-पत्रियाँ, लोग आ रहे हैं, जा रहे हैं, भागदौड़ कर रहे हैं, किड़बिड़ा रहे हैं, शिकायतें कर रहे हैं, ले रहे हैं, दे रहे हैं, उल्टा-सीधा बक रहे हैं—मगर वह शान्त। चेहरे पर कोई तनाव नहीं, उल्टे हँसी-मजाक—'हम बहुत देर से देख रहे हैं तुम्हें। साले, तुम यहाँ लौंडियाबाजी करने आए हो कि काम करने? यह उठाओ और वहाँ पहुँचा आओ!'...'बच्चू, जो करना है, करो, लेकिन यह न भूलो कि यह जबलपुर है। पिट गए तो हम तो नहीं जानते।'...'ऐं? एक बात सुनो। तुम्हारे बाप का कर्ज खाया है इन सबने, ऐं? कर्ज खाया है? हफ्ते-भर से परेशान हैं सब लोग और तुम्हें मटरगश्ती सूझ रही है? लो, पहले चाय पियो।'...'और तुम गुरु, किसी चक्कर में जा रहे हो या पेशाब करने। बताओ, इस समय सेमिनार में कौन बोल रहा है?'...'यार, तुम्हारे जैसा चमाड़िया आदमी देखा नहीं। एक काम दिया, वह भी नहीं कर सके।'...'का रे कसिया, बड़े हीरो बने फिर रहे हो? साले, मैं यहाँ मरा जा रहा हूँ और तुम्हें फुर्सत नहीं कि पाँच मिनट बैठो!'

वह अड़तालीस घंटे उसी एक कमरे में बैठा रहा—न कहीं आना, न जाना। खा-पी रहा भी है या नहीं, मुझे नहीं मालूम। यह जरूर है कि इतना बड़ा आयोजन—जिसमें सभी प्रान्तों, भाषाओं, पीढ़ियों के चार-पाँच सौ लोग हों—अकेले उसके बूते का नहीं था, उसके पीछे पूरे मध्यप्रदेश की रचनात्मक ऊर्जा थी, परसाई का निर्देशन था, लेकिन वह आदमी जिसे मैं फंटूश, अपने में मस्त, आत्मकेन्द्रित, गैरजिम्मेदार, कहानीकार सम्पादक समझता था, साहित्य के एक भूमिगत नेता के रूप में नजर आने लगा।

मुझे यह देखकर और हैरत हुई कि उसके अधिकांश रिश्ते साहित्य से बाहर के हैं। यही नहीं, वह मुहल्ले के रिक्शेवालों, ठेलेवालों, पान-बीड़ीवालों, परचून के दुकानदारों, सब्जीवालों से उसी अधिकार और मुहब्बत से बातें करता है, जैसे रमाकान्त श्रीवास्तव या भगवत रावत से।

उस आयोजन में भी वह सिर्फ सुनाई पड़ा, दिखाई नहीं।

और शायद यही उसके 'प्रिय' होने का राज हो!

मैंने किसी भी मंच पर उसे 'माइक' के आगे खड़ा नहीं देखा। अव्वल तो वह आयोजनों को बाहर से देखेगा, सुनेगा, अन्दर आएगा नहीं और आएगा भी तो कहीं भीड़ में या पीछे बैठेगा। संयोजक वह हमेशा रहेगा लेकिन उसकी तरफ से दूसरा बोलेगा।

इससे लोगों को गलतफहमी भी होती है। वे कहते रहते हैं कि 'बोल नहीं सकता'...'बैठे-बैठे तिकड़म करता रहता है'...'ब्यौरेबाज है'...'इनको उनसे भिड़ाना उसका काम है'...'चापलूसों और 'हाँ' में 'हाँ' मिलानेवालों से घिरा हुआ है'...'कायथवाद मचा रखा है।' जाने क्या-क्या? मगर केदारनाथ जी जैसी दो-चार लोकोत्तर विभूतियों को छोड़ दिया जाए तो वह आदमी क्या, जिसके बारे में उल्टा-सीधा कहने के लिए किसी के पास कुछ न हो?

और इससे भी मजेदार बात यह कि कहनेवालों में 'शिकायत' या 'निन्दा' की टोन नहीं होती। वे उसे इतना प्यार करते हैं, इतना सम्मान देते हैं कि नहीं चाहते कि उस इनसान में किसी किस्म का घटियापन आए। ऐसा कुछ न करे कि वे लज्जित हों। मैं भूल नहीं सकता कि सन् '80 में ही महर्षि महेश योगी से सम्बद्ध दैनिक 'हितवाद' के किसी प्रसंग में ज्ञान की चर्चा करते समय बारह बजे रात को मेरे साथ रिक्शे पर जाते हुए मुक्तिबोध के शिष्य-मित्र कवि मलय फूट-फूटकर रोने लगे थे, 'पार्टनर, तुम समझाओ उसे। तुम्हीं समझा सकते हो।'

ज्ञान मध्यप्रदेश की प्रतिभाओं की नर्सरी है। मेरे सामने एक युवा कवि ने ज्ञान से शिकायत की, 'दादा, इतने साल हो गए प्रगतिशील लेखक संघ में काम करते हुए। मैंने कई बार आपको कविताएँ दीं मगर आपने नहीं छापीं। और यह गोरख पांडेय—जो हमें गालियाँ देते हैं—संगठन के खिलाफ हैं—उन्हें छापते हैं आप।'

ज्ञान ने उसका नाम लेते हुए बड़े प्यार से समझाया, 'देखो, कितनी बार कह चुके हैं तुमसे। संगठन और साहित्य—दोनों को एक मत करो। और दूसरे, हम कविताएँ छापते हैं, नारे नहीं। शर्त यह है कि वे कविताएँ हों—संगठन चाहे जो हो।'

इसी तरह उससे एक बार किसी ने कहा, 'दादा, विनोदकुमार शुक्ल के साथ हम अच्छा नहीं कर रहे हैं। एक सिंसियर कवि और लेखक हैं वे। उन्हें नहीं खोना चाहिए हमें।'

ज्ञान बोला, 'यह हम भी मानते हैं लेकिन यह भी मानते हैं कि आप हर जगह से फायदा नहीं उठा सकते। अगर आप एक संगठन में हैं तो थोड़ा नुकसान के लिए भी तैयार रहिए।'

तो यह है एक सम्पादक और संगठनकर्ता ज्ञान, लेखक होना तो उसने बीस साल पहले बन्द कर दिया। उसके पास अनुभवों का जखीरा है लेकिन कलम कैसे पकड़ा जाता है, भूल गया है उसे। लोग कहते हैं, बदले हुए जमाने के साथ वह

कदम नहीं मिला पा रहा है, मगर यह बात तो तब समझ में आती जब उसने कभी कदम बढ़ाने की कोशिश की होती।

बहरहाल, माई डियर गन्नू! दूधनथवा ने लिखना शुरू करके मुझे डरा दिया है, लेकिन तेरी चुप्पी मुझे बल दे रही है। भगवान न करे कि फिर से लिखने का खयाल आए तेरे जी में!

मित्रो! मेरे पास दोस्ती का एक आजमाया हुआ नुस्खा है। हालाँकि मेरे सभी दोस्त किसी वैद्यराज की तरह इसे अपने साथ लिये स्वर्ग सिधारना चाहते हैं, लेकिन उनकी नाराजगी मोल लेकर भी आपसे बता देना चाहता हूँ। चाहें तो आप भी इसका फायदा उठाएँ। नुस्खे की सारी बातें बताना तो सम्भव नहीं, हाँ, दो-चार याद रखें :

—एक-दूसरे की कहानियों के बारे में न आमने-सामने बात करें, न चिट्ठी-पत्री में।

—बहस करें तो दूसरों के साहित्य के बारे में, राष्ट्रीय-अन्तर्राष्ट्रीय समस्याओं के बारे में, या शाम बिताने की जगह के बारे में।

—एक-दूसरे को खराब से खराब लिखने का अधिकार दें—चाहे कालिया हो, चाहे काशी। अच्छा लिखनेवाले खुद-ब-खुद बन्द कर देंगे।

—अगर किसी पत्रिका का सम्पादन करें तो मित्रों के बारे में समीक्षा न छापें और अगर छापें तो खिलाफ।

—अगर घर में कोई हादसा हो जाए या खुद गम्भीर रूप से बीमार पड़ जाएँ तो इसकी भनक दोस्तों को न लगने दें।

नुस्खे की और बातें बाद में, फिर कभी।

हम पाँचों इसी नुस्खे पर चल रहे हैं और देखिए, सुखी हैं।

धुआँ-धुआँ यादें

शिवरानी देवी

सन् 1953 की जुलाई।

पहली बार शहर बनारस आया था भैया के साथ। गोदौलिया पर गिरजाघर चौराहे के पास 'सरस्वती प्रेस' में ठहरा था महीने भर के लिए। शायद भैया की यह व्यवस्था प्रेस के मैनेजर जगत शंखधर ने की थी—तब तक के लिए जब तक किराए का मकान न मिल जाए।

कमरा पहली मंजिल पर था—एकदम कोने में गोदौलिया से लक्सा जानेवाली रोड की ओर खुलता हुआ। कमरे के आगे दो-ढाई फीट की गैलरी थी रेलिंग के साथ। वहीं खड़े होकर या बैठकर मैं पूरे दिन नीचे आने-जानेवालों को देखता रहता था। वहाँ से ऊब जाता तो सीढ़ियों से नीचे उतरकर गली के मुहाने पर खड़ा रहता। इससे आगे नहीं जाता अकेले—डर यह कि कहीं खो न जाएँ।

'सरस्वती प्रेस' के सामने थोड़ा हट के गोदौलिया का रिक्शा स्टैंड था और उसके पीछे टिन के शेड में होटल। यह होटल रिक्शा चालकों और मजदूरों के लिए था। वहीं से दोपहर की थालियाँ आती थीं हम दोनों भाइयों के लिए। रोटी, दाल और आलू की तरकारी। शाम का खाना नहीं खाते थे हम। गाँव से सत्तू, गुड़, दर्रे की ढूंढ़िया, लाई-चना, फूल की दो कटोरियाँ और गिलास लाया गया था, उससे काम चल जाता।

भैया दिन भर पता नहीं, कहाँ-कहाँ घूमते रहते। मुझे वे एक बार बाँस फाटक या ज्ञानवापी पर 'प्रेमचन्द गृह' ले गए थे। वह क़िताबों की दुकान थी। एक दिन बहुत जिद की तो निशात सिनेमाघर में एक फिल्म दिखाई। नाम था 'रतन' जिसमें बड़े अच्छे-अच्छे गाने थे।

'सरस्वती प्रेस' की इमारत उस क्षेत्र की सबसे बड़ी और चौड़ी इमारत थी। लाल ईंटों वाली। लेकिन जो भी हलचल थी, वह नीचे ही थी। ऊपर यानी पहली मंजिल पर एकदम उजाड़ और सन्नाटा। किसी भूतबंगले या खंडहर की तरह।

एक दिन जब मैं सीढ़ियों से नीचे उतर रहा था, बीच आँगन के उस पार डोर पर सूखने के लिए डाली गई दो साड़ियाँ और तौलिया देखीं। साड़ियाँ सफेद थीं और बॉर्डर नीला। मुझे खुशी भी हुई और डर भी लगा। खुशी इस बात से कि और भी आदमी-जन हैं इसमें, अकेले नहीं हैं हम और डर इस बात से कि जाने कौन हैं? आवाज तक नहीं सुनाई देती!

मैं भैया से भोजपुरी में ही बोलता था। दिमाग में यह बैठ गया था कि खड़ी बोली स्कूल और कॉलेज के लिए होती है और भोजपुरी घर के लिए। पूछा, 'इसमें और कोई है क्या?'

"हाँ, शिवरानी देवी रहती हैं।"

मैं प्रेमचन्द को तो जानता था, शिवरानी देवी को नहीं। उन्होंने बताया कि प्रेमचन्द की पत्नी हैं।

उत्सुकता हुई देखने की और संयोग यह कि एक दिन सीढ़ियों की ओर जा ही रहा था कि नहाने के बाद वे डोर पर साड़ी फैलाती दिख गईं। नीले किनारों वाली सफेद खादी की साड़ी, ठिंगना कद, सफेद बाल, गोरा रंग। थोड़ी झुकी हुईं। उन्होंने मुझे अपनी तरफ आते नहीं देखा लेकिन जाने क्या हुआ कि लपककर मैंने उनके चरण छू लिये।

"खुश रहो!" उनके मुँह से निकला—आदतन धीरे से।

जब मैंने सिर उठाया तो वे हल्के से मुस्कराईं, फिर सिर का पल्लू ठीक करने लगीं।

बस, इतनी-सी भेंट थी उनसे।

भुवनेश्वर

यह उन दिनों की बात है जब मैं लोलार्क कुंड पर रहता था।

मुझे याद नहीं, मैं किस क्लास में था? शायद बी. ए. में। '57 की बात होनी चाहिए।

साँकल खटखटाया किसी ने। दस-साढ़े दस का समय था। मैं कॉलेज के लिए तैयार हो रहा था। मैंने दरवाजा खोला।

बिना मुझे देखे एक अधेड़नुमा आदमी भीतर घुसा और सीधे बैठक में आ गया।

'नामवर कहाँ है?'

नामवर को नामवर कहनेवाले और भी आते थे घर में लेकिन जिस अधिकार और प्यार के साथ उन्होंने कहा—मेरा साहस नहीं हुआ कि उनका नाम या परिचय पूछूँ।

मैंने भैया को खबर दी और कॉलेज चला गया।

मैंने उनके बारे में न तो कभी भैया से पूछा, न इन्होंने अपने से बताया।

वह मझोले कद और दुहरे बदन के थे। उनका रंग गेहुआँ था। भरा हुआ गोल चेहरा, दाढ़ी-मूँछ की जगह सफेद खूँटिया। चौड़ा माथा। सिर पर सफेद घने खड़े बाल। आँखें पैनी—बेधनेवाली। आत्मविश्वास और रौब से भरी हुई आवाज लेकिन इन सबसे उनके लिबास का कोई मेल नहीं था। बुश्शर्ट और पैंट काफी चीकट और गन्दे थे। शायद चप्पल भी काफी घिस चुकी और टूटी थी।

वे पाँच-छह महीने तक आते रहे—कभी एक बार, कभी दो-तीन बार।

दस-पाँच मिनट से ज्यादा उन्हें घर पर रुकते हुए नहीं देखा।

कभी चाय नहीं पी, कभी नाश्ता नहीं किया, कभी खाना नहीं खाया।

लगता था, उनके और भैया के बीच कोई 'अंडरस्टैंडिंग' है। न वे बोलते थे, न भैया बोलते थे। वे गम्भीर रहते थे और भैया उनसे भी ज्यादा गम्भीर। शायद तनाव में। लेकिन वे घर से निकलते समय हमेशा सन्तुष्ट और जल्दी में दिखाई देते थे।

आखिरी बार। जब वे चले गए तो भैया ने मुझे बुलाया, 'जानते हो, यह कौन हैं? भुवनेश्वर-नाटककार जीनियस हैं। नगर में सब लोग हाथ जोड़ चुके हैं इनसे। एक मैं ही रह गया हूँ इनके लिए। लत पड़ चुकी है शराब की। न चाय पिएँगे, न नाश्ता करेंगे। इन्हें दस-बीस रुपए चाहिए। हर बार और हर रोज। सोनारपुरा में कोई हौली है देसी शराब की। यहाँ से सीधे वहीं जाते हैं। पिएँगे और लुढ़क जाएँगे फुटपाथ या मोरी में। कई बार मरते-मरते बचे हैं एक्सिडेंट में। समझदार इतने हैं कि इन्हें समझाया नहीं जा सकता। आइन्दा जब भी आएँ, इन्हें चाय के लिए पूछो, नाश्ता के लिए पूछो, खाना के लिए पूछो। खाएँ तो खिला दो—चाहे जितनी बार आएँ। मुझे पूछें तो बोल दो—नहीं हैं। पैसा माँगे तो कभी मत देना। इन्हें सिर्फ पैसा चाहिए दारू के लिए।'

और यही हुआ।

वे जब अगली दफा आए, मैंने कहा, 'भैया नहीं हैं।'

'झूठ क्यों बोलते हो?' उन्होंने घूरकर मुझे देखा और आवाज दी, 'नामवर!' क्रोध में उनका स्वर क्रमशः ऊँचा होता गया—दो बार! तीन बार!

'तुम भाई हो उनके?'

'हाँ।'

'निकालो पाँच रुपए! सख्त जरूरत है।'

'मेरे पास कहाँ रुपए? अभी तो पढ़ रहा हूँ।'

'ईडियट! यू...यू लायर।' उनका चेहरा लाल हो गया क्रोध में।

'खाना तैयार है, कहें तो ले आएँ?' मैंने विनम्रता से कहा।

'समझ गया।' बाहर निकलते हुए उन्होंने मुझे देखते हुए जोर से दुबारा कहा, 'समझ गया मैं!'

इसके बाद मैंने फिर कभी न तो उन्हें घर पर देखा, न नगर में।

निराला

यह '60-'61 के दिनों की बात है।

बनारस अन्तिम बार आए थे निराला। कहना कठिन है कि वे खुद आए थे या लाए गए थे।

यह सूचना मुझे नागानन्द मुक्तिकंठ ने दी। बताया कि गायघाट पर कोई गंगाधर मिश्र हैं, उन्हीं के यहाँ महाकवि आए हुए हैं। अगर उनका दर्शन करना है तो आज-कल मत करो, बस, चलो। कल वे रहें, न रहें।

"चलो।" मैंने कहा और हम दोनों ने घाट का रास्ता पकड़ा।

अस्सी घाट से शुरू किया हमने। नागानन्द अपने और निराला के सम्बन्धों के बारे में बताते रहे रास्ते भर। वाचस्पति पाठक उनके रिश्तेदार थे और इलाहाबाद में रहते थे। उन्हीं के साथ नागानन्द कई बार जा चुके थे निराला के यहाँ। उन्हीं के आशीर्वाद से नागानन्द हिन्दी में लिख रहे थे—अंग्रेजी के विद्यार्थी होने के बावजूद। जब उन्होंने पहली बार निराला को अपनी कविताएँ सुनाई थीं तो वे एकटक उन्हें देखते रह गए थे फिर धीरे-से नागानन्द के सिर पर हाथ रखकर बुदबुदाए, 'बेटा, आगे बढ़ो। वाग्देवी तुम्हारी प्रतीक्षा कर रही हैं।' नागानन्द ने यह भी कहा, 'हो सकता है, निराला उन्हें पहचान लें मगर यह भी हो सकता है कि भीड़ में यह पहचान जाहिर न करें।' मणिकर्णिका घाट से आगे बढ़ते-बढ़ते वे मेरे बहाने हिन्दी के शोध छात्रों पर टूट पड़े, 'उनकी नियति क्या है ? कहीं मास्टर हो जाना, एक बोवी ले आना, एक दर्जन बच्चे पैदा करना, उनकी नाक-लार पोंछना, उनमें से किसी को गोद में उठाकर या उँगली पकड़कर तरकारी और परचून की दुकान की जीवन-भर यात्राएँ करना... ।''

गायघाट पर ही गंगाधर मिश्र का दुमंजिला भवन था। वे उस क्षेत्र के प्रतिष्ठित व्यक्ति थे। हमें कोई परेशानी नहीं हुई उनका घर ढूँढ़ने में। वे मिले और प्रेम से अन्दर लिवा गए। बैठका काफी बड़ा था। दीवारों से सटे सोफे थे अतिथियों के बैठने के लिए। उन्होंने हमें बिठाया और सुबह से दोपहर तक की अपनी व्यस्तता बताई। मेज पर पड़ी हुई कुछ मालाओं की ओर संकेत किया और बताया कि ताँता लगा रहा है सुबह से। कितने लोग आ चुके हैं। आनेवालों में ज्यादातर नगर के रईसों के नाम थे—अध्यापकों और लेखकों के नहीं। उन्होंने यह भी बताया कि महाकवि अभी-अभी ऊपर गए हैं आराम करने, इसके पहले यहीं थे। लोग कुछ पूछना चाह रहे थे लेकिन वे 'शेक्सपीयर' के बारे में अंग्रेजी में बोलते रहे फिर कोई छन्द सुनाया कालिदास का—और चले गए। देखिए, आकाशवाणी के डायरेक्टर ने इन महाशय की ड्यूटी लगा रखी है यहाँ पर—जो कुछ बोलें, उसे टेप करने के लिए। और अखबारों के ये फोटोग्राफर हैं, सो अलग!

कमरे में सिर्फ हम दोनों थे और मिश्र जी। और कोई नहीं। सिवा फोटोग्राफरों और आकाशवाणी के कर्मचारी के जो सुबह से थे। मिश्र जी ने हमें नाश्ता कराया। बोले—ऊपर से नीचे उतरने-चढ़ने में तकलीफ होती है उन्हें! इतनी दूर से आप लोग आए हैं तो दर्शन तो करवा ही देंगे लेकिन कुछ देर इन्तजार करना पड़ेगा। सोचता हूँ, दो-चार लोग और आ जाएँ तब उन्हें नीचे बुलाएँ। ऐसे, आप लोग जानते ही होंगे कि महाकवि मूडी हैं, कब क्या कर बैठें कोई नहीं जानता इसलिए जब वे आएँ तब आप जैसे हैं, वैसे ही बैठे रहें। न हिले-डुलें, न उनसे कुछ पूछें। ठीक?...

वे अभी समझा ही रहे थे कि सीढ़ियों के ऊपर से नीचे हॉल पर नजर डालते निराला दिखाई पड़े।

मेरा पूरा शरीर गनगना उठा जैसे। पिछले पाँच-छह सालों से जिन्हें पढ़ता-सुनता आया था, वह 'लिजेंड' कवि-पुरुष सामने था। लेकिन ये वह निराला नहीं थे, जिनकी छवियाँ थीं मेरी आँखों में। न कन्धों को चूमते लम्बे बाल, न नुकीली लहराती दाढ़ी, न चमक भरी बड़ी-बड़ी मोहक आँखें, न भरा-गठा-कसा शरीर। वे मेरे गाँव के बूढ़े सोबरन पहलवान जैसे लग रहे थे—जैसे हर गाँव में होते हैं। सिर और दाढ़ी पर सफेद बालों की खूँटियाँ, बाँहों की झूलती हुई खाल, चौड़े सीने पर ढुलकी छातियाँ, निकले हुए पेट के नीचे सफेद तहमत—वे सँभल-सँभलकर सीढ़ियों से नीचे आए, फिर सिर झुकाए हुए बिना किसी की ओर देखे टेपरेकॉर्डर वाली मेज का चक्कर लगाते हुए सीढ़ी के पास तक गए, फिर रेलिंग के सहारे थके घुटनों से ऊपर चढ़ने लगे। वे जैसे खोए-खोए से थे, जैसे उन्हें पता न हो कि वे कहाँ हैं और क्यों हैं?

इस दौरान टेपरेकॉर्डर चला दिया गया था—लेकिन उसमें उनके चलने की आवाज भी शायद ही आई हो।

बड़े भारी और उदास मन से हम बाहर आए।

'मेरे सामने आने पर जरा देर के लिए वे ठिठके थे, तुमने गौर किया था?' नागानन्द ने पूछा।

मैंने कुछ भी नहीं देखा था ऐसा।

राजकमल चौधरी

सन् '67 के जून महीने में राजकमल चौधरी की मृत्यु हुई।

इसके तीन-चार महीने पहले वे बनारस आए—अन्तिम बार। अस्पताल से छुट्टी लेकर। तीन-चार दिनों के लिए। मेरा उनसे कोई खास सम्बन्ध नहीं था लेकिन जाने क्या था कि वे मुझे प्यार करते थे। 'लोग बिस्तरों पर' कहानी 'आमुख'

में प्रकाशित हुई थी और उस पर अस्पताल से उन्होंने चिट्ठी लिखी थी—प्रशंसा में। उन्हें छोड़कर किसी ने भी कभी उस कहानी की चर्चा नहीं की।

वे रुके थे हम लोगों के मित्र कवि-लेखक शम्भुनाथ मिश्र के घर। वे लोलार्क कुंड आए—सफेद कुर्ता-धोती में। उनकी जेब में एक बोतल थी, जिसमें से निकलती हुई रबर की नली उनके पेशाब की थैली से जुड़ी थी। उनका बायाँ हाथ बराबर बोतल को ही सँभाले था।

वे गले मिले-हहास कर! मेरे साथ धूमिल भी थे घर पर। शायद उनकी धूमिल से पहली भेंट थी यह।

पहले लोलार्क कुंड घूमकर देखा, उसके बाद कहा, 'चलो बोटिंग करें। अस्सी से दशाश्वमेध। फिर पैदल ही शहर घूमा जाएगा।'

'चलिए!' हम चारों तुलसीघाट के लिए चल पड़े। रास्ते में चलते हुए मैंने पूछा, 'डॉक्टर ने अनुमति कैसे दे दी यहाँ आने की?'

'देखो मरना-जीना मुझे है, डॉक्टर को नहीं। इसे मेरी अन्तिम इच्छा समझो।'

उनके चेहरे पर मृत्यु का कोई आतंक नहीं था। वे काफी मौज और मस्ती में थे। नाव में बैठने के बाद धूमिल ने 'कंकावती' और 'मुक्ति-प्रसंग' के सम्बन्ध में चर्चाएँ करनी चाहीं लेकिन वह झुककर पानी उछालते रहे और फेफड़ों में उस पार से आती ठंडी हवा भरते रहे।

दशाश्वमेध उतरकर उन्होंने कहा, 'चलो, आशुतोष भट्टाचार्य के यहाँ चलें और तबला सुनें।'

आशुतोष जी नहीं मिले। उन्होंने कहा, 'चलो, उस्ताद बिस्मिल्ला ख़ाँ से मिला जाए।'

हम हड्हा सराय होते हुए उस्ताद के घर पहुँचे। वे भी कहीं बाहर थे।

अन्त में हम नाटी इमली पहुँचे—शम्भुनाथ के घर। बिस्तरे पर बैठते ही उन्होंने शम्भुनाथ से कहा, 'अली अकबर ख़ाँ और रविशंकर की जुगलबन्दी सुनवाओ।'

शम्भुनाथ ने ग्रामोफोन के रेकार्ड लगाए और वे जुगलबन्दी में सरोद और सितार की बारीकियों पर बातें करते रहे—देर तक।

संगीत की समझ न मुझे थी, न धूमिल को। हम खासा बोर हो रहे थे लेकिन राजकमल के कान बातों के दौरान भी उधर ही लगे हुए थे। जब रेकार्ड बन्द हो गए तो वे बिस्तर से उठकर मेरी बगल में आ गए, 'और बोलो, कैसा चल रहा है बनारस में?'

'अब आप भी सच बता दीजिए कि बनारस कैसे आए—वह भी इस हालत में?' मैंने पूछा।

वे हँसे बड़ी जोर से, 'शम्भुनाथ! ले, बता ही देता हूँ, काशी को।' उन्होंने अपनी एक दिवंगत प्रेमिका का नाम लिया, 'तुमने तो सुना होगा उसके बारे में?

उसी की बहन है यहाँ। लहुराबीर के पास। उस टॉकीज के बगलवाली गली में। मैं भोर में चार बजे रिक्शा लेकर जाता हूँ और गली के मुहाने पर रिक्शा रोकता हूँ। वह अपने घर से आती है चोरी से, उसके साथ दशाश्वमेध घाट जाता हूँ। वहाँ घंटे-डेढ़ घंटेबैठता हूँ घाट पर गंगा किनारे, फिर उसे उसके घर सबके जगने से पहले ही छोड़ते हुए लौट आता हूँ। बस, यही कर रहा हूँ यहाँ। और समझो, इसी के लिए आया हूँ।'

मैं राजकमल के शरमाते और हँसते हुए चेहरे को देखता रहा।

उनकी जेब में बोतल थी और उसकी नली उनके पेशाब की थैली से जुड़ी थी। चलते समय धूमिल ने कहा, 'देखा! दोनों पाँव कब्र में हैं लेकिन आदत से बाज नहीं आएँगे।'

'यह मत देखो।' मैंने कहा, 'जीवन की अन्तिम बूँद तक निचोड़कर पीने का हौसला देखो।'

गरबीली गरीबी वह

चौंतीस वर्षों के लम्बे संग-साथ में सिर्फ दो-ढाई महीने ऐसे रहे हैं जिनमें उन्हें किताब-कॉपी छूने की फुर्सत नहीं मिली थी। ये महीने थे उन्नीस सौ उनसठ के, जब वे चंदौली संसदीय क्षेत्र से लोकसभा का उपचुनाव लड़ रहे थे। त्रिभुवन नारायण सिंह संसद से त्यागपत्र दे चुके थे और यह उन्हीं की सीट थी। उनके विरुद्ध लोहिया लड़कर हार चुके थे और दो महीने चुनाव-अभियान चलाकर, सभाएँ और जनसम्पर्क करके देख चुके थे कि अबकी भी जीतना सम्भव नहीं है। लिहाजा सोशलिस्टों की तरफ से अन्तिम दिन के अन्तिम क्षणों में प्रभुनारायण सिंह का पर्चा दाखिल कराया गया।

अबकी पार्टी ने निर्णय लिया कि वह शहर के बाहर देहात में अपने सिद्धान्तों का प्रचार करेगी—'कम्युनिज्म' को जनता के बीच ले जाएगी, उसे समझाएगी लेकिन इसके लिए कोई प्रभावशाली उम्मीदवार होना चाहिए—जिसे लोग जानते हों और जिसकी प्रतिष्ठा हो। नामवर सिंह उन दिनों काशी विश्वविद्यालय के हिन्दी विभाग में 'लोकप्रियता' के शिखर पर थे और उसी चंदौली क्षेत्र के रहनेवाले थे। वे सन् 52-53 से ही पार्टी के सम्पर्क में थे, लेकिन चुनाव लड़ने की बात उनके दिमाग में न आई थी। काफी सोच-विचार के बाद पार्टी ने उन्हें उम्मीदवार बनाने का फैसला किया।

विभाग का हाल यह था कि जो लोग अध्यक्ष आचार्य द्विवेदी के खिलाफ थे, वे नामवर के खिलाफ थे ही, वे भी ईर्ष्यावश उनके खिलाफ थे जो द्विवेदी जी के प्रिय थे। विश्वविद्यालय प्रशासन में उन्हीं की पैठ भी थी। भैया ने जब घर में चर्चा की तो पिताजी, माँ, मँझले भैया अलफ। पिताजी क्षेत्र को जानते थे और चुनाव का नतीजा भी। नतीजा तो भैया भी जानते थे, लेकिन सवाल पार्टी के आदेश का था। साथ में पैसा भी न था। अधिक से अधिक एक जीप उनके सम्पर्क में थी, लेकिन उसके लिए भी पेट्रोल चाहिए था।

बहरहाल, घर की राय के खिलाफ चुनाव लड़ गए।

वे दिन मुझे याद हैं जब विश्वविद्यालय से लोलार्क कुंड और लोलार्क कुंड से गोदौलिया आने-जाने को छोड़कर रात-दिन पढ़नेवाले और अमन-चैन की जिन्दगी

बसर करनेवाले नामवर ने दो–ढाई महीने तक न रात को रात जाना, न दिन को दिन। जाड़े का मौसम। धूल से अँटा पड़ा शरीर। बिखरे बाल। न ठीक से खाना, न पीना। रात को कभी दो बजे, कभी भोर में चार बजे आते थे, डाक देखते थे और फिर जीप से वापस। कभी सोते या बिस्तरे पर लेटते मैंने नहीं देखा।

विद्यार्थियों, लेखकों, पाठकों, बुद्धिजीवियों के बीच उन्होंने बड़े भाषण दिये हैं। काश, गाँव की अपढ़ जनता के बीच दिये गए वे भाषण आज हमारे पास होते!

लोगों ने वोट तो नहीं दिये, लेकिन वे भाषण आज भी याद रखे हुए हैं।

विश्वविद्यालय ने चुनाव लड़ने की अनुमति नहीं दी।

मुझे याद नहीं कि विश्वविद्यालय से निष्कासन की सूचना उन्हें चुनाव लड़ने के दौरान ही मिली थी या बाद में। बहरहाल, हारने के बाद वे पार्टी ऑफिस से घर आए थे—थके–माँदे। मैंने आज तक ऐसे किसी आदमी की कल्पना नहीं की थी जिसके सारे दुखों, सारी परेशानियों, पराजयों, तिरस्कारों और अपमानों का विकल्प अध्ययन हो। चुनाव हारने और अच्छी–खासी नौकरी जाने का सियापा घर में हो और वह आदमी खर्राटे ले रहा हो या कमरा बन्द करके किसी लेख की तैयारी कर रहा हो या पढ़ी गई किताब से 'नोट्स' ले रहा हो।

वे सोने की तैयारी कर रहे थे। उनके हाथ में कोई पत्रिका थी, जिसे जमुहाई लेते हुए उलट–पुलट रहे थे।

'पता नहीं क्यों, भाभी का दिमाग गरम है।' एक बच्ची प्याले के साथ उनके कमरे में आई और चटाई पर बैठ गई।

भैया ने किताब बन्द की, 'तो चाय उसी पर गर्म की है क्या?'

हम लोग उन्हीं के कमरे में चटाई पर बैठकर चाय पीते थे, उन दिनों। अपने कमरे से माँ आई और वह भी चौखट पर बैठ गई, 'बचवा, चार–पाँच चम्मच गाँव के लिए भी ले देना है!'

'काहे?' मैंने पूछा।

'अरे चुनाव में अबकी रमलोचना गया तो खाते समय चम्मच माँग बैठा। चम्मच था नहीं, कहाँ से देती? घर की इज्जत चली गई!' माँ कहने लगी।

भैया ने चाय में चीनी मिलाते हुए कहा, 'तुम भी क्या बात करती हो माँ? अब घर की इज्जत आकर चम्मच–भर रह गई है!' थोड़ी देर बाद बोले, 'चीनी में जैसे कुछ मिला हुआ है। जितना भी डालो, चाय मीठी ही नहीं होती।'

'हर चीज में मिलावट है, क्या कीजिएगा?' मैंने कहा।

'ठीक कहते हो। अब तो शुद्ध मूर्ख भी नहीं मिलते। अब...(उन्होंने एक नाम लिया) उन्हीं को देखो! उनमें भी धूर्तता और अविश्वास आ गया है!'

मैंने देखा कि जो परेशानियाँ किसी सामान्य आदमी को भीतर तक तोड़ देती हैं, वे ही उस आदमी को और ज्यादा 'क्रियेटिव' और मानवीय बना देती

हैं! ऐसे क्षणों में उनमें हास्य और मजाक की क्षमता अद्‌भुत ढंग से निखरकर सामने आती है।

1959 के मार्च-अप्रैल हमारे जीवन के सबसे मुश्किल महीने थे। भैया की नौकरी खत्म हो चुकी थी। मैंने एम.ए. अन्तिम साल की परीक्षा दे दी थी। आगे का क्या होगा, पता नहीं। छात्रवृत्ति मिलती या न मिलती, पता नहीं। मँझले भैया बी.ए. में दूसरी बार फेल हो चुके थे। शहीद गाँव हाईस्कूल में पढ़ा रहे थे, लेकिन 'मैनेजमेंट' से झगड़ा करके अलग हो चुके थे। भैया उस इंटरमीडिएट कॉलेज के सेक्रेटरी थे, लेकिन इन्हीं के मसले पर त्यागपत्र दे चुके थे। पिताजी रिटायर कर रहे थे और चुनाव लड़ने का निर्णय करके जिस तरह भैया ने 'अपने पैर में कुल्हाड़ी मारी' थी, उससे पिताजी नाराज थे और अकेले खोए-खोए रहते थे। बनारस आ नहीं रहे थे और गाँव में अपना दरवाजा छोड़कर कहीं आते-जाते नहीं थे।

विश्वविद्यालय से निकाले जाने का समाचार शहर के उनके समानधर्मा लोगों के लिए जश्न की तरह था! भैया की जो जगह खाली हुई थी, उसके लिए स्थानीय विद्वानों के सिवा बहुत सारी प्रतिभाएँ जोड़-तोड़ करने और लॉबी बनाने में जुटी थीं। एक तो कोई आता नहीं था, दूसरे जो आते थे, वे भैया को 'दुखी' देखने। 'बाहर से संकुचित, भीतर से फूले-से'। बाहर जाते तो नामवर के 'रोने-धोने' और 'हाय-हाय' करने के मनगढ़न्त किस्से शहर में उछालते।

भैया नियमित शाम को पार्टी ऑफिस जाते। द्विवेदी जी के यहाँ से होते हुए, कभी उधर से लौटते द्विवेदी जी के यहाँ जाते। लेकिन मैंने देखा कि उनकी जिन्दगी का यह पहला या कहिए शायद अन्तिम भी—वक्त था जब वे पंडित जी के यहाँ जाने से बचना चाहते थे। और जाना काफी कम भी कर दिया था उन्होंने। पूछने पर कहते, 'एक तो पंडित जी खुद दुखी हैं, मुझे प्रत्यक्ष देखकर और दुखी होते होंगे। दूसरे, कहीं ऐसा न सोचते हों और खुद न भी सोचते हों तो दूसरे सोचवाने लगें कि देखो, नौकरी के लिए दौड़ रहा है। मैं उन्हें ऐसी किसी उलझन में नहीं डालना चाहता।'

सबसे विलक्षण बात थी उनका उत्साह। मौसम के विपरीत उनमें अजब उत्साह और जोश था। और यह भी है कि न वह घर को दिलासा देने के लिए था, न दिखावे के लिए, न अपने को बहलाने के लिए।

एक दिन जब वे पढ़ते-पढ़ते थक गए तो उठे और कुछ ढूँढ़ने लगे। किताबों की देख-रेख मेरे जिम्मे थी। मैंने पूछा, 'क्या ढूँढ़ रहे हैं?'

उन्होंने बताया कि अपभ्रंश की एक नई किताब लिखने की सोच रहा हूँ। कुछ नोट्स लेने हैं इसलिए रजिस्टर ढूँढ़ रहा हूँ।'

'लेकिन रजिस्टर तो अटेंडेंस के लिए होता है,' मैंने कहा, 'सुना है कि शम्भुनाथ सिंह रजिस्टर पर कविताएँ लिखते हैं।'

'वे उस पर कविताएँ नहीं लिखते, कविताओं की अटेंडेंस लेते हैं।'

वे रोज नाश्ता या भोजन करते समय अपने चुनाव के दौरान घटी घटनाओं, मिलनेवाले लोगों, उनकी बातों के बारे में रोचक किस्से सुनाते—कभी इनके बारे में, कभी उनके बारे में :

—किस तरह लोहिया के गैर-कांग्रेसवाद की कलई खुली? तय हुआ था कि कांग्रेस को हराने के लिए दोनों पार्टियाँ मिलकर चुनाव लड़ेंगी। लोहिया ने दो महीने अपने लिए प्रचार करके देख लिया तो कम्युनिस्ट पार्टी को मैदान में आने के लिए कहा। कहा कि हम बाहर से मदद करेंगे। और पार्टी के पर्चा दाखिल करने के बाद—जब अन्तिम दिन समय खत्म होने में पाँच मिनट रह गए थे तो—प्रभुनारायण का पर्चा दाखिल करवा दिया।

—और भाषणों और प्रचार में उनका दुश्मन कांग्रेस नहीं, जगतनारायण दुबे नहीं, कम्युनिस्ट पार्टी थी। और क्या-क्या हथकंडे अपनाए उन लोगों ने? प्रभुनारायण बेचारे का घर बिक गया है, लड़कियाँ कुँवारी पड़ी हैं, लाखों का कर्ज हो गया है, जमीन-जायदाद गिरवी पड़ी है, हार जाएगा तो राजघाट के पुल से कूदकर आत्महत्या कर लेगा और नामवर तो अभी बच्चा है, पहली बार अनुभव हासिल कर रहा है। उसके लिए तो अभी बहुत समय पड़ा है, वह तो विश्वविद्यालय में नौकरी भी करता है, वह पढ़ाएगा कि जनता का दुख-दर्द सुनने आएगा। और वह जात-पाँत मानता नहीं, कम्युनिस्ट है। ठाकुर तो परभू बाबू हैं।

—तो नतीजा तो हमें मालूम था लेकिन सोशलिस्टों को 'एक्सपोज' करना था, सो किया। पार्टी के लिए जमीन तैयार हो गई है। सैकड़ों नौजवान कार्यकर्ता तैयार हुए हैं। बस, उन्हें संगठित करने-माँजने की जरूरत है। हर गाँव में और हर जगह लोगों ने कहा—'बचवा, अबकी जाने दो। हाँ, दूसरी बार का पक्का समझो। परभू भी तुम्हारा ही भाई-बन्द है। बेघर हो गया है। भिखारी हो गया है। उसका मुँह नहीं देखते? मर जाएगा। पाप न कराओ हमसे। लेकिन अगली बार, स्टाम्प पर लिखा लो।'

—ऐसे भी लोग थे जो कह रहे थे—'बचवा, अरे खड़ा ही होना था तो किसी दूसरी पाल्टी से खड़े होते।'...लाख समझाओ लेकिन कोई असर नहीं।

वे इतने उत्साहित थे कि उन्होंने पार्टी टिकट मिलने पर दूसरी बार चुनाव लड़ने का फैसला किया था। इसीलिए वे कभी-कभी इतवार को क्षेत्र में लोगों से मिलने-जुलने और सम्पर्क बनाए रखने के लिए जाने भी लगे थे।

'एक ओर दूसरी पार्टियों का खर्च! और पता है, हमने कितने में इतना बड़ा चुनाव लड़ा? सिर्फ पाँच हजार! इनमें बारह सौ मेरे थे, सोचो, सिर्फ एक जीप!'

'रोटी-नमक, रोटी-प्याज, जाड़े में सिर्फ एक कम्बल, ओढ़ो भी-बिछाओ भी, ठंड ज्यादा लग रही है तो गाँव के किनारे या बीच में पेड़ पर भोंपू लेकर बैठ जाओ—'हँसिया-बाली जिन्दाबाद!' साइकिल मिली तो मिली, नहीं पैदल, जिले-भर का चप्पा-चप्पा छान रहे हैं। ऐसे-ऐसे घर, ऐसे-ऐसे आदमियों को देखा मैंने काशी कि क्या बताएँ? जब भूख बर्दाश्त न हो और घर में कुछ न हो तो सुर्ती फाँको।' (उन्हें भी पान के अभाव में सुर्ती की लत चुनाव के दौरान ही पड़ी।)...

इसके बाद जब किताब उठाते तो यह सारा कुछ थाली के साथ ही छूट जाता।

पहली मई को 'मई दिवस' था।

पहली मई उनका जन्मदिन था।

पहली मई से उनकी नौकरी खत्म हो रही थी।

लेकिन वे बातें कर रहे थे जनता के बारे में, लोगों के बारे में। वे जैसे जनता को आर-पार देख रहे थे। वह उनके आगे आईने की तरह साफ हो चली थी। उम्मीद की जा रही थी कि हारने के बाद औरों की तरह या जैसा रामजी भैया कर रहे थे—वे भी जनता को गालियाँ देंगे, उसकी भर्त्सना करेंगे, मूर्ख और जाहिल कहेंगे लेकिन ऐसा नहीं था। उसे लेकर उनके भीतर एक दर्द, एक पीड़ा, एक लाचारी थी। वे उसके बारे में बातें करते हुए बेचैन हो उठते थे, 'माई, बाबू, भउजी, बचिया, चचिया, ससुर; मेहरारू, तोहरा क, हमनी क, लुग्गा, दिसा फराकित, के हौ...' एक साँस में जाने कितने ऐसे शब्द बोलते गए, 'यह है ग्राम-कथा। थोड़ा-सा नाच-गान, कुछ देवी-देवता, कुछ लोकगीत और फिर थोड़ी-सी पंचवर्षीय योजना की झलक। ग्राम-कथा हो गई। एक सज्जन हैं जिनके पास तो कहानी की भाषा ही नहीं है। शोध-ग्रन्थ की भाषा बाणभट्ट, भिखारी, ठाकुर कदम ताल चलते हैं उनके यहाँ। हाँ, मार्कंडेय लिख सकते थे, उनमें कहानी का 'सेंस' है मगर वे चालाकी या चतुराई से बाज नहीं आते। पता नहीं, तुम्हें याद है या नहीं—हमारे गाँव में एक पंचायत हुई थी; कालू गोंड, बूधा गोड़िन की। बगीचे में पन्द्रह दिनों तक होती रह गई थी।... हमारे यहाँ पूरब गाँव की छनहर थी। गाय-बैल महीनों तक वहीं बँधते थे। मड़ई लगती थी। हम कँकड़ी अगोरते थे। याद है कुछ? बरसात में घूम-घूमकर करेम का साग खोंटते थे। कौड़िया मिसाव होता था, और भी जाने क्या-क्या? कहीं ये चीजें भी नहीं हैं इनमें?'

'दरअसल इन ग्राम-कथाओं को स्वीकृति क्यों मिल गई, जानते हो?'

वह चटाई पर घुटनों के बल बैठकर सुर्ती मल रहे थे, 'जिन दिनों अमेरिका में विचारोंवाली कहानियाँ लिखी जा रही थीं और लोग किसी विचार को लेकर फार्मूला तैयार कर रहे थे, उसी बीच शेरवुड ऐंडरसन ने 'वाइंसबर्ग ओहायो' में एक छोटे-से कस्बे के लोगों के जीवन्त स्केचेज दिये। लोगों को यह नई चीज दिखी,

लोग उधर ही झुक गए। वह नई कहानियों का बाप बन बैठा। इन ग्राम-कथाकारों की भी सफलता का यही रहस्य है, बस।'

वास्तव में राजेन्द्र यादव और मोहन राकेश ने भी वही किया जो सन् '40 के बाद के कहानीकारों ने किया था, किन्तु इनके विचार और फॉर्मूले कुछ दूसरे ढंग के हैं।

मैंने जिज्ञासा की, 'आप कभी कहानी या उपन्यास लिखने के बारे में नहीं सोचते?'

'नहीं लिख सकता। लिखूँगा तो असफल हो जाऊँगा।'

'मुझे तो ऐसा नहीं लगता।'

'वातावरण शायद दे लूँगा, लेकिन डायलॉग नहीं बनेगा मुझसे।'

'जबकि मेरा खयाल इसके उलट है। आप डायलॉग ही अच्छा लिख सकते हैं।'

'यही तो। मेरे डायलॉग पात्र के डायलॉग होंगे ही नहीं, मेरे ही रह जाएँगे। स्वाभाविकता नहीं आएगी। जैसा गोर्की में था। बड़े बनावटी लगते हैं उसके संवाद।'

उनके चेहरे पर शिकन तक नहीं थी और माँ और हम दोनों भाई भविष्य को लेकर बेहद परेशान चल रहे थे। माँ की समस्या अलग। ज्यादातर वह शहर में रही थी; जब गाँव पर रहना पड़ेगा तो वह कब तक छिपाएगी कि बड़े बेटे की नौकरी छूट गई। सुनकर हँसेंगे लोग। रामजी भैया कहते थे कि यहाँ रहते हुए नौकरी ढूँढ़ी जा सकती थी लेकिन गाँव में तो पता भी नहीं चलेगा। हम हॉस्टल या लॉज में रह तो लेंगे लेकिन गाँव में तो पता भी नहीं चलेगा। हम हॉस्टल या लॉज में रह तो लेंगे लेकिन खर्च कहाँ से देंगे? स्कॉलरशिप मिलेगी या नहीं और मिलेगी तो कब से, पता नहीं।

मुहल्ले के दोस्त-मित्र ऐसे मिलते थे, जैसे अब भेंट नहीं होगी। अगर कभी शहर में रहना भी हुआ तो ऐसा मकान मिलेगा नहीं। शहर के बीच। गंगा पास में। बगल में ऐसा चौराहा। हम उसे छोड़ना नहीं चाहते थे। पूरी व्यवस्था अस्त-व्यस्त हो जाएगी। पिताजी का भय और आतंक अपनी जगह। हमें इन सारी चीजों को सोचकर रुलाई छूटती। प्रायः गुमसुम रहते हम लोग। माँ थी जो अपने स्वभाव के हिसाब से जितना रोती, उससे अधिक गाती। मायूसी के बावजूद घर में माँ ही शक्ति भी थी और स्फूर्ति भी।

भैया के बनारस के इकलौते दोस्त थे नगेन्द्रप्रसाद सिंह, जो आज इस शहर के सबसे बड़े और सम्मानित वकीलों में हैं। उन्होंने सलाह दी कि विश्वविद्यालय से निष्कासन अवैध और गलत है। 'स्टे' आसानी से मिल सकता है, चलो।

दूसरे दिन भैया को लेकर वकील साहब और रुस्तम सैटिन इलाहाबाद गए। हाईकोर्ट के नामी वकील कन्हैयालाल मिश्र तब जीवित थे। ये लोग उनसे मिले।

मिश्रा जी ने सारी बातें सुनने के बाद इन्हें आश्वस्त करते हुए अगले दिन बुलाया, कहा, 'वेरी इंटरेस्टिंग केस। श्योर सक्सेस।'

सड़क पर आने के बाद भैया ठिठक गए, बोले, 'नगेन्द्र, वापस चलो। जिस विश्वविद्यालय में सम्मान के साथ मैंने छह-सात साल पढ़ाया है, उसी विश्वविद्यालय में मैं अदालत के हुक्म से नहीं पढ़ाऊँगा।'

और वे वापस घर लौट आए।

लौटने के बाद उन्होंने घर में अपनी दूसरी कसम सुनाई, 'काशी विश्वविद्यालय की चहारदीवारी के अन्दर कभी भी कदम नहीं रखेंगे।'

वे अक्सर दिन या शाम को लंका जाते—'पीपुल्स बुक डिपो' या 'ग्लोब बुक सेंटर' में। ये दुकानें उन दिनों विश्वविद्यालय के फाटक के बाहर ही थीं। उन्हीं दिनों उनके कई मित्र और रिश्तेदार भी विश्वविद्यालय के अस्पताल में भर्ती हुए, लेकिन वे अन्दर नहीं गए, सो नहीं गए।

इस प्रसंग में सबसे दर्दनाक घटना थी माँ की, जिसे वे सबसे अधिक प्यार करते थे और जो अपने बड़े बेटे पर प्राण निछावर करती थी। उसकी जाँघ की हड्डी टूट गई थी। बुढ़ापे का फ्रैक्चर और वह भी मामूली नहीं। उसे तीन-चार महीने अस्पताल में भर्ती रहना पड़ा। भैया उन दिनों सागर में थे। उन्हें खबर दी गई। माँ उन्हें याद कर-करके रोती रहती थी। भैया आए, आते ही सामान रखा और उसे देखने के लिए घर से चले। लेकिन गेट तक आकर रुक गए। मेरी ओर देखा और उनकी आँखें छलछला आईं, 'माँ से बोल दो, मैं आ गया हूँ। चिन्ता की कोई बात नहीं।'

यह '59-'60 के जाड़ों की बात है।

गर्मी की दो-तीन महीने की छुट्टियों में हमेशा भैया को छोड़कर हम लोग गाँव चले जाते थे।

लोलार्क कुंड से 13 जुलाई, '59 का लिखा भैया का पत्र जीयनपुर में मिला : 'कल दोपहर को इलाहाबाद होते हुए सागर से लौटा। सागर की बात पक्की हो गई। दो-तीन दिन में पत्र आ जाना चाहिए। सम्भवतः 20 जुलाई तक मुझे वहाँ चला जाना पड़ेगा। इसलिए तुम तुरन्त चले आओ—अभी अकेले ही आने की जरूरत है। फिर जैसा तय होगा, किया जाएगा।'

मैं आया, लेकिन अकेले नहीं। साथ में रामजी भैया भी थे। जब हम उन्हें विदा करने स्टेशन गए तो साथ में वकील साहब भी थे और केदारनाथ जी भी। भैया खुश दिखाई पड़ने की कोशिश कर रहे थे, लेकिन थे नहीं। उनसे बनारस छूट रहा था। इस शहर के लिए और सम्बन्धों के लिए गहरा मोह था उनके भीतर। हम लगभग रो रहे थे। उन्होंने पहली सीटी के बाद मुझे अलग ले जाकर कहा, 'सौ रुपए भेज

दिया करेंगे। उसमें किराया, बिजली का बिल, फीस, दवा-दारू—जो हो, करना। राशन घर से ले आना। किसी से उधार न लेना।'

जब वे रामजी भैया की ओर मुड़े तो उन्होंने फफक-फफक रोते हुए कहा, 'बाबुल मोरा नइहरवा छूटो जाए।' इसके बाद तो जो ठहाका लगा कि सारा माहौल ही बदल गया। रामजी भैया चकित कि बात क्या हो गई।

स्टेशन से ही हम दोनों भाई फिर गाँव लौट गए।

जब पहली अगस्त को माँ को लेकर लोलार्क कुंड आए तो भैया का पत्र पड़ा हुआ था : 'आशा है, तुम अब घर से बनारस आ गए होंगे। अभी अगस्त-भर मैं तुम्हें कुछ भी न भेज पाऊँगा। उदय भैया से जो 100/—मिलें, उनसे काम चलाना। और कोई जरूरत पड़े तो वकील साहब से कह देना। सितम्बर के प्रथम सप्ताह में रुपए भेजूँगा।

'यह कहने की जरूरत नहीं कि तुम जिम्मेदार मर्द हो, नाबालिग लड़के नहीं। जिम्मेदारी बेशक अब आई है। लेकिन मुझे पूरी उम्मीद है कि तुम उसे समझदारी के साथ निबाहोगे।'

बहरहाल, अगस्त में नए सिरे से लोलार्क कुंड पर जिन्दगी बसी।

रिजल्ट आ गया था। मैंने रिसर्च के लिए आवेदन कर दिया।

दशहरे की छुट्टियों में भैया आए तो उन्होंने अपने अध्यक्ष आचार्य नन्ददुलारे वाजपेयी के बारे में जो खबरें दीं, वे भैया को देखते हुए चिन्ता पैदा करनेवाली थीं। भैया को आचार्य द्विवेदी के संसर्ग में जो संस्कार मिले थे, वे वाजपेयी जी को रास नहीं आ रहे थे। बड़ी छोटी-छोटी बातें थीं, जिनका सम्बन्ध 'आचार्यत्व' से कम, 'नौकरशाही' से ज्यादा था। मसलन, वाजपेयी जी को पसन्द नहीं था कि उनका कोई अध्यापक उनके आने पर बैठा रहे, या उनकी अनुमति के बिना उनके आगे बैठे, उनके सामने पान खाए, शहर से विश्वविद्यालय उन्हीं की तरह अकेले ताँगे से आए, सभाओं और गोष्ठियों में खुलेआम उनसे असहमति जाहिर करे, उनके विचारों की आलोचना करे। वाजपेयी जी आयोजनों में अपने समर्थकों की पूरी पलटन के साथ जाते थे और नामवर से भी एक सिपहसालार होने की उम्मीद करते थे।

भैया के रुख से लग गया था कि बात बनेगी नहीं।

उन्हीं दिनों किन्हीं प्रसंगों में वाजपेयी जी की बनारस की दो-एक यात्राएँ हुईं। डॉ. रामअवध द्विवेदी के घर की गोष्ठियों ने विद्वानों से मुलाकात का सुयोग भी जुटाया। नामवर सागर में चैन की बंसी बजाएँ, यह कैसे हो सकता था? जर्दे के शौकीन वाजपेयी जी को 'बाबा' की कई अव्वल डिब्बियाँ भेंट की गईं। वाजपेयी जी पान घुलाते और मुस्कराते हुए विदा हुए तो स्थानीय विद्वानों के चेहरे पर खिलान आई।

इन सारे भावों, विभावों और अनुभावों का संयोग घटित हुआ, '60 में हुए 'मध्य प्रदेश हिन्दी साहित्य सम्मेलन' के अधिवेशन में और इसकी निष्पत्ति हुई सागर विश्वविद्यालय से भी नामवर सिंह के निष्कासन में।

30 अप्रैल, 1960 को सागर से लिखा उनका पत्र मिला :

'आज से सागर विश्वविद्यालय में मेरी नौकरी खत्म। 26 अप्रैल को अचानक मुझे रजिस्ट्रार का पत्र मिला। कारण एकदम अज्ञात। पत्र में कुछ नहीं बताया गया है।

घबराना मत। मेरा चित्त एकदम स्थिर है। मेरी ही तरह तुम भी इसे सहज भाव से स्वीकार करना।

मकान छोड़ने या नया मकान लेने की बात, आने पर।'

वे जब सागर से बनारस लौटते हुए इलाहाबाद पहुँचे और अखबार देखा तो पता चला कि काशी विश्वविद्यालय से आचार्य हजारीप्रसाद द्विवेदी भी निष्कासित हो गए हैं।

क्या संयोग था। एक ही समय एक विश्वविद्यालय से गुरु निकाला गया और दूसरे विश्वविद्यालय से शिष्य।

भैया सीधे घर आए, सामान पटका, हाथ-मुँह धोया और कहा, 'चलो, पंडित जी के यहाँ पहले हो लें।' रास्ते में बोले, 'काशी, मैंने तय कर लिया है कि भविष्य में कभी कहीं भी अप्लाई नहीं करूँगा।'

यह उनकी तीसरी कसम थी।

फिर वही बनारस, फिर वही अस्सी चौराहा, फिर वही अस्सी से लेकर गोदौलिया तक की सड़क, फिर वही लोलार्क कुंड।

अब भी भैया जून, '60 से लेकर जनवरी, '65 तक यहीं रहे। न कोई नौकरी, न व्यवसाय, न धंधा। वही किताबें, वही पन्ने, वही कलम। अपने टूटे पैर के साथ माँ अस्पताल से घर आ गई थी। मँझले भैया नौकरी की ओर से निराश हो चले थे। फर्क इतना ही आया था कि भैया के 100 रुपए आने तो बन्द हो गए थे, लेकिन मुझे अपने वजीफे के उतने ही रुपए मिलने शुरू हुए थे। द्विवेदी जी के साथ मेरे रिसर्च का साल-भर पूरा हुआ था, एक साल और बाकी था लेकिन वे बनारस छोड़ चुके थे।

ये दिन थे जब मैं होश में था, समझ आने लगी थी। अगर उन साढ़े चार-पाँच वर्षों को—उनके हर एक दिन को पन्ने की तरह जिल्द में बाँध सका होता तो क्या बात थी?

मैं असल नामवर को देख रहा था—मुझे याद नहीं कि सागर से लौटने पर नगर का कोई साहित्यकार-लेखक घर आया हो और सहानुभूति की तो बात

दीगर, यही जानना चाहा हो कि सागर में कैसी गुजरी, कैसे क्या हुआ? जो शख्स पिछले दस सालों तक नगर की जबान रहा हो, हमेशा दस लोगों से घिरा रहा हो, जिससे बहस करने, सलाह-मशविरा करने दिन-भर लोग आते रहे हों—वही नामवर अब एकदम अकेला था—लेकिन चेहरे पर कहीं कोई तनाव नहीं, थकान नहीं।

वही अस्सी चौराहे पर केदार की चाय की दुकान, पहले की तरह अस्सी से गोदौलिया की पदयात्रा, कोई मिला तो मिला, नहीं अकेले, जेब में पैसे नहीं लेकिन गर्व से तना हुआ सिर, आत्मविश्वास इतना कि धरती का बड़ा से बड़ा आदमी ठेंगे पर, वही सफेद लकदक कुर्ता-धोती, वही गोदौलिया पर 'दी रेस्टोरेंट' की शाम और पार्टी-दफ्तर।

फर्क आया था तो यह कि पहले जहाँ किसी के चाय पिलाने या पान खिलाने पर खा-पी लेते थे, वहीं अब बेहद सावधान हो गए थे। कहीं कोई यह न समझे या बाद में कहे कि अहसान या कृपा कर रहा हो। ऐसे ही पहले जहाँ गोदौलिया रिक्शे पर अकेले आया-जाया करते थे, वहाँ अब पैदल जाते थे—रिक्शे पर, किसी और के पैसे से नहीं। वे किसी को कुछ भी कहने का मौका नहीं देना चाहते थे।

एक घटना मुझे नहीं भूलती। कभी नहीं भूली। मैंने अपने वजीफे के पैसे से एक साइकिल खरीदी और पैसे बचे थे, क्योंकि कई महीने के पैसे एक साथ मिले थे। मैंने दिन में ही भैया को सोते हुए देखकर चुपके से उनके कुर्ते की जेब में एक रुपए का सिक्का डाल दिया था। ज्यादा इसलिए नहीं कि उन्हें सन्देह हो जाएगा। अब शाम को रोज की तरह बाहर जाने के लिए उन्होंने कुर्ता पहना तो मुझे आवाज दी।

मैं गया।

उन्होंने रुपए का सिक्का दिखाकर पूछा, 'यह इस जेब में कैसे आया?'

मैं चुप।

वे कुछ देर खड़े होकर मुझे देखते रहे, फिर कुर्सी पर बैठ गए, 'सुनो! मुझे रोज केवल चार आने की जरूरत पड़ती है। दो आने पान के लिए और दो आने चाय के लिए। गोदौलिया पैदल आता-जाता हूँ। और उतने पैसे कम-से-कम साल-दो साल के लिए हैं मेरे पास। मेरे लिए न तुम्हें चिन्ता करने की जरूरत है, न रामजी को। तुम लोग घर देखो और वहाँ भी जरूरत हो तो मुझसे कहो।'

इसके बाद वे चुप हो गए। उनकी आँखों में कुछ अजीब तरह का भाव था। वे बैठे रहे, मैं भी सिर झुकाए खड़ा रहा। वे बीच-बीच में मेरी ओर देख लेते और फिर सामने ताकने लगते।

'देखो। ये...' उन्होंने हथेली फैलाई जिस पर चवन्नी थी, 'इससे ज्यादा की मुझे जरूरत नहीं।'

वे कब तक उसी तरह बैठे रहे और मैं कब तक खड़ा रहा—मुझे याद नहीं। उस शाम वे बाहर नहीं निकले।

मैं रात-भर जगा रहा और रोता रहा।

इस घटना के बाद मैंने फिर कभी उनकी जेब में पैसा डालने की हिम्मत नहीं की। लेकिन घर छोड़ने के पहले जेब देख लेना उनकी आदत का हिस्सा हो गया। मैंने कई बार देखा कि उनकी जेब दिन-भर खाली रहती थी और शाम को, पता नहीं, कहाँ से उसमें एक चवन्नी चली आती थी। उन दिनों बनारस में मुख्यतः दो तरह के लोग थे जिनके साथ उनका बैठना भी था और जिनसे उनकी बहसें भी होती थीं एक समुदाय था केदारनाथ, विजयमोहन, शालिग्राम शुक्ल, अक्ष्योभ्येश्वरी प्रताप का। यह वस्तुतः केदार जी की मंडली थी। ये कवि-लेखक प्रायः एक ही स्थान या उसके आसपास रहते थे और जब भी चाय पीने निकलते, नामवर जी को साथ ले लेते या चाय पीने के बाद लोलार्क कुंड चले आते। उनकी बहसें या तो सार्त्र, काफ्का, कामू के साहित्य और दर्शन पर होतीं या श्रीकान्त वर्मा द्वारा सम्पादित 'कृति' पत्रिका के नए अंक पर—उसके किसी लेख या पहली बार प्रकाशित किसी कवि या कहानीकार की रचनाओं पर। केदार जी 'तीसरा सप्तक' के कवि के रूप में सम्मान पा चुके थे और बहस में उनकी बातें काफी अहमियत रखती थीं। ये सभी लोग 'कृति', 'ज्ञानोदय', 'कहानी', 'नई कहानियाँ', 'धर्मयुग' आदि साप्ताहिक-मासिक पत्रिकाओं में छपी रचनाओं से इस कदर वाकिफ रहते थे कि इनके चौकन्नेपन पर मुझे आश्चर्य होता था। यही नहीं, अभी-अभी बाजार में आई कोई भी नई किताब दूसरे दिन इनमें से किसी-न-किसी के हाथ में नजर आती।

लेकिन इन्हें हैरत तब होती जब बातचीत के दौरान पाते कि नामवर जी या तो इसे पढ़ चुके हैं या पढ़ रहे हैं। यही नहीं, उसके बारे में नामवर जी उन्हें और भी सूचनाएँ देने की स्थिति में रहते। अध्ययन और ज्ञान की ऐसी स्पर्द्धात्मक होड़ बनारस में फिर कभी नहीं देखी मैंने।

दूसरी तरह के लोग थे कम्युनिस्ट पार्टी के जिनमें सत्य नारायण सिंह, रुस्तम सैटिन, जवाहरलाल, गिरिजेश राय तथा और भी कई लोग आते या नामवर खुद ही दूसरे-तीसरे दिन इनसे पार्टी ऑफिस में मिलते। मुझे याद है, जब कभी घर पर केदार, विजयमोहन आते और कन्धे पर गमछा रखे किसी बेढब से आदमी को नामवर से बड़ी गम्भीरता से बहस करते या सलाह-मशविरा करते देखते तो एक-दूसरे की आँखों में मुस्कराते हुए वापस लौट जाते या अन्दरवाले कमरे में बैठकर उनके खाली होने का इन्तजार करते।

इनके सिवा जिनके साथ उनकी बैठकी होती थी, वे थे राजनीति विज्ञान के विद्वान लेखक डॉ. गणेशप्रसाद उनियाल, अंग्रेजी विभाग के जी.बी. मोहन तंपी,

जो बाद में 'सोशल साइंटिस्ट' के सम्पादक हुए, इतिहास-संस्कृति के विद्वान डॉ. वी.एस. पाठक, संस्कृत-साहित्य के रतिनाथ झा—गरज कि नाना विषय के कई स्तरों और उम्रों के लोगों से उनकी ऐसी घंटों गुफ्तगू चलती थी कि देखते बनता था। कभी-कभी तो हद हो जाती थी। केदार-विजयमोहन चाय की दुकान में बैठे हुए हैं कि नामवर भागे हुए एक सब्जी की दुकान की तरफ जा रहे हैं—हम देख रहे हैं कि वे दस किलो का कद्दू या कोहड़ा उठाए हुए नंग-धड़ंग, टीका-फटीका लगाए, छह धागों का जनेऊ पहने और पेट फुलाए पंडित से बातें कर रहे हैं—घंटे-भर से। लौटकर बाद में बताते थे कि यह पंडित मधुसूदन शास्त्री थे। 'काव्य-प्रकाश' या 'ध्वन्यालोक' के विषय में कुछ पूछना था।

उन दिनों इन लोगों के बीच एक शब्द चला था—'जायका'। जायका माने स्वाद। वह आदमी जो मूर्ख हो और जिसे पता न हो कि वह मूर्ख है और जिससे मिलने पर इतनी बोरियत हो कि जायका खराब हो जाए—'जायका बिगाड़ाधीश' कहा जाता था। धीरे-धीरे इस मंडली ने 'जायका' को दार्शनिक अर्थ भी दे डाला। 'जायका' एक सार्वदेशिक, सार्वकालिक और सार्वजनीन तत्त्व हुआ। यह थोड़े-बहुत अनुपात में हर किसी में और हर जगह होता है। कभी-कभी उग्र रूप भी धारण कर लेता है। जायका देश के किसी भी कोने में और किसी भी काल में मिल सकता है। बोर करने और मूर्ख होने की मात्रा के आधार पर इसकी कई कोटियाँ बनी थीं।

जब ये लोग सामने से आते हुए किसी ऐसे आदमी को देखते जो और कुछ भी न करे तो कम-से-कम इन लोगों की बहस में बाधा डालता हुआ कुशल-क्षेम, मौसम, भीड़-भाड़, शहर की गन्दगी के ही बारे में बातें करके दस-पन्द्रह मिनट चाट डाले, तो कहते—'जायका आ रहा है, उधर मत देखो।' मगर ऐसे 'जायका-नरेश' भी थे जिनसे बच के आप कहीं जा नहीं सकते थे। ये 'कवि-लेखक' हुआ करते थे जो इन्हीं लोगों की तलाश में निकलते थे। ये लोग चाहें, न चाहें, वे साथ रहेंगे ही। ये बचने के लाख बहाने करते लेकिन वे पिंड नहीं छोड़ते।

'जायका' की इन्हीं कोटियों में सर्वोच्च कोटि थी—'जायका चक्रवर्ती' की। यह सम्मान केवल एक लेखक को दिया गया था जिसे अपनी दस-बारह पृष्ठों की कहानियाँ तक कंठस्थ रहती थीं और जो दुनिया के किसी भी विषय पर होनेवाली बात को खींचकर जबरन अपने कहानी-पाठ पर ले आता था।

नामवर और केदार दोनों एक-दूसरे पर तोहमत लगाते रहते थे :

'जायकाओं से घिरे रहते हैं आप।'

'आपकी सूरत तो देखा चाहिए।'

काम करने का ढंग उनका अपना था। पढ़ते समय हाथ में पेंसिल रहती। किताब खत्म कर लेने पर डायरी में वे जरूरी नोट्स लेते और फिर वह किताब अपनी जगह। वे नाश्ते और भोजन और शाम को छोड़कर बराबर पढ़ते। अगर कुछ लिखना हुआ तो शाम को घूमना भी छोड़ देते। यह सिलसिला रात के बारह-एक तक नियमित चलता। उन्हें इस तरह पढ़ते देखकर एक बार मैंने पूछा था कि क्या और लेखक भी इतना पढ़ते हैं? उन्होंने राहुल जी और अज्ञेय का नाम लिया था—यह कहते हुए कि शायद राहुल जी से तो अब इतना नहीं होता, लेकिन वात्स्यायन जी इससे ज्यादा ही पढ़ते होंगे, कम नहीं।

लेकिन जब उन्हें लिखना होता तो खाना-पीना, रात-दिन का उनके लिए कोई मतलब नहीं रह जाता। लिखने से पहले की तैयारी अजब होती। वे बेचैन-से रहते—कभी लाइब्रेरी से किताबें मँगवाते, कभी 'ग्लोबबुक सेंटर' या 'पीपुल्स बुक डिपो' जाते, कभी घर में ऊपर-नीचे छान मारते—किताबें-पत्रिकाएँ। कभी पता करने के लिए ऐसे लोगों के यहाँ भी चले जाते, जिन्हें घोर नापसन्द करते थे। उस दौरान वे किसी भी लेखक, चाहे वह युवक हो या उनके हमउम्र, से मिलते तो उन्हीं चीजों के बारे में बातें करते जिनके बारे में लिखना होता। कोई नहीं मिलता तो वे भोजन के समय मुझी से बतियाते—यह एकालाप-सा होता। ऐसा लगता, जैसे उलझी हुई किसी चीज को सुलझा रहे हों! वे जब तक उस समस्या या विषय के बारे में स्पष्ट नहीं हो लेते, तब तक लिखना शुरू नहीं करते।

उन दिनों उन्होंने भैरवप्रसाद गुप्त की 'नई कहानियाँ' के लिए 'हाशिए पर' स्तम्भ लिखना शुरू किया था।

वे प्राय: खाने-पीने के बाद रात के बारह बजे दीवार की ओर मुँह करके घुटनों के बल बैठ जाते। हाथ में कलम होती और घुटनों पर पैड। कागज बिना लाइनों का कोरा होता। उनके लिए सबसे मुश्किल होता पहला वाक्य। उन्हें जितना भी वक्त लगता, पहला वाक्य लिखने में लगता। उस जमाने के ऐसे सैकड़ों फुलस्केप पन्ने मिलते हैं जिन पर एक ही वाक्य थोड़े-बहुत हेर-फेर के साथ है—बाकी पन्ना सादा। पहला वाक्य मिल गया और सिलसिला चल निकला, तो उस तरह के स्तम्भ चाहे 'हाशिए पर' के रहे हों, चाहे 'नई कविता पर क्षण-भर' के—एक 'सिटिंग' में लिखे जाते थे। प्राय: वे सुबह लेख खत्म करके आठ-नौ बजे तक तख्त से उठते थे और नहा-धोकर सो जाते थे।

उठने के बाद जो भी पहला आदमी—उनकी पसन्द का समझदार आदमी—मिलता था, उसे पढ़ सुनाते थे। सुनाने के बाद मैंने कभी भी उन्हें 'रिवाइज' करते हुए या संशोधित करते हुए नहीं देखा। वे अपने पक्ष पर हमेशा तर्कों और प्रमाणों के साथ अडिग रहते। आप सहमत हों, न हों, आपकी मर्जी। हाँ, इतना जरूर मुझे

लगता था कि थोड़े ही वक्त के लिए सही, लेकिन असहमत होनेवाला आदमी उन्हें ज्यादा काम का लगता था। वे 'विरोध' और 'असहमति' को अलग-अलग मानते थे। विरोध का मतलब व्यक्ति का विरोध, असहमति का मतलब विचारों की असहमति। इस अर्थ में 'विरोध' का उनके लिए कभी कोई मतलब नहीं रहा।

कभी-कभी जब लेख लम्बा होता था तो वे रात-भर ही नहीं, दिन-भर उसी तरह घुटनों के बल बैठे हुए लिखते रह जाते, यांत्रिक ढंग से खाना खाते और तब तक तख्त नहीं छोड़ते जब तक उसे पूरा न कर लेते।

पूरा होने के बाद वे इस तरह घर से बाहर निकलते, जैसे कई दिनों बाद नहाया-धोया हो और ताजे हों। 'आलोचना' उनके लिए एक सम्पादक या पत्रिका के लिए लेख लिखना-भर नहीं थी। ऐसा लगता था, जैसे वे कुछ व्यक्तियों के सामने नहीं, उस 'इतिहास' के सामने बैठे हों जिसने हजारों साल की यात्रा तय की हो और जिसे अभी बहुत आगे जाना हो। वे उस वक्त अपने दोस्तों-मित्रों या दुश्मनों के नहीं, उसके जवाबदेह होते थे। उनके आगे 'रचनाकार' नहीं, उसका 'रचा हुआ साहित्य' होता है। यह अलग बात है कि उनके आसपास के लोगों ने, जिसमें मैं भी हो सकता हूँ—अपने निकट के या प्रिय लेखकों की रचनाओं की तारीफ करते हुए उन्हें प्रभावित करने की कोशिश की हो। इससे सिर्फ इतना हुआ होगा कि उन्होंने इस 'संस्तुत' रचना को दुबारा पढ़ लिया होगा। लेकिन उनके आत्मीय की राय उनकी राय या पसन्द-नापसन्द हो गई हो—ऐसा मैंने नहीं देखा। इस मायने में भी वे उस नागर सिंह के बेटे हैं, जो खुद के सिवा किसी पर विश्वास नहीं करते थे और कभी-कभी तो अपने सिवा किसी को सही भी नहीं मानते थे।

लिखने के दौरान उनके साथ उनका सर्वोत्तम मनुष्य होता था—तमाम मानवीय गुणों से भरपूर; व्यक्तिगत राग-द्वेष से रहित, क्रोध और तनाव का नामोनिशान नहीं और इस मनुष्य के सामने होता था—कवि, कथाकार का रचा हुआ संसार। नामवर उस 'संसार' को उठाकर साहित्य के समूचे भूगोल और इतिहास के बीच रख देते थे और बड़ी तन्मयता से उसका जायजा लेते थे—इतनी तन्मयता से कि उसका बारीक से बारीक रेशा भी उनकी आँखों से ओझल नहीं होता था। मैंने कई बार देखा है—जब भी इनके लेख को पढ़ने के बाद कोई—यह सोचकर कि शायद इस ओर उनका ध्यान न गया हो—किसी शब्द, वाक्यांश, बिम्ब या प्रतीक की ओर इशारा करता था, वे उसके अगल-बगल ही नहीं, ऊपर-नीचे तक सुना जाते थे।

और नामवर की आँखें! ये आँखें उस बारह बीघे के काश्तकार के लड़के की आँखें थीं जिसे चौदह साल तक जीयनपुर के ऊसर ने बाजरा, सवाँ, गन्ने का रस, मटर की घुँघनी और खारा पानी पिला-खिलाकर पाला था, जो दस वर्षों तक काशी विश्वविद्यालय के विद्यार्थियों की आँख की पुतली था, जो महीनों तक चुनाव के

दौरान रोटी-नमक-प्याज खाकर भूखे-नंगे गाँवों की खाक छानता रहा था; जो पाँच सालों तक जेब में चवन्नी डालकर फुटपाथों के चक्कर लगाता रहा था, जिसे मार्क्सवाद ने दृष्टि दी थी और इसी नगर के टकियल लोग जब घास नहीं डालते थे तो कम्युनिस्ट पार्टी ने सहारा दिया था।

लोग कहते थे और उन्हें दर्द भी था कि 'नामवर ने इनके बारे में लिखा', 'उनके बारे में लिखा', 'मेरे बारे में नहीं लिखा' या 'मेरे बारे में ऐसा लिखा।' मुझे हमेशा लगता था कि नामवर ने किसी के बारे में नहीं, सिर्फ अपने बारे में लिखा है और 'अपने बारे में' का मतलब है जिसमें उसने 'अपने-आप' को सबसे अधिक पाया है। वे हमेशा महसूस करते थे कि साहित्य समूची मनुष्य-जाति का होता है और उस जाति में मुक्तिबोध और नागार्जुन ही नहीं, रघुवीर सहाय और निर्मल वर्मा भी आते हैं।

मेरा अनुभव यही बताता है कि व्यक्ति उनके लिए कभी महत्त्वपूर्ण नहीं रहा। व्यक्ति का अर्थ है कार्य, उसका कार्य उसके अस्तित्व का प्रमाण है। उनके लिए वही व्यक्ति अस्तित्व में है, जिसका साहित्य या रचनाकर्म अस्तित्व में है। मुझे याद नहीं कि उन्होंने किसी व्यक्ति की निन्दा की हो—यहाँ तक कि हिन्दी विभाग के डॉ. शर्मा की भी नहीं, जिनकी द्विवेदी जी के प्रति नाराजगी, नामवर के निष्कासन में व्यक्त हुई थी; नित्यानन्द शर्मा की भी नहीं जिन्होंने जोधपुर में ख्वाहमख्वाह अपने घटियापन के चलते तंग करने में कोई कोर-कसर नहीं छोड़ी थी। यदि किसी ने व्यक्ति की चर्चा की तो वे देखते-देखते उससे होते हुए उसके साहित्य में चले जाते थे या अगर उसका साहित्य इस काबिल नहीं होता था तो तत्काल बात को मोड़ देते थे। ऐसे भी वे व्यक्ति-चर्चा के समय बड़े असहज और गम्भीर हो जाते थे। इसका श्रेय शायद उस आलोचनाकर्म को है, जिसने उन्हें 'रचना' को 'खंड' के रूप में नहीं, 'समग्र' के रूप में देखने की दृष्टि दी थी और एक 'गम्भीर दायित्व' की शक्ल में उन्हें विकसित किया था।

नामवर को जाननेवाले जानते हैं कि वे कविताएँ लिखते थे, कविताएँ छोड़ दीं, ललित निबन्ध लिखते थे, उन्हें भी छोड़ दिया, कहानी-उपन्यास कभी लिखे नहीं, शुरू कीं आलोचनाएँ। आलोचना की एक सीमा होती है, उसका अपना अनुशासन है। आलोचना की उस सीमा और अनुशासन के सामने खड़ा है विविध अनुभवों और कठोर संघर्षों से समृद्ध नामवर का जीवन, जो बार-बार आलोचना के दायरे पर चोट करता है, उसे तोड़ता है, झकझोरता है। उनका अनुभवसम्पन्न जीवन अपने को व्यक्त करने के लिए आलोचना के 'आलम्बन' में अपने लिए 'आश्रय' ढूँढ़ता है। इसीलिए आलोचना के फार्म में जब मुझे कविता, निबन्ध, कहानी के हिस्से की जमीन दिखाई पड़ती है, तो आश्चर्य नहीं होता।

लेकिन 'दूसरी परम्परा की खोज' में तो उन्होंने हद कर दी है। सब जानते हैं कि सन् '51 में काशी विश्वविद्यालय में आने के बाद पंडित जी को जो भी पीड़ा थी, मानसिक पीड़ा थी या बुढ़ापे में काशी छोड़ने की पीड़ा रही होगी। आर्थिक कष्ट नहीं हुआ उन्हें। बेकारी नहीं काटी। विरोध का भी एक स्तर था। समझौते भी कम नहीं किए उन्होंने। 'ब्राह्मण समाज' में पंडित जी अछूत रहे हों या न रहे हों लेकिन 'ठाकुर समाज' में नामवर क्या थे, यह किसी से छिपा नहीं है। इसे वह भी जानते होंगे कि 'सागर', 'जोधपुर', 'दिल्ली विश्वविद्यालय का साक्षात्कार'—किस जगह उन्हें बख्शा इस 'समाज' ने?

उन्होंने पंडित जी के प्रसंग में प्रसाद के चाणक्य का एक संवाद सुनाया है : 'आनन्द समुद्र में शान्तिद्वीप का अधिवासी ब्राह्मण मैं, चन्द्र, सूर्य, नक्षत्र मेरे द्वीप थे, अनन्त आकाश वितान था, शस्य श्यामला कोमला विश्वम्भरा मेरी शय्या थी, बौद्धिक विनोद कर्म था, सन्तोष धन था। उस अपनी ब्राह्मण की जन्मभूमि को छोड़कर कहाँ आ गया? सौहार्द के स्थान पर कुचक्र, फूलों के प्रतिनिधि काँटे, प्रेम के स्थान पर भय। ज्ञानामृत के परिवर्तन में कुमंत्रणा।'

वे हमें 'चन्द्रगुप्त' नाटक पढ़ाते थे और सन् '53 से '59 तक काशी विश्वविद्यालय में हिन्दी पढ़नेवाला हर विद्यार्थी जानता है कि यह उनका कितना प्रिय और आत्मीय संवाद था। शायद यही वजहें थीं कि 'उदय प्रताप कॉलेज' के प्राचार्य जब गोरखपुर विश्वविद्यालय से कॉलेज में शोध केन्द्र खोलने की अनुमति ले आए तो उचित व्यक्ति की तलाश करते हुए उन्हें नामवर का नाम सूझा। उस समय वे दिल्ली में रोजगार के सिलसिले में भटक रहे थे। उन्हीं दिनों प्रिंसिपल का सन्देश उन तक पहुँचा। उन्होंने अपना उत्तर भिजवाया : 'निमंत्रण के लिए धन्यवाद! इस काम के लिए और भी क्षत्रिय मिल जाएँगे आपको। बस!'

ऐसे ही जब '74 में 'मानस चतुश्शती समारोह' के सिलसिले में दिल्ली से बनारस आए तो विश्वविद्यालय ने अन्य विद्वानों के साथ उन्हें भी ताम्रपत्र देकर सम्मानित किया। कुलपति डॉ. कालूलाल श्रीमाली अनेक कारणों से हिन्दी विभाग से क्षुब्ध थे और चाहते थे कि बाहर से ही सही, कोई जाना-माना विद्वान आ जाए तो इस विभाग की गरिमा लौट आए।

श्रीमाली ने आयोजन के बाद ही नामवर सिंह से सम्पर्क किया और उनसे यहाँ आने और नए सिरे से हिन्दी विभाग को बनाने का प्रस्ताव रखा।

भैया जब लौटकर आए तो मैंने कहा, 'चले क्यों नहीं आते?'

उन्होंने उसी तरह निर्विकार भाव से कहा, 'ठाकुरों-बामनों की पॉलिटिक्स करने आऊँ यहाँ? जे. एन. यू. में बहुत मजे में हूँ।'

मेरी याददाश्त में उन्होंने सिर्फ एक बार डॉ. जगन्नाथप्रसाद शर्मा की चर्चा की थी। वह भी अपने प्रसंग में नहीं, पंडित जी के प्रसंग में। वह भी दिसम्बर, '62 ई.

को जब वी. के. कृष्णमेनन ने प्रतिरक्षा मंत्री-पद से त्यागपत्र दिया था। वे नहाने के बाद खड़े होकर बालों में कंघी कर रहे थे और मैं खाना खा रहा था।

मैंने पूछा, 'आज का रूसी साहित्य जो सामुदायिक खेती और पंचवर्षीय योजनाओं का लिखा जा रहा है, उसके बारे में क्या सोचते हैं आप?'

'इस समय तो मैं अपने बालों की रूसियों के ही बारे में सोच रहा हूँ।' वे उसी तरह गम्भीर रहे।

जब उनके दिमाग में पहले से किसी विचार का सिलसिला चलता है तो वे इसी तरह बात को टाल जाते हैं।

'मोरारजी वगैरह ने पंडित नेहरू से कृष्णमेनन का सिर माँगा और उन्होंने दे दिया। वैसे ही जैसे डॉ. शर्मा ने अपने हेडशिप के लिए द्विवेदी जी का सिर माँगा था और उन्हें दे दिया गया था।...सलोमियों की कमी नहीं है इस दुनिया में।'

'सलोमी कौन?' मैंने पूछा।

उन्होंने घूरकर मुझे देखा, 'हद है!'

इसके सिवा शर्मा जी की चर्चा का और कोई सन्दर्भ मुझे याद नहीं।

निष्कर्ष यह कि उन्होंने पंडित जी की 'पीड़ा' में अपनी पीड़ा देखी—लेकिन उनकी पीड़ा पंडित जी की तुलना में कहीं ज्यादा दारुण और दाहक थी। पंडित जी ब्राह्मणों में शूद्र थे, लेकिन ये तो ब्राह्मणों के लिए ठाकुर थे और ठाकुरों के लिए कुजात।

घर की समस्याएँ इस बीच और विकट हो चली थीं। दो साल में किराया बढ़ाने के बावजूद मकान-मालिक ने मकान खाली करने का नोटिस दे दिया था। पिताजी का असन्तोष अपनी जगह था। विजय भैया का लड़का हाईस्कूल पास करने के बाद पढ़ने के लिए शहर आनेवाला था। मँझले भैया चकबन्दी कानूनगो का प्रशिक्षण लेने हरदोई जा चुके थे। और घर की आय वही 100 रु. वजीफा। और यह वजीफा भी अब खत्म होनेवाला था।

हम नाश्ता और खाना साथ करते रहे हैं। यह सिलसिला सन् '53 से शुरू था और आज भी जारी है। यह हमारा सबसे दिलचस्प, जिन्दादिल और यादगार वक्त रहा है। किसी गम्भीर और जटिल समस्या के बारे में कोई बात नहीं होती है। बड़ी हल्की-फुल्की, व्यंग्य-विनोद और मजाकवाली। भैया प्राय: उन चीजों के बारे में बातें करते हैं जो पढ़ रहे होते हैं या देश-दुनिया की राजनीति के बारे में।

वे आर्थिक या पारिवारिक समस्याएँ जो आपको हफ्तों-महीनों से झिंझोड़ रही हों, उसके बारे में ये दो मिनट बात करेंगे—निर्णयात्मक ढंग से, वह भी घर से बाहर जाते समय। रिक्शे या गाड़ी में बैठते-बैठते। या घर में ही हों तो खड़े-खड़े। ऐसे वक्त वे बड़े असहज होते हैं। यानी ऐसा कि कहते हुए डर लगे। उसके बाद किताब खोलेंगे और भूल जाएँगे। ऐसी मुश्किलों ने उन्हें कभी परेशान नहीं किया। और साथ

ही जिन्दगी का कोई ऐसा वक्त नहीं है जब मैंने उन्हें असमंजस में या निर्णय–दुर्बल देखा हो।

वे सबसे अधिक नाराज होते हैं 'गाउंज–माउंज' पर। यानी 'ऐसा तो है, मगर वैसा भी है' पर। वे झल्ला उठते हैं, 'जो कहना है, साफ कहो।'

वे मूर्खता को झेल लेते हैं, मगर पाखंड या कुटिलता या धूर्तता उनके लिए असह्य रही है।

एक बार पढ़ते–पढ़ते वे झटके से उठे और पान खाने चले गए। सड़क पर किसी युवा कहानीकार से मुलाकात हुई और थोड़ी देर बाद लौटे।

'ये लोग ऐसे हैं कि अपनी बात समझाने के लिए उन्हें घंटा–भर भी दे दिया जाए, तो भी नहीं समझा सकते! एक–दो कहानियाँ लिख लीं तो बड़े भारी तोप हो गए।...इसी तरह के सॉफिस्टिकेटेड लोगों को देखकर मेरा मार्क्सिज्म जाग उठता है।'

पता नहीं, क्या बात हो गई थी कि वे उत्तेजित थे, 'ख्रुश्चेव जब स्तालिन को डिनाउंस कर रहे थे तो अमेरिका–इंग्लैंड ने कोई टिप्पणी की थी। उसे सुनकर ख्रुश्चेव ने कहा था कि साम्राज्यवादियों के लिए तो अब भी मैं स्तालिन के साथ हूँ। इसी तरह नई कहानी के कहानीकारों को मैं चाहे जो कुछ कहूँ लेकिन ये लोग जब उन्हें डिनाउंस करेंगे तो मैं अब भी भैरव और उन लेखकों के साथ रहूँगा। अपने–आपको समझते क्या हैं ये लोग!'

'62 की मई में मेरी शादी हुई और घर में एक रेडियो आया। जुलाई–अगस्त में 200/–प्रतिमाह पर व्याकरण कार्यालय में मुझे काम मिला। मँझले भाई ने भरवारी में कानूनगो के रूप में ज्वाइन किया। भैया ने मँझले भाई के ज्वाइन करने के पहले बुलाकर कहा, 'रामजी, तुम्हें तो पता ही है कि मेरी जरूरतें कितनी सीमित हैं। और उतना–भर मेरे पास बराबर रहता है। सिर्फ इतना ही कहना चाहता हूँ कि ऐसा कुछ भी न करना कि मेरा सिर झुके।'

अक्टूबर में भारत–चीन युद्ध हुआ। ये उनके बेहद तनाव और तकलीफ के दिन थे। वे बेचैनी से रेडियो के पास खड़े रहते, अखबार का इन्तजार करते। उन्हें खाना–पीना कुछ अच्छा नहीं लगता। 22 अक्टूबर को बोले, 'चीन अच्छा नहीं कर रहा। परिणाम जो कुछ भी हो, बहुत बुरा होगा।...बहुत–से लोग जोश में हैं, भावावेश में हैं। चाहते हैं, युद्ध हो जाए। सरकार को उत्तेजित करनेवाले बड़ी गलती कर रहे हैं। ऐसे लोग जितना ही अधिक जोश में आते हैं, उतनी ही जल्दी पस्ती में भी आते हैं।

'इस घटना से भारत का सिर बहुत झुक जाएगा। जो नेहरू दुनिया–भर की पंचायत करते हैं, कहीं जाने और रौब के साथ बात करने लायक नहीं रह जाएँगे। इन दिनों चलनेवाली सारी योजनाएँ ठप पड़ जाएँगी। महँगाई–गरीबी बेइन्तहा बढ़ जाएगी।'

वे दिन–रात लेनिन, स्तालिन, माओ की रचनाओं वाले रैक से कोई न कोई भाग उठाते और पढ़ते रहते।

25 दिसम्बर को उन्होंने कहा, 'कोई समाजवादी देश भी किसी समाजवादी देश पर आक्रमण कर सकता है—यह लेनिन के एक पत्र से स्पष्ट है। इसे एंगेल्स ने भी लिखा था बहुत पहले।' इसके बाद बोले, 'चीन के आक्रमण की घटना विश्व की ऐतिहासिक घटना है। ऐसा कभी नहीं हुआ था। पर सबसे अच्छी कविता वही लिख सकता है जो एक सच्चा देशभक्त हो, जो अपने को नेहरू की स्थिति में रखकर सोचे। कोई कम्युनिस्ट ही ऐसी कविता लिख सकता है।'

'62–'63 ई. के सन्दर्भ में एक और प्रसंग उल्लेखनीय है। जातक कहानियों में आता है कि वाराणसी में ब्रह्मदत्त के राज्य करते समय बोधिसत्व ने अमुक योनि में जन्म लिया। यह योनि पशु, पक्षी, पेड़, मनुष्य किसी की भी होती थी। वे जन्म लेते थे और सृष्टि के कल्याण के लिए अच्छे से अच्छा काम करते थे। उन कार्यों में अड़ंगा डालते हुए बोधिसत्व के प्राण लेने की कोशिश करता था देवदत्त। यह देवदत्त बोधिसत्व का जन्मजात जानी दुश्मन हुआ करता था।

यह देवदत्त ब्रह्मदत्त के समय ही नहीं पैदा होता था—कबीर, तुलसी, प्रेमचन्द के समय भी पैदा हुआ था। जिस मुहल्ले में नामवर रहते थे, उसी मुहल्ले में तुलसीदास भी थे और मुहल्लेवाले ब्राह्मणों ने सिर्फ उन्हें ढेलों–पत्थरों से मारा ही नहीं था, गधे पर बिठाकर घुमाया भी था। इसी तरह बनारस को समझने के बाद मेरी पक्की राय है कि घाट पर भोर में लेटे कबीर को ज्ञान गुरु रामानन्द के चरणों से छू जाने के कारण नहीं हुआ, वे रामानन्द के पास गए होंगे, शिष्य बनने के लिए बड़ी चिरौरी–विनती की होगी, गिड़गिड़ाया होगा, 'जोलहा' को म्लेच्छ समझकर गुरु ने दुरदुराया होगा, कोई रास्ता न देखकर थक–हारकर कबीर ने पैर पकड़ा होगा, और क्रुद्ध महात्मा ने पिंड छुड़ाने के लिए दो–चार लात जमा दी होगी। इसके बाद तो ज्ञान के लिए क्या बच रहता है?

नामवर के समय यह देवदत्त एक ग्राम कथाकार की योनि में पैदा हुआ था। भारत–चीन युद्ध के समय से ही पार्टी के लोग या तो 'अंडरग्राउंड' हो रहे थे या गिरफ्तार किए जा रहे थे। देवदत्त के लिए यह एक सुनहला अवसर था। संयोग से उसका रिश्तेदार या मित्र खुफिया विभाग में अफसर होकर आया था और गिरफ्तारी के मोर्चे पर बेहद सक्रिय था। ऐसे ही मौके होते हैं अपना सी.आर. ठीक करने और प्रमोशन पाने के।

इन्हीं दिनों देवदत्त के साथ दो ऐसी मानवीय घटनाएँ घटी थीं, जिन्हें वे टाल नहीं सकते थे। इनमें एक थी—चीन, माओ, लू शुन वगैरह को गालियाँ बकता 'धर्मयुग' में छपा उनका लेख। यह कोई ऐसी अनहोनी बात नहीं थी और उन्हें तो ऐसा लिखने के लिए सोचने की भी जरूरत नहीं थी। बहुत सारे लोग लिख रहे थे ऐसा। मगर दूसरी घटना थोड़ी नाजुक भी थी और पेचीदी भी। मामला देवदत्त के

दिल का था। दिलदार के तरफदारों ने शाम के धुँधलके में किसी जगह 'नहीं-नहीं' में भी दो-चार हाथ दे दिया था। बात जमाने में फैल रही थी और उसे रोका भी नहीं जा सकता था। यह दूसरी घटना उन्हीं के लेख आने के महीने-दो महीने बाद घटी थी।

बदनामी से अपने बचाव के लिए देवदत्त के सामने सिर्फ यही रास्ता था कि इस घटना को लेख से जोड़ दें—और जब नामवर जैसा देशद्रोही कम्युनिस्ट इसी नगर में हो तो इसमें अड़चन किस बात की ?

लिहाजा खुफिया पुलिस को नामवर की तलाश महसूस होने लगी।

नामवर बेचारे हैरान। जिसकी उन्हें जानकारी नहीं, वह उनके माथे। उन्होंने माओ के सारे भाग, 'चाइनीज लिटरेचर' के सभी अंक, रूस-चीन विवाद के कागजात ढूँढ़-ढूँढ़कर स्थानांतरित करने शुरू किए। कई रातें इधर-उधर भी काटीं। उन्हें डर जेल का नहीं था, पिटवाने जैसे गन्दे आरोप का था, जिसकी सात जनम में कल्पना भी नहीं कर सकते थे। यह देवदत्त के मारक प्रयत्नों का एक नमूना है। इसी स्तर के प्रयत्न वे उस समय भी करते थे जब नामवर यहाँ हिन्दी विभाग में पढ़ाते थे और इसके बाद भी—जब वे बनारस में नहीं हैं। इसमें देवदत्त की धुली-पुँछी भव्य छवि बड़ी मददगार रही है।

खैर, जब मामला ठंडा हुआ तो घर आए। एक नए रिश्तेदार आए थे जिनकी खातिरदारी में रोज सुबह नाश्ते के लिए चाय के साथ पकौड़ी, काजू, अंडे, नमकीन वगैरह बन रहे थे। मेहमान जब चले गए तो चाय के साथ वही कच्चे भिगोए चने।

देखते ही खिल गए, बोले, 'क्यों मित्र ? कहाँ चले गए थे तुम ? हमें इस तरह छोड़ के!'

जाड़े की धूप। नहाने के पहले चटाई पर बैठकर भैया तेल मालिश कर रहे थे।

'देखिए, यहाँ कैसी उजली और चटख धूप है लेकिन मैंने सुना है कि इलाहाबाद में गुलाबी धूप होती है।' मैंने कहा।

वे बोले, 'इलाहाबाद में मैदान या सड़कों पर कुछ नहीं होता। जो कुछ भी होता है लोगों के दिमाग में। वहाँ आन्दोलन और विद्रोह भी लोगों के दिमाग में ही होते हैं।'

'तुम क्या पढ़ रहे हो इस समय ?' मेरे हाथ में एक किताब देखकर उन्होंने पूछा।

'कज्जाक।' मैंने तोलस्तोय की किताब दिखाई।

'क्या किस्मत होती है आलोचक की! तुम तोलस्तोय को पढ़ने के लिए स्वतंत्र हो और मैं कचरा कहानियों को पढ़ने के लिए अभिशप्त!'

इसके बाद वे बैठ गए, ''इवान इलिच की मृत्यु' पढ़ी है तुमने? उसे फिर से पढ़ो। जब इवान जीवित था तो मरा हुआ था और जब उसे लगा कि मरनेवाला है, उसकी मौत आ गई है तो वह चौंका, 'अरे, क्या मैं मर जाऊँगा?' उसके इस 'रियलाइजेशन' का क्षण ही उसके जीवन का क्षण था। इस अनुभूति के क्षण वह जीवित था, इसके पहले मृत। वह सोचता है कि अगर अब मैं जीता तो अपनी जिन्दगी नए सिरे से शुरू करता। एक तरफ यह लालसा, दूसरी तरफ व्यंग्य यह कि यदि इस कम्बख्त को आगे जीना पड़ा या इसे फिर जिन्दगी दे दी जाए तब भी वह ऐसे ही जिएगा, जैसे पहले जीता था।'

फिर वे कहानी के उन मार्मिक स्थलों के बारे में बोलते रहे जहाँ इवान की आँखों के सामने से सज-धजकर उसकी बीवी या बेटी निकलती है, बेटा आता-जाता है। अपने कहलानेवाले सारे लोग छोड़ देते हैं, रह जाता है गेरासिम नाम का नौकर।

वे कहते-कहते इतने भावाविष्ट हो गए कि गए और 'तोलस्तोय की कहानियाँ' पुस्तक ही उठा लाए। उन्होंने 'इवान इलिच की मृत्यु' भी पढ़कर सुनाई और 'नाच के बाद' भी।

किताब बन्द करने के बाद बोले, 'देखा? तोलस्तोय का वर्णन दूसरे कथाकारों के वर्णनों की तरह 'किताबी' नहीं होता। उस समय के फ्रांसीसी लेखकों की तरह वह किसी एक चीज का 'विश्लेषण' करते-करते गहराई तक चला जाता है। वह किसी भी चीज को ऐसे देखता है, जैसे धरती पर पहली बार आनेवाला आदमी। 'आदिम' आँखों से।'

वे देर तक तोलस्तोय की तारीफ करते रहे, 'कोई नहीं है दुनिया में इसके जोड़ का!'

एक दिन सबेरे-सबेरे भैया के पुराने विद्यार्थी, उस समय के छात्रसंघ के महासचिव और युवा कहानीकार कामरेड विद्यासागर नौटियाल आए। वे टिहरी में पार्टी का काम भी करते थे और वकालत भी। उन्होंने कोई उपन्यास लिखा था, उसके कुछ परिच्छेद भैया को सुनाए थे।

'नौटियाल साहब! आप जिस भी चैप्टर को लिखें, यह सोचकर लिखें कि यह आपका पहला और अन्तिम चैप्टर है। प्राय: लेखक ऐसा करते हैं कि लिखते समय उनका ध्यान लिखे जानेवाले परिच्छेद पर नहीं, उसके बाद या अन्तिमवाले परिच्छेद पर होता है। यह गलत है।'

इसी प्रसंग में उन्होंने तोलस्तोय के उपन्यास 'अन्ना कैरेनिना' वाला वह अंश पढ़कर सुनाया, जिसमें गाय बछड़ा ब्याती है।

'देख रहे हैं ? तोलस्तोय ऐसे चित्रण कर रहा है, जैसे उसे आगे-पीछे कुछ नहीं लिखना है, वही उसका सबकुछ है।'

अखबारों में भारत-चीन सन्धि की बातें चल रही थीं।

बोले, 'जब रूस और जर्मनी की सन्धि की बात आई तो एक समस्या उठ खड़ी हुई। कम्युनिस्ट वेस्टकोट पहनते हैं। जर्मनों ने कहा कि हमारे यहाँ लांगकोट पहनकर सन्धि-पत्र पर हस्ताक्षर करने का ट्रेडिशन है।

त्रोत्सी को बुरा लगा। उसने इनकार कर दिया और कहा कि यह कम्युनिस्टों की प्रतिष्ठा का प्रश्न है। उन लोगों ने फोन पर तत्काल लेनिन से सम्पर्क किया।

लेनिन ने कहा—महत्त्वपूर्ण चीज कोट नहीं, सन्धि है। यदि वे कहें कि लांगकोट नहीं, पेटीकोट पहनो तब सन्धि होगी तो हमें उसे भी पहनने में नहीं हिचकना चाहिए।'

मेरे साले महेन्द्र प्रताप ने पूछा, 'मुहब्बत और इश्क में कोई फर्क ?'

'जी हाँ, है।'

'कैसे ?'

'मुझे इस देश से मुहब्बत है। यह कोई नहीं कहता कि मुझे अपने देश से इश्क है।'

मैंने उन्हें देखने के लिए एक कहानी दी—'बैलून'। उन्हें बिल्कुल पसन्द नहीं आई। उन्होंने उसमें जगह-जगह पेंसिल से निशान बना डाले थे। उसमें एक वाक्य था—'ऊपर की ओर जरा-सा इधर, नीचे की ओर जरा-सा उधर।' यह एक सपाट शरीरवाली लड़की के सयानी होने के बाद की देह का वर्णन था। इशारा स्तन और नितम्ब की ओर था।

उन्होंने पहले कालिदास का श्लोक सुनाया, फिर बिहारी का दोहा और बोले, 'ढूँढ़ो तो संस्कृत, अपभ्रंश, हिन्दी—तमाम पुराने-नए साहित्य में सैकड़ों उदाहरण मिल जाएँगे जो इससे बेहतर हैं। यह उसी स्थिति की 'पुनरावृत्ति' है और वह भी हल्की और घटिया। उनसे आगे बढ़ के कोई बात की होती तो एक बात भी थी।'

ऐसी ही बात उन्होंने दस-बारह साल बाद भी की थी, जब 'अपना मोर्चा' प्रकाशित हुआ था और मैं उसे लेकर उत्साहित था। मैं उन्हें रिसीव करने स्टेशन गया था। स्टेशन के बाहर रिक्शे पर बैठने के बाद बोले, 'आपने एक नई थीम ली, बहुत अच्छा किया। नए ढंग से लिखा, यह भी अच्छा। लेकिन कल कोई इन्हीं विश्वविद्यालयों और छात्र-आन्दोलनों को लेकर उपन्यास लिखे—बड़ी साइज का और उन सारी बातों को समेटते हुए जिन्हें आपने छोड़ दिया है, तब ? देखो, किसी

भी चीज को छू देना ही काफी नहीं होता, उसे पकड़ो और इस तरह पकड़ो कि दूसरा सिर्फ देखता रहे। यह नहीं कि तुम्हारे हाथ से छूट जाए या फिसल जाए और पकड़ने का श्रेय दूसरा ले जाए। गाँव पर लिखा तो है लोगों ने लेकिन 'मैला आँचल' के आगे वह क्या है? लिखते रहें लोग।'

मैंने लगकर दो-तीन रातों में एक कहानी लिखी—छोटी-सी। मैंने बहुत कोशिश की लेकिन नाम नहीं सूझा। यह मेरा शुरुआती दौर था। जब कहानी बनती थी तो शीर्षक नहीं सूझता था और शीर्षक होता था तो कहानी नहीं बनती थी।

मैंने उन्हें कहानी दी। जब पढ़ लिया तो बुलाया, 'देखो, मैंने कुछ नहीं किया है, कहानी को सिर्फ 'एक अर्थ' दे दिया है। इसका शीर्षक है—'सुख'।'

यही एक कहानी थी जिसमें पेंसिल का कहीं निशान नहीं था, वरना वे पढ़ने के बाद अक्सर कहा करते कि 'ऐसे नहीं, ऐसे लिखा होता तो और बेहतर रहा होता, या इसमें सबकुछ है, कहानी नहीं है, या इसी थीम को जरा यों देखो, या इसका अन्त ऐसा हो तो कैसा हो?' मैं तंग आ जाता।

उस आदमी को सन्तुष्ट कर सकना हमेशा मुश्किल रहा है मेरे लिए।

संदीपन चट्टोपाध्याय—भूखी पीढ़ी के एक बांग्ला कथाकार आए उनसे मिलने एलन गिंसबर्ग के सुझाव पर। गिंसबर्ग बनारस के जिन दो-एक लोगों का सम्मान करते थे, उनमें नामवर भी थे।

ये सन् '63 ई. की जनवरी के आखिरी दिन थे।

संदीपन ने उन्हें अपनी बांग्ला कहानी भी सुनाई। कहानी में किसी सपने का वर्णन था। उन्हें कहानी पसन्द नहीं आई थी और संदीपन से कह दिया था।

'सपना नई कहानी की चीज नहीं है।' वे बोले, 'कहानी में सोचना... सोचना और सोचने में ही कहानी को खत्म कर देना—यह बुरी बात है। कुछ बाहर भी तो हो, घटित होता दिखे। यह और जो कुछ हो, कहानी नहीं है।'

संदीपन के जाने के बाद उसकी तारीफ करते हुए बोले, 'इनका गद्य बहुत अच्छा है। ये सोचते भी अच्छा हैं—बस, कहानी खराब लिखते हैं। अभी कह रहे थे कि लिखते समय कुछ छिपाया क्यों जाए? बिम्ब-प्रतीक की आड़ क्यों लो? मैं जानता हूँ कि ये कहानियाँ मेरी पत्नी, बहन, माँ—घर की सारी औरतें पढ़ेंगी। लेकिन क्या हुआ? कोई बात नहीं। उसमें सम्भोग हो या जो कुछ हो—सब जानते हैं, सब करते हैं। अश्लील इसे लिखना नहीं, इसे छिपाना है। उसने शरत के 'गृहदाह' में वर्णित सम्भोगवाले स्थल का जिक्र किया। उसका कहना था कि लेखक ने साहस किया है। लेकिन मुख्य चीज गायब है। दुनिया-भर के तूफान, झंझावात, पानी, बाढ़, आँधी—सब प्रतीक हैं। लेकिन हिम्मत नहीं पड़ी कि साफ-

साफ लिख सकें। यही बात फिल्मों में है। किसी को मरते हुए बताना हुआ तो दीया बुझा दिया। अगर दिखाना है तो स्क्रीन पर सीधे एक मरते और तड़पते हुए आदमी की तस्वीर पेश करो। पन्द्रह मिनट तक। ऐसी कि रोंगटे खड़े हो जाएँ!'

वे उन दिनों मुझसे लगातार कहानियों के ही बारे में बातें करते थे। विजय या माँ के न रहने पर चाय के समय भी और भोजन के समय भी।

'जिस तरह की नई छोटी-छोटी कहानियाँ आप लोग लिखते हैं, वे 'प्रिमिटिव एलिमेंट' वाली 'मित्रलाभ', 'कथा सरित्सागर', 'हितोपदेश' की कहानियों की याद दिलाती हैं। उन कहानियों में दो तत्त्व खास होते थे—कुतूहल और उपदेश या सोद्देश्यता। यही बातें आज की कहानियों में भी हैं।

'कहानी के लिए बाहर से दीख पड़नेवाली कोई भी अर्थहीन घटना या वाकया लिया जा सकता है। फिर उसमें अर्थ या उद्देश्य भर दिया जाता है। और यह सिद्ध किया जाता है कि जीवन में घटित कोई भी क्षण निरर्थक नहीं है। जैसे कि रघुवीर सहाय की 'सेब'। यही न?'

इस सन्दर्भ में उन्होंने जेम्स ज्वाइस के 'डब्लिनर्स' कहानी-संग्रह की चर्चा की और फिर उसकी कहानी में छिपी 'एपिफैनी' की धारणा समझाई।

मेरी कहानियों के एकमात्र श्रोता भैया के मित्र वकील साहब—नगेन्द्रप्रसाद सिंह—आए थे। उन्हें ऐसी कहानियाँ पसन्द आती थीं जिनमें जुमले हुआ करते थे। मेरा कहना था कि ऐसा कहानीकार जिसे जुमले का चस्का लगता है, एक जुमले के प्रयोग के लोभ में पूरी कहानी नष्ट कर डालता है।

बहस के दौरान बात जुमले से सेटायर और ह्यूमर पर चली गई।

भैया ने कहा, 'सेटायर लिखनेवाला आदमी पापुलर बड़ी जल्दी हो सकता है लेकिन व्यंग्य-लेखकों में श्रेष्ठ कम ही होते हैं। हरिशंकर परसाई अपवाद हैं।

'बर्नार्ड शा पहले बड़ी सीरियस और 'सेंटिमेंटल' ढंग की चीजें लिखा करता था। किसी ने ध्यान नहीं दिया। फिर उसने कुछ सेटायर लिखे और वह चल निकला। उसके बाद तो उसके जीवन की धारा ही बदल गई।'

3 मार्च को इलाहाबाद से मार्कंडेय आए। तब तक नीलकान्त की कुछ कहानियाँ छप चुकी थीं और लोगों का ध्यान भी आकृष्ट कर चुकी थीं। सो, एक तो मार्कंडेय स्वयं चर्चित कहानीकार, दूसरे नए-नए लिखनेवाले दो युवा कहानीकार—नीलकान्त और काशी। इन दोनों युवा कहानीकारों के भाइयों ने '60 के बाद की कहानियों पर खूब बातें कीं—एक दिन, दो दिन, तीन दिन। भैया ने बातें शुरू कीं हम दोनों की कहानियों के सन्दर्भ में : और ये बातें इतनी गम्भीर थीं कि मैं चकित।

शुरू किया था भैया ने हेमिंग्वे की कहानियों से। उनकी यही खासियत थी। साहित्य या राजनीति की एक अदना से अदना नामालूस-सी चीज या समस्या को उठाकर विश्व-साहित्य या विश्व-राजनीति के मानचित्र पर रख देते थे और तब उसका जायजा लेते थे। सम्भव है कि वह मानचित्र हमेशा प्रत्यक्ष न दिखाई पड़े, लेकिन वह उनके दिमाग के एक हिस्से की दीवार पर स्थायी रूप से टँगा रहता था :

'नीलकान्त जी कोई एक बात या घटना लेते हैं और पीछा करते हुए उसके अन्दर भीतर तक चले जाते हैं। इसके उलटा काशीनाथ जी करते हैं। बाहरी दृश्य का चित्रण। 'कंसिस्टेंट' चिन्तन इनके बस की बात नहीं है। मुझे चिन्तन और बोरियतवाली कहानियाँ पसन्द नहीं हैं।'

इसके बाद वे हमारे दौर की कहानियों पर उतर आए, 'जिस तरह छायावाद के बाद बच्चन, दिनकर, भगवतीचरण का युग आया, वैसे मार्कंडेय, यादव के बाद इन लोगों का। स्टेराइल पीरियड। लोग चटपटी और सेंसेशनल चीजें दे रहे हैं। इसमें सन्देह नहीं कि बच्चन वगैरह की तरह ही ये लोग भी 'शार्प' और 'सट्ल' हैं, लेकिन ह्रासोन्मुख।

'अजीब हाल है इन लोगों का। ये लोग न कोई झकझोर देनेवाला विचार देते हैं, न जीवन्त वर्णन ही। बल्कि विचार तो कहानी के अन्त या बीच में जबर्दस्ती ऊपर से लाकर चिपकाया हुआ।

'एक और माने में अजीब दौर है इनका। किसी भी कहानीकार की कोई 'पॉलिटिकल आइडियालॉजी' नहीं है। कोई जीवन-दृष्टि नहीं। इसके बिना बड़ा साहित्य नहीं लिखा जा सकता। इनके पहलेवाले कहानीकार मार्कंडेय, अमरकान्त 'पॉलिटिकल' आन्दोलनों से गुजरनेवाले रहे हैं। जैसे कृश्न चन्दर कोई प्रगतिशील थीम लेकर उसके भीतर चटपटी, सेंसेशनल और वल्गर बातें कहते हैं, वैसे ही ये लोग भी हैं। प्रगतिशील थीम इनके लिए कवच का काम करती है।

'वह दौर गया जब कोई एक कहानी लिखकर कहानीकार बन बैठता था। यहाँ तो इन लोगों को दस साल लिखते रहना होगा। तब जाकर पता चलेगा कि कौन कितने पानी में है।

'अगर थीम के आधार पर अलगाया जाए तो कह सकते हैं कि पहले के कहानीकार जहाँ 'व्यक्ति' को 'सामाजिक पृष्ठभूमि' में रखकर देखते थे, वहाँ ये लोग—इनके लिए 'व्यक्ति निरा व्यक्ति' है। अगर कोई लड़की है और कोई एक अंग, जैसे नाक ही इन्हें भा गई तो वही काफी है। इस बात को छायावादी उदाहरण से भी समझा जा सकता है। जैसे कोई लड़का किसी लड़की से शादी करना चाहता था। अगर उस लड़की से उसकी शादी न हो सकी—किन्हीं कारणों से न हो सकी तो यह उसके जीवन-मरण का प्रश्न हो सकता था। लेकिन इन लोगों के लिए? शादी मनचाही लड़की से हो जाए, तब भी कोई बात नहीं; न हो, तब भी कोई बात नहीं।'

उनका भर्त्सनावाला मूड मार्कंडेय के जाने के बाद भी बना रहा। 9 मार्च को सुबह उन्होंने हेमिंग्वे की कहानी 'हिल्स लाइक व्हाइट एलिफैंट्स' उठाई।

इसके पहले उन्होंने मेरे हाथ में 'गोर्की की चुनी हुई कहानियाँ' देखी थीं। गोर्की उनकी पसन्द का लेखक नहीं था। खासतौर से किसी नए लिखनेवाले के लिए। उनका कहना था कि जब अपनी जमीन बन जाए, हाथ-पाँव दुरुस्त हो लें, जबान काबू में आ जाए तब इस कमबख्त को पढ़ना चाहिए वरना जल्दी प्रभाव में ले लेता है और किसी भी नौसिखुए को खराब कर देता है। उनकी नजर में गोर्की के कथा-साहित्य के बजाय उसकी आत्मकथा के तीनों भाग—'मेरा बचपन', 'जनता के बीच' और 'मेरे विश्वविद्यालय' जरूर पढ़ना चाहिए। इस मायने में वे तारीफ करते थे तुर्गनेव के 'शिकारी के शब्द-चित्र' की। वे कहते थे कि किसी दृश्य का कैसे वर्णन करना चाहिए : यह देखना हो तो तुर्गनेव के शब्द-चित्र पढ़ो।

उन्होंने हेंमिग्वे की कहानी के आरम्भिक वाक्य पढ़े, जिनमें दूसरा वाक्य वे देर तक समझाते रहे, 'तो काशीनाथ जी, इसे कहते हैं आर्ट। कम-से-कम शब्दों के इस्तेमाल से कितना बड़ा परिदृश्य खड़ा किया जा सकता है, यह कोई हेमिंग्वे से सीखे। यही अगर आप लोगों को लिखना हो तो दो पन्ने रंग डालेंगे, फिर भी कोई तस्वीर नहीं उभरेगी।' अन्त में बोले, 'दरअसल दो तरह के कहानीकार होते हैं—एक तो वे हैं, जो कहानियाँ सुनाते हैं; दूसरे वे हैं, जो कहानियाँ दिखाते हैं। मगर आपकी पीढ़ी के लोग हैं कि कहानियाँ सोचते हैं...'

इस पर मैंने एतराज किया तो बोले, 'अपवाद कहाँ नहीं होते भाई? लेकिन कहना चाहता था कि बस, वे दोनों प्रकार की ही कहानियाँ जीवित रहती हैं और कहानी होती हैं।'

पहली अप्रैल को 'मानवतावादी संघ' की गोष्ठी में क्वींस कॉलेज आए। लौटकर आए तो दिलचस्प बातें सुनाईं :

'डॉ. देवराज ने भाषण देते हुए कहा कि भगवान बुद्ध के बाद भारत में कोई भी मौलिक चिन्तक नहीं हुआ।

मैं बोला—अब तक तो मैं नहीं मानता था, लेकिन जब स्वयं आप ही कह रहे हैं तो मान गया।

मैं बोल रहा था कि एक सज्जन खड़े हो गए। ताव में बोले—जो बात मैंने नहीं कही है उस बात को आप मेरे मुँह में क्यों डाल रहे हैं?

इस पर मैंने कहा—जब आप अपनी बात मेरे कान में डाल सकते हैं तो मैं अपनी बात आपके मुँह में क्यों नहीं डाल सकता?'

31 मई। मैं रेडियो पर गाना सुन रहा था, भैया बैठे हुए कुछ नोट्स ले रहे थे।

स्वर किशोर कुमार का था।

मैंने कहा, 'किशोर जब मन से गाता है तो बहुत अच्छा गाता है।'

वे बोले, 'मन से तो सभी गाते हैं लेकिन गले में आकर गाने की कोई और ही शक्ल निकल आती है।'

उसी समय कोई सज्जन 'धर्मयुग' के अंक के साथ आए। भैया ने 'ज्ञानोदय' में राहुल जी पर एक लेख लिखा था। उसी शीर्षक से राहुल जी पर किसी दूसरे ने लेख लिखा था, जिसमें उनकी आलोचना की गई थी। उन्होंने भैया को वह शीर्षक दिखाया।

फिर भैया ने हेगेल का एक उद्धरण सुनाया जो उसने अपने आलोचकों के बारे में कहा था—'ह्वेन मी दे फ्लाई, आई एम दियर विंग्स', यानी मैं वे पंख हूँ जिनके सहारे वे उड़ते हैं, यानी हीगेल की आलोचना के लिए उसके आलोचकों ने उसकी भाषा भी ली, विचार भी लिये। उसके बिना वे उड़ भी नहीं सकते थे।

22 अक्टूबर को घर पर त्रिलोचन और नागानन्द आए। भैया ने प्रयाग शुक्ल का कहानी-संग्रह 'अकेली आकृतियाँ' खत्म किया था।

बोले, 'ओडेन ने कविता के लिए कहा है कि 'पोएट्री इज द गेम आव नालेज।' विटिगिंस्टाइन ने भी ऐसा ही कहा है। लेकिन यह कविता पर ही नहीं, सम्पूर्ण साहित्य पर लागू होता है। कहानी भी एक तरह का गेम है। उसे प्रसन्न, सहज, जीवन्त और जिन्दगी से भरपूर होना चाहिए। 'डल राइटिंग' कभी जीवित नहीं रहती।'

ये बातें सुनकर मैं थोड़ा उत्साहित हुआ और पिछले दिनों की लिखी एक कहानी उठा लाया। शीर्षक था—'बीमारी'। पढ़ सुनाया।

भैया ने कहा, 'इसमें जो औरत है—सोनी : वह 'स्टॉक' चरित्र है। पुराना घिसा-पिटा। उसके बारे में लिखने की जरूरत क्या पड़ी आपको, पहले यह बताइए।'

त्रिलोचन को आपत्ति कहानी से नहीं, उसकी भाषा से थी। उसके कुछ वाक्यों से। जैसे यह वाक्य—'वह कमजोर होती गई। मैं चिन्तित होता गया।' त्रिलोचन ने कहा कि यह ऐसे होना चाहिए—'वह कमजोर होती गई और मैं चिन्तित।'

भोजन के समय भी ये बातें चलती रहीं। भैया कहे जा रहे थे, 'देखो, बड़ा कथाकार वह होता है जो 'जोवियल' मूड में लिखे, जो लिख रहा हो, उस पर छा जाए। जैसे प्रेमचन्द जब 'बूढ़ी काकी' में खाने का वर्णन करते हैं—पूड़ी, तरकारी, चटनी, रायता...तो ऐसा लगता है, जैसे खुद खा रहे हैं या थाली सामने परसकर रखी हुई हो और उनके मुँह में पानी आ रहा हो! इसी तरह 'पूस की रात' कहानी में जब हलकू जबरा कुत्ते के साथ रात को सोता है तो प्रेमचन्द खुद इतना रम जाते हैं कि

कहानी कहाँ जाकर खत्म होगी—पढ़नेवाला भूल जाता है। तोलस्तोय के साथ भी यही बात थी।'

'त्रिलोचन भगवन्, इसीलिए मैं सेटायर की आलोचना करता हूँ। सेटायर पाठक या लेखक को किसी एक बिन्दु या वस्तु पर जमने ही नहीं देता।'

त्रिलोचन पहले गम्भीर हुए, फिर मुझसे बोले, 'देखो पंडित, इनकी बातें अपनी जगह लेकिन तुम नामवर की बातों पर ध्यान न दो। कोई बड़ा आलोचक—चाहे वह रामचन्द्र शुक्ल ही क्यों न हों—कोई बड़ा कवि या कहानीकार पैदा नहीं कर सका। वह ऊँट की तरह बलबलाता चला जाता है, कोई जरूरी नहीं कि तुम उसकी हर बात पर ध्यान ही दो।'

फिर हँसी में बातें डूब गईं।

उन्होंने 'प्रेम' पर लिखी हुई हिन्दी की कुछ कहानियाँ पढ़ीं और उन्हीं के प्रसंग में हफ्ते-भर बाद कहने लगे :

'चूमना-चाटना, आलिंगन वगैरह हमारे देश के लिए रहस्यमय चीजें हैं, लेकिन विदेश के लिए बड़ी सहज, स्वाभाविक। क्या वजह है कि हेमिंग्वे की कहानियों में इनका उल्लेख तक नहीं मिलता? उसका कोई पात्र किसी को चूमता या इम्प्रेस करता नहीं दिखाई पड़ता।

दूसरी बात; जहाँ कोई लेखक अपनी कहानी में कोई प्रश्न उठाता है और उसके बाद ही अगर वह शारीरिक सम्बन्धों के चक्कर में पड़ा तो समझिए, इसका मतलब है कि उसके पास जवाब नहीं है, वह 'एस्केप' करना चाहता है। जैसे, जब प्रेमी-प्रेमिका के पास बातें नहीं रह जातीं तो वे एक-दूसरे की गोद में सो जाना चाहते हैं। इसी तरह यदि किसी लेखक के पास लिखने के लिए बातें नहीं रह जातीं तो वह यही सब करने लगता है।

एक बात और इसी सिलसिले में। एक वे लेखक होते हैं जो लिखते समय 'इन्वॉल्व्ड' रहते हैं—उस विषय में, जिस पर उन्हें लिखना होता है। ऐसे लेखक जल्दी ही अपने को दुहराने लगते हैं। लेकिन जो 'इन्वॉल्व्ड' नहीं रहते, हर चीज से अपने को काटकर लिखते हैं, उसके बाहर रहकर उसे देखते हैं—चीजों के बारे में उनकी दिलचस्पी कभी नहीं खत्म होती। वे जिन्दगी-भर लिखते रहते हैं...'

बनारस में प्राय: लेखकों के साहित्यिक जोड़े रहे हैं, जैसे—त्रिलोचन-विष्णुचन्द्र शर्मा, शम्भुनाथ सिंह-श्रीकृष्ण तिवारी, शिवप्रसाद सिंह-पद्मधर त्रिपाठी, केदारनाथ-विजयमोहन, शालिग्राम शुक्ल-अक्ष्योभ्येश्वरी प्रताप, गोविन्द उपाध्याय-मोहनराज शर्मा, धूमिल-नागानन्द—ये जोड़े गुरु-चेला और नए-पुराने के भी होते थे और समान उम्र के भी।

नामवर के सन् '53 में लोलार्क कुंड पर बसने के बाद से अस्सी चौराहा और साहित्यिक-सांस्कृतिक गतिविधियों का अड्डा बन गया था। प्राय: ये सभी जोड़े घूमते-घामते हुए केदार की चाय की दुकान में आया करते थे। केदार कामरेड आदमी थे और कांग्रेसियों-जनसंघियों के इस गढ़ में अकेली वही दुकान थी जिस पर चुनाव के दिनों में लाल झंडा फहराता रहता था।

यह शुरू से ही नामवर की दुकान थी। सुबह और शाम की दुकान जहाँ नगर छोड़ने से पहले केदार, विजयमोहन, विष्णुचन्द्र शर्मा, त्रिलोचन, रामदरश मिश्र, शालिग्राम शुक्ल, अक्ष्योभ्येश्वरी प्रताप, विद्यासागर नौटियाल वगैरह बैठा करते थे। इसी दुकान के सामने एक दूसरी चाय की नई दुकान खुली थी, जहाँ भाँग की गोलियाँ भी उपलब्ध थीं। प्राय: पद्मधर वगैरह उधर ही रहते थे। 'साधु बेला आश्रम' से उन दिनों 'बासन्ती' नाम की मासिक पत्रिका निकलती थी। वह भी लेखकों के उठने-बैठने की जगह हो गई थी। अस्सी पर चोंचें लड़ाने के बाद अपने गीतों, कविताओं, कहानियों और लेखों के साथ लोग साधु बेला गली की ओर मुड़ जाते थे।

वे सभी कवि-लेखक जिनके साथ नामवर का केदार की दुकान में उठना-बैठना होता था, नगर से जा चुके थे। नागरी प्रचारिणी सभा, जिसमें त्रिलोचन काम करते थे, शहर के दूसरे छोर पर थी। चन्द्रबली सिंह जिनका लिखना-पढ़ना लगभग बन्द हो चुका था, सम्पूर्णानन्द संस्कृत विश्वविद्यालय के पास रहते थे। चूँकि नामवर प्राध्यापक भी नहीं रह गए थे, इसलिए शिष्यों के होने का सवाल नहीं था।

नामवर हिन्दी के लेखक थे, सिर्फ बनारस के नहीं, इसलिए स्थानीय साहित्यकारों से—जो लोकल अखबारों और कवि-गोष्ठियों में परस्पर चर्चा-सुख उठाते हैं—उनका कोई खास तालमेल नहीं था। हाँ, उनके 'आलोचक' होने का आतंक जरूर था, जिससे लाभ के बजाय नुकसान ही होता था। नए लिखने-पढ़नेवाले उनके पास आने से भड़क रहे थे अभी।

लिहाजा नामवर घर से अकेले निकलते, केदार के यहाँ चाय पीते, अमरनाथ के यहाँ पान खाते, कोई मिलता तो मिलता, नहीं लंका या गोदौलिया के लिए निकल पड़ते।

बनारस के गीतकारों की अपनी कवि सम्मेलनी राजनीति थी, जिसमें धूमिल फिट नहीं बैठ रहा था। उसमें 'गीतकार' रहने के बजाय कवि होने की लालसा पैदा हो चुकी थी। वह आरम्भ में चित्रकार रामचन्द्र शुक्ल के प्रभाव में था जो बम्बई के सूर्योदयी कविता के प्रवक्ता वीरेन्द्रकुमार जैन की बनारस में झंडाबरदारी कर रहे थे। वह उनसे मुक्त हुआ तो सीखने की गरज से एक ऐसे लेखक के यहाँ फँसा जो

किताब और पत्रिका देने के बदले उससे अपनी छपी कहानियों की तारीफ में अलग–अलग नामों से सम्पादक के नाम पत्र लिखवाते थे।

नामवर पिछले दिनों की घटनाओं के कारण बन्द–बन्द से चल रहे थे। निस्पृह और तटस्थ जैसा भाव हो गया था उनका। लोगों के आगे खुलते कम थे। हाँ–हूँ करके चल देते। 'ओंकार परिषद' द्वारा आयोजित तुलसी पुस्तकालय की किसी गोष्ठी में उन्होंने धूमिल की कविताएँ सुनी थीं और उसमें अपनी दिलचस्पी दिखाई थी। लिहाजा जब भी वे सड़क पर नजर आते, नागानन्द के साथ धूमिल चला आता। बाद में तो इनके साथ गोविंद–मोहनराज भी केदार की दुकान के पास उनका इन्तजार करते।

एक बार तो इनके साथ नामवर बातें कर रहे थे कि चौराहे की ओर से आते हुए रामचन्द्र शुक्ल और हनुमान सिंह का जोड़ा दिखाई पड़ा। हनुमान विश्वविद्यालय में काम करते थे और भंग के प्रभाव में हर रात एक नया उपन्यास लिखते थे। एक रात उसका नाम होता 'लैला का खत मजनू के नाम' और दूसरी रात 'मजनू का खत लैला के नाम'। इस प्रकार हनुमान की कलम लैला–मजनू की खतो–किताबत की रोज अप्रकाशित पांडुलिपियाँ तैयार कर रही थी।

भैया गोविन्द जी की ओर मुखातिब हुए और बोले—

लीला कलिकाल की निहारो गोबिन्द जीव,
शुक्ल रामचन्द्र हैं तो सेवक हनुमान हैं।

ठहाकों में बात खत्म हुई, लेकिन इसके बाद नए कवियों–लेखकों की एक जमात उनसे जुड़ने लगी।

सन् '50–'60 के दरमियान जो नामवर इलाहाबाद के मंच पर परिमलियों से बहस चला रहे थे, उसी नामवर को परिमलियों ने कुजगह मारने की योजना बनाई। हो सकता है, सहयोग उनका रहा हो और योजना बनारस के ही उन लोगों ने बनाई हो जिनका परिमलियों से हुक्का–पानी रहा हो!

सन् '64 के आरम्भिक महीने थे।

बड़े जोर–शोर से 'नवलेखन' समारोह की तैयारियाँ शुरू हुईं।

फिर वही बिरादरी। फिर वही देवदत्त। लेकिन नामवर भी इसी लायक थे। उनकी भी बदमाशियों का कोई अन्त नहीं था। जरा अपने बगल में इलाहाबादियों को ही देखो भाई, जुमा–जुमा आठ रोज से लिखनेवाले अपने दो कौड़ी के कवियों–लेखकों को भी कितना महान बताते हैं अपने लेखों और भाषणों में? और एक आप जनाब हैं कि आपको दिल्ली के निर्मल वर्मा या भीष्म साहनी दिखाई पड़ेंगे, इलाहाबाद के अमरकान्त, शेखर जोशी, मार्कंडेय दिखाई पड़ेंगे, जबलपुर के हरशिंकर परसाई और पटना के रेणु भी नजर आएँगे लेकिन घर के देवदत्त नहीं

सूझेंगे। थू है ऐसी आँख पर! दस साल से लिख रहे हैं कहानियों पर। यहाँ एक जमाने से बलदेव राम, अर्जुन लाल, सुखदेव मिसिर जैसे लोग चिल्ला रहे हैं कि हमारा प्रेमचन्द—देवदत्त। लेकिन आपके मुँह से एक बार भी बोल नहीं फूटा कभी।

सो, समारोह को लेकर महीनों से चहल-पहल थी, लेकिन नामवर कहीं नहीं थे।

लेखक एक दिन पहले से आने शुरू हो गए थे और सभी इलाहाबाद से। विजयदेव नारायण साही उद्घाटन करनेवाले थे। साही को पता चला कि नामवर को निमंत्रण नहीं है। नामवर के बगैर गोष्ठियाँ कैसी? नगर में वे न होते तो बात दूसरी थी, लेकिन ऐसी हालत में किसे जवाब दोगे? लोगों को क्या मुँह दिखाओगे? काबे किस मुँह से जाओगे? चोंचें किससे लड़ेंगी, हमला किस पर करोगे और विजयोल्लास किस पर मनाओगे? आदि-आदि।

बहरहाल, साही ने आयोजकों की लानत-मलामत की और उनकी तरफ से खुद आए। समारोह आरम्भ होने के थोड़ी देर पहले। नामवर अपमानित थे, लेकिन साही की इज्जत करते थे। उनसे इनकार करते न बना लेकिन शामिल होने की उन्होंने एक ही शर्त रखी—दोनों दिन उपस्थित रहेंगे लेकिन मुँह नहीं खोलेंगे।

कमच्छा के सेंट्रल हिन्दू कॉलेज के सर्गाहाल में समारोह आरम्भ हुआ।

नामवर सबसे पीछे चुपचाप बैठे थे। उद्घाटन के बाद 'नवलेखन' पर बहस शुरू हुई। वजह जो रही हो, साही का भाषण लम्बा होने के बावजूद फीका था। डॉ. जगदीश गुप्त, डॉ. रघुवंश, रामस्वरूप चतुर्वेदी, गिरिराज किशोर वगैरह के सिवा पडरौना से केदारनाथ सिंह भी थे।

'नवलेखन' का जयघोष हो रहा था। शर्त के बावजूद हर वक्ता के बाद नामवर को मंच से आमंत्रित किया जा रहा था लेकिन वे अपनी जगह से टस से मस नहीं हो रहे थे। अन्त में साही ने आकर उन्हें किसी तरह राजी किया।

मुझे याद है कि वे सिर्फ पाँच मिनट बोले। अपने वक्तव्य में उन्होंने पहली बार भारत-चीन युद्ध को—भारतीय जनता के राष्ट्रव्यापी मोह-भंग को नवलेखन में बदलाव लानेवाली ऐतिहासिक घटना के रूप में रेखांकित किया और कहा, 'सन् '62 देश के लिए ही नहीं, साहित्य के लिए भी परिवर्तन-बिन्दु है। यहाँ से साहित्य में एक नए दौर की शुरुआत होती है। साही जी के भाषण में अतिप्रयुक्त 'अतएव' शब्द को एक बार फिर इस्तेमाल करते हुए कहें तो—अतएव जिस 'नवलेखन' पर इतनी चर्चा हुई है, उसका दौर खत्म हो चुका है।'

इस छोटे और ठंडे भाषण का जोरदार स्वागत किया नगर के 'युवा लेखकों' ने जो वहाँ श्रोता के रूप में उपस्थित थे, लेकिन असहयोग कर रहे थे।

लेकिन 'नवलेखन' पर इसका प्रतिकूल असर पड़ा। उनकी सारी शक्ति यह साबित करने में चुक गई कि 'नवलेखन' अभी खत्म नहीं हुआ है।

आयोजन खत्म होने पर केदारनाथ जी ने शाम को आयोजकों की उपलब्धि पर एक शेर कहा :

करके भी देख लिया, करने से होता क्या है,
मख्न मिलता ही नहीं, छाँछ बिलोता क्या है ?

इस समारोह के बाद ही धूमिल को उसके गुरु नामवर मिले जिन्हें वह आदर से 'मास्टर साहब' कहा करता था। उसने नगर के विद्वानों-लेखकों द्वारा उनकी उपेक्षा भी देखी थी और मंच पर मिलनेवाला सम्मान भी। हालाँकि इसके पहले वे 'ज्ञानोदय' में 'नई कविता पर क्षण-भर' शीर्षक लेखमाला के अन्तर्गत एक लेख में धूमिल का प्रशंसात्मक उल्लेख कर चुके थे। मेरी जानकारी में धूमिल का वह पहला उल्लेख था।

मुझे नहीं याद है कि धूमिल की वह कविता कहीं छपी थी या उसने किसी गोष्ठी में सुनाई थी, लेकिन उन्होंने भारत-चीन युद्ध के सन्दर्भ में लिखी जानेवाली कविताओं के प्रसंग में उसका एक टुकड़ा उद्धृत किया था :

मुझमें पूरे समूह का भय
चीखता है
दिग्विजय! दिग्विजय!

इसके बावजूद वह उनके निकट आने में सहमता था।

लेकिन अब वह अक्सर दूसरे-तीसरे आ जाता था—उसके बाद से उससे मेरी घनिष्ठता बढ़ी। जब तक भैया व्यस्त रहते, वह या तो पत्रिकाएँ पढ़ता, या नागानन्द होते—जोकि हमेशा होते थे—तो उनसे बातें करता। उस समय तक धूमिल के पाँव गीत में थे और हाथ कविता में। वह 'नई कविता' और अकविता—खासतौर से राजकमल चौधरी, सौमित्र मोहन, मुक्तिबोध, निराला की कविताओं में हाथ डालकर ढूँढ़ने की कोशिश कर रहा था—यह जानना चाहता था कि उसमें से उसके लिए क्या ठीक रहेगा, क्या नहीं?

केदार के जाने के बाद से कविता पर बात करने के लिए नामवर के भी इर्द-गिर्द कोई आदमी नहीं था, जबकि वे मुक्तिबोध के 'एक साहित्यिक की डायरी' की समीक्षा कर चुके थे और मुक्तिबोध को ढूँढ़-ढूँढ़कर पढ़ रहे थे। उन्हें ऐसा कोई नजर नहीं आता था जिसके आगे कविता के बारे में अपनी 'संचित ज्ञानराशि' खोल सकें। इसलिए कहूँगा कि वे भी इस मायने में खुशकिस्मत हैं कि उन्हें मनचाहा 'कवि मिल गया—कच्चा, सवालों से घिरा हुआ, बीज के लिए खिली हुई ललचाई परती जमीन के समान।'

भैया शाम को उसके साथ गोदौलिया जाने लगे। धूमिल का आत्मविश्वास बढ़ने लगा। आगे चलकर उसका वही आत्मविश्वास दूसरों से बातचीत में प्रकट

होने लगा तो लोग कहते घूमने लगे कि नामवर गुंडा पालते हैं। क्योंकि उन दिनों किसी की क्या मजाल कि उसके सामने 'मास्टर साहब' पर कोई टिप्पणी करके निकल जाए!

मुझे किसी ने बताया कि भैया के पास कुछ नौकरियों के प्रस्ताव आए थे। इनमें एक था मध्यप्रदेश के किसी डिग्री कॉलेज के प्राचार्य का और दूसरा शायद 'भारतीय ज्ञानपीठ' की ओर से कोई प्रस्ताव था। भैया ने अगर इनमें से किसी प्रस्ताव को गम्भीरता से लिया होता तो घर में बातें जरूर की होतीं।

मैंने भोजन करते समय उनसे पूछा।

वे बोले, 'देखो, मैंने इस मामले में अपनी जिन्दगी के कुछ उसूल बना रखे हैं जिनमें एक तो यह कि डिग्री कॉलेज में नहीं पढ़ाना है, दूसरा यह कि सेठों के यहाँ नौकरी नहीं करनी है।'

इससे अधिक उनसे कुछ पूछा भी नहीं जा सकता था, क्योंकि वे अपने लिए किसी पर निर्भर नहीं करते थे। किसी भी मामले में उनके निर्णय भी उनके होते थे जिसे कोई बदल नहीं सकता था। जब भी कोई उनका पुराना परिचित दोस्त-मित्र उनसे काम-धाम के बारे में जानना चाहता तो बड़ी दृढ़ता से कहा करते थे कि बहुत नौकरी कर ली, अब मुझे नौकरी नहीं करनी है। बनारस में लोग इसका यह प्रचार करते कि दो जगह से निकाले जाने के बाद नौकरी देगा कौन?

उन्हीं दिनों पार्टी के कुछ लोग सुझाव देते थे कि सोवियत एजेंसी 'तास' से क्यों नहीं सम्पर्क करते? मैंने जब सुना तो एक दिन पूछ बैठा। बोले, 'अगर नौकरी ही करनी हो तो अपना देश क्या बुरा है?'

यह कैसे हुआ, पता नहीं। मुझे जुलाई '64 ई. से छह महीने के लिए व्याकरण कार्यालय छोड़ना पड़ा और विश्वविद्यालय के हिन्दी विभाग में अस्थायी 'लेक्चररशिप' मिल गई। भैया ने खुशी जाहिर करते हुए कहा कि 'अब मुझे कोई चिन्ता नहीं। जिस दिन स्थायी रूप से तुम विश्वविद्यालय में काम करने लगोगे, मैं अपनी एक कसम तोड़ दूँगा और हिन्दी विभाग आऊँगा—विश्वविद्यालय के अन्दर अपने भाई से मिलने।'

उनकी खुशी देखने लायक थी।

एक दिन मैंने कहा कि मुझे पता चला है कि विभाग में लेक्चरर की दो स्थायी जगहें हैं। अगर अध्यक्ष शर्मा जी से कह दें तो वे मुझे रख लेंगे। मुझे कभी-कभी लगता है कि वे यही चाहते हैं।

वे गम्भीर हो गए। लगा कि उन्हें किसी संकट में डाला है मैंने। इसके पहले मैंने किसी ऐसे काम के लिए नहीं कहा था। वे घर की आर्थिक स्थिति से भी परिचित थे और अपने भाई से भी—और उसे वे कम प्यार नहीं करते थे।

उन्होंने लम्बी साँस लेकर कहा, 'जो मैं नहीं कर सकता, उसके लिए क्यों कहते हो? होगा तो होगा, नहीं होगा तो नहीं होगा। तुम देख सको तो खुद देखो। मैं किसी से नहीं कहूँगा।'

मैं दिसम्बर '64 ई. में वापस फिर व्याकरण कार्यालय भेज दिया गया।

विजय डेढ़ साल से बनारस के क्वींस कॉलेज में पढ़ रहा था। भाभी बीच-बीच में गाँव से शहर आतीं, चार-छह महीने रहतीं, फिर चली जातीं। मुमकिन है, उनकी उपस्थिति या विजय की पढ़ाई उन्हें कुछ परेशान करती रही हो या यह याद दिलाती रही हो कि भाइयों पर बोझ पड़ रहा है या यह भी हो सकता है कि उन्हें अपने खर्चे की ही तंगी आ गई हो और वह रोज के चार आने से पूरी न पड़ती हो। क्योंकि मुझे याद है, कुर्ते-धोतियाँ फट-फट जाती थीं और वे अक्सर कभी माँ को और कभी मेरी पत्नी कुसुम को टाँकने के लिए पकड़ाते रहते थे। उधार उन्होंने कभी किसी से लिया नहीं। बहुत पहले एक बार 'हिन्दी साहित्य का इतिहास' लिखवाने के इरादे से दिल्ली के ओं प्रकाश (राजकमल प्रकाशन) ने दो हजार रुपए दिये थे; साल-भर बाद जब वे इतिहास के लिए बार-बार तगादे करने लगे तो उन्होंने वे ज्यों के त्यों बक्से में रखे हुए रुपए निकाले और उन्हें लौटा दिये।

लेकिन मुझे लगता है कि वजहें यह नहीं, दूसरी थीं। उनमें से एक तो यह कि उनके पास पढ़ने के लिए नई किताबें नहीं रह गई थीं। पहले जब नौकरी में थे तो प्रतिदिन दो-चार किताबें खरीदकर लाया करते थे। लाते तो अब भी थे लेकिन कभी-कभी—जब किसी यात्रा पर जाते तो आयोजन में मिले हुए पैसों का यही उपयोग करते थे। मगर अब पहलेवाली बात नहीं थी। वे विश्वविद्यालय की लाइब्रेरी में जा नहीं सकते थे और लंका की दुकानों में बैठकर किताबें देख ही सकते थे, पढ़ नहीं। यह लाचारी उन्हें खलने लगी थी।

दूसरी बात यह कि इतने सालों से चली आ रही बेकारी ने उनके लिखने को काफी प्रभावित किया था। 'कहानी-नई कहानी' किताब आई जरूर थी, लेकिन इसमें संकलित लेख जितने इस दौरान के थे, उससे कम 'कहानी' के जमाने के नहीं थे। 'नई कविता पर क्षण-भर' वाले लेखों में भी बहुत कुछ तात्कालिकता ही थी।—उनमें वे पूरी तरह रम नहीं पाए थे। वे कविता-कहानी में होनेवाले बदलाव को महसूस तो कर रहे थे लेकिन चाहते हुए भी उन पर लिख नहीं पा रहे थे।

मुझे लग रहा था कि वे लिखने के लिए बेचैन हैं, लेकिन दिमाग व्यवस्थित नहीं हो पा रहा है, चित्त अस्थिर हो रहा है। इस 'अस्थिरता' और 'अव्यवस्था' का कारण एक और था। उनका एकान्त छिन रहा था। घर के सदस्यों की संख्या बढ़ गई थी इस बीच। विजय तक तो गनीमत थी, इस बीच मेरी एक बच्ची ने भी जन्म ले लिया था। यही नहीं, साल-छह महीने से बीमार मेरी साली भी आई हुई थी अपनी भाभी

के साथ दवा-दारू के लिए। पिताजी अलग पीछे पड़े हुए थे कि गाँव का मकान गिर रहा है और अगली बरसात में रहने के लिए जगह नहीं रहेगी।

सन् '65 की फरवरी। दिल्ली में पार्टी के लेखकों की कोई मीटिंग थी। भैया को भी बुलाया गया था। लौटे तो गम्भीर थे। पार्टी ने 'जनयुग' साप्ताहिक को फिर से नए रूप में निकालने का फैसला किया था और उनसे सम्पादन का दायित्व लेने के लिए कहा। भैया के लिए यह निर्णायक क्षण था। एकदम नए ढंग का काम और नए ढंग की जिन्दगी की शुरुआत, साथ ही जगह भी एकदम नई। बनारस छोड़ने का फैसला मामूली न था। अन्ततः काफी सोच-विचार के बाद उन्होंने दिल्ली जाने का फैसला कर ही लिया।

जब वे सन् '65 के मार्च में नए सफर पर दिल्ली के लिए रवाना हुए तो उन्हें विदा करनेवालों में हम दो थे—मैं और धूमिल।

वे जा रहे थे, लेकिन क्या उन्हें पता था कि दिल्ली से अब लौटना न होगा?

नामवर के झक्कड़ बाबा

मीलॉर्ड, आज से बीस-पच्चीस साल पहले की बात है यह। गर्मियों की एक शाम मेरे घर दो बुजुर्ग खाने पर आमंत्रित हुए। जब वे खा चुके तो उनके आगे बनारसी लँगड़े आम की थाली आई। दोनों बुजुर्गों ने हरे आम की फाँकें देखीं और खुश हुए।

पतले, लम्बे बुजुर्ग ने एक फाँक उठाई, मुँह में डाली और बोले, ''वाह! क्या कहने? भई, बहुत मीठा है।''

यह आलोचक बच्चन सिंह थे।

गठे बदन के थोड़े मोटे दूसरे बुजुर्ग ने दूसरी फाँक मुँह में डालते ही कहा, ''सरासर गलत। मीठा नहीं, साँवला है।''

यह थे साहित्य के पाठक वकील साहब।

इसके बाद दोनों आम खाते रहे और 'मीठा है', 'साँवला है' को लेकर बहस करते रहे—घंटे भर तक। 'मीठा' की तरफ सौन्दर्यशास्त्र के सभी औजार थे और 'साँवला' की तरफ अनुभव का जिरह-बख्तर। अन्त में थककर दोनों ने बोलचाल बन्द कर दी और अपने-अपने घर की राह ली।

वकील साहब का कहना था—'मीठा' माने सिर्फ मीठा। मीठा तो गुड़ भी होता है, चीनी भी होती है, बर्फी, लड्डू, पेड़ा भी होता है लेकिन 'साँवला' माने सौन्दर्य, लावण्य, स्वाद, गन्ध, आकर्षण, दृश्य, मिठास भी। यह वे कह नहीं रहे थे लेकिन उनके चेहरे और आँखों की चमक से ये अर्थ ही फूट रहे थे।

मीलॉर्ड, फैसला आप करें कि इन दोनों में कौन सही था?

हाँ, ऊपर से जाते-जाते वकील साहब मुझे डाँटते गए, ''पता नहीं, कैसे बुद्धिजीवी हैं आप लोग! शब्द का सही इस्तेमाल तक नहीं जानते।...भला गोराई भी कोई रंग है? रंग दूसरे हैं और उनमें भी साँवला? क्या बात है! साँवले रंग में जो पानी और चमक है, नहीं समझ सकते आप! कसा हुआ। न झुर्रियाँ, न लुंज-पुंज। बताएँ आपसे, जब मैंने वकालत शुरू की थी तो कचहरी जाते समय रास्ते में एक दिन झाड़ू लगाते हुए सोलह-सत्रह साल की एक मेहतरानी देखी—साँवली। काली भी कह सकते हैं आप। मगर चेहरे पर क्या पानी और क्या चमक! बताएँ कि मेरे

मन में उसके लिए कोई दुर्भावना नहीं, कोई वासना नहीं, कोई लालच नहीं। लेकिन क्या गरिमा थी उस साँवले सौन्दर्य में! मैं उस रास्ते से महीनों तक सिर्फ उसे देखने के लिए कचहरी जाता रहा।...और कहते हैं कि मीठा और बनेंगे बुद्धिजीवी?''

(लँगड़ा कहाँ चला गया, मुझे याद नहीं रहा)

कहने की जरूरत नहीं कि वकील साहब बनारस की उस खास परम्परा की शानदार कड़ी हैं, जिसमें वक्ता वही बोलता है जो उसे बोलना है, टॉपिक चाहे जो हो। इस मामले में सिर्फ त्रिलोचन ही उन पर भारी पड़ते थे।

जिरह की कला में माहिर। शब्दों के मर्मभेदी खिलाड़ी। खून, कत्ल, बलवा, डकैती, हत्या के नगर के दुर्दांत नामी वकील। वकील साहब नामवर जी के मित्र हैं, इसे उन दिनों समूचा बनारस जानता था। नामवर जी उन्हें नगेन्दर बोलते थे और नगेन्दर नामवर जी को नामवर। दोनों मिडिल स्कूल, कमालपुर के दिनों के दोस्त। सन् '53 से '65 के बीच महीने के दूसरे शनिवार की शाम नगर में वे जहाँ दिखे—दोनों साथ दिखे—चाहे वह गोदौलिया का 'दी रेस्टोरेन्ट' हो, चाहे दशाश्वमेध, अस्सी पर केदार की चाय की दुकान या लंका पर 'ग्लोब बुक सेंटर'। शाम ही नहीं, दस-बारह वर्षों तक हर रविवार की सुबह भी इन्हीं की हुआ करती थी, बशर्ते अस्सी स्थित 'भारती टाकीज में भेलूपुर के 'ललिता' टाकीज में कोई अंग्रेजी या बांग्ला फिल्म आई हो। नामवर देखते थे, नगेन्दर सोते थे।

कहते हैं, कभी 'कवि' के सम्पादक और लेखक विष्णुचन्द शर्मा ने वकील साहब से पूछा था, ''नामवर जी आपके दोस्त हैं?''

अपने स्वाभाविक लहजे में वकील साहब बोले, ''अजब बेवकूफ हैं आप! यह नामवर से पूछिए, मुझसे क्यों पूछ रहे हैं? मैं यह बता सकता हूँ कि मैं उनका दोस्त हूँ कि नहीं।'' और सुनाया उन्होंने, ''मैं जिसे पसन्द करता हूँ, जो मुझे अच्छा लगता है, उसके लिए जरूरत के वक्त जो मैं कर सकता हूँ, करता हूँ। उसके चाहे-अनचाहे। वह मुझे पसन्द करता है या नहीं, इसकी मैं परवाह नहीं करता। और शर्मा जी, दोस्ती बड़ी चीज है और वह मेरे बस की नहीं।

''और जहाँ तक नामवर का सवाल है, उनका दुनिया में किसी से लगाव नहीं। लगाव हो ही नहीं सकता। क्यों? क्योंकि वे किसी से कुछ माँग नहीं सकते। माँगता वह है, जो देना जानता हो, त्याग करने का माद्दा रखता हो। जो किसी से कुछ ले नहीं सकता, वह दे भी नहीं सकता। इसलिए नामवर से दोस्ती नहीं हो सकती।''

और आज पचास-पचपन साल हो रहे हैं और नगर जानता है कि नामवर जब भी दिल्ली से बनारस के लिए चलते हैं तो एक शाम नगेन्दर के लिए लेकर चलते हैं।

वकील साहब माँगना भी जानते हैं और देना भी, फिर भी उनका कोई दोस्त नहीं। वे वकील, जो कभी उनके नजदीकी थे, उनसे दूर हट गए हैं शिकायतों के साथ कि आपके कारण हम कहीं के नहीं रहे। और सच पूछिए तो वे ही कहाँ के रह गए हैं!

वकील साहब पिछले साठ साल से वकील हैं लेकिन या तो कचहरी में या अपने चैम्बर में। इनके बाहर 'वकील' के रूप में परिचित कराए जाते समय या तो झेंपते हैं या झल्लाते हैं। यह अपमानजनक लगता है उन्हें। वे बाहर कभी बात भी नहीं करते कचहरी या इस तरह की चीजों के बारे में। उन दिनों भी नहीं, जिन दिनों कचहरी में उनकी तूती बोलती थी और तप रहे थे। और तूती इसलिए बोलती थी कि तब कचहरी बहुत कुछ 'न्यायालय' थी, हाकिम ईमानदार थे, कानून समझते थे, पैसे और पॉलिटिक्स के दबाव में कम आते थे, बहस और जिरह का मतलब होता था। खून, कत्ल, बलवा, डकैती, चोरी, छिनैती के नामी वकील नगेन्दर के जलवे थे तब। लेकिन जैसे-जैसे वकालत दलाली होती गई, हाकिम ठाकुर, बाभन, अहिर, कुर्मी, दलित होते गए, कचहरी बेमजा हो गई। आईपीसी और कानूनी धाराओं का कोई मतलब नहीं रह गया।

लेकिन कचहरी में वकील साहब की जो इज्जत तब थी, वह आज भी है। हाकिम तब भी डरते थे, आज भी डरते हैं। सभी वकील तब भी सम्मान करते थे, आज भी करते हैं—मुवक्किल आएँ, न आएँ; मुकदमे मिलें, न मिलें। अध्यापकों के, गरीबों के, तीसरी श्रेणी के कर्मचारियों के, मजबूरों के न्याय के लिए मुकदमे तब भी लड़ते थे, आज भी लड़ते हैं—फीस दे सकें तो ठीक, न दे सकें तो कोई बात नहीं। भवन तीन मंजिलों का, और सारी सुविधाएँ लेकिन पास में पैसे नहीं, बैंक बैलेंस नहीं। जब पैसे थे तो एक सेकंडहैंड कार खरीदी थी, ड्राइवर भी था लेकिन अब पिछले बीस सालों से पोर्टिको में खड़ी है। वकील साहब कचहरी आते-जाते हैं मगर दूसरे की गाड़ी से, उसके साथ जिन्हें वे 'दूसरा' नहीं मानते। वे मानते भी हों तो दूसरे उन्हें दूसरा नहीं मानते। और सचाई यह है कि वे दूसरा मानते तो बैठते ही नहीं।

कहते हैं वकील साहब कि जितने गन्दे वकील हैं, चाहते हैं कि नगेन्दर उनका पान खा लें, उनके साथ चाय पी लें, उनकी चौकी पर बैठ लें—इससे उनकी छवि बन जाएगी, सामाजिक स्वीकृति मिल जाएगी लेकिन सोचिए कासी पंडित, फिर नगेन्दर का क्या होगा? वे कहाँ के रह जाएँगे?

कहते हैं वकील साहब कि चाहते हैं लोग नगेन्दर उनसे कुछ माँगें, किसी काम के लिए कहें, इसलिए कि हम देना जानते थे। हमारे पास जो कुछ था, जितना हमारा था, उतना ही हमारे करीबी का था। हम कभी नहीं पूछते थे कि क्यों चाहिए? किस काम के लिए चाहिए? कब तक के लिए चाहिए? बस यह कि चाहिए तो ले जाओ! कभी नहीं पूछा कि कब वापस करोगे? मैं माँगता हूँ लेकिन उससे नहीं जो

देने के पहले सवाल करे। मैं माँगता हूँ लेकिन अपने लिए नहीं, इसे लोग जानते हैं। मैं माँगता हूँ किसी जरूरतमन्द को देने के लिए, किसी ऐसे लड़के को देने के लिए जिसकी आर्थिक कारणों से पढ़ाई छूट रही हो, किसी ऐसे बाप के लिए जिसकी बेटी अनब्याही पड़ी हो पैसे की तंगी के कारण। कासी पंडित, मैं कर्ज लेता हूँ, याद रखता हूँ—देता हूँ तो भूल जाता हूँ। पिता ने यह सिखाया था।

(मित्रो, पिता की बात आई तो वकील साहब का यौवन याद आया। उसकी अन्त:कथा उन्हीं की जबानी सुनिए : पिताजी मुख्तार और खाते-पीते ज़मींदार। उन्होंने मेरी शादी तय कर दी। दहेज की अच्छी रकम पर। दहेज उन दिनों प्रतिष्ठा से जुड़ी चीज था। मेरी मर्जी के खिलाफ। बहुत रोया-गाया माँ के आगे। उन्होंने एक नहीं सुनी। शादी हो गई। दस वर्षों तक पत्नी से कोई सम्बन्ध नहीं रखा। जाना ही नहीं कि घर में मेरी पत्नी भी है। मेरी वकालत चल निकली थी। फीस और रुपये खूब मिलते थे। मैं जब 7 बजे कचहरी से लौटता था, माँ चूल्हा जला के रोटी बना रही होती थी। कपड़े बदलने से पहले मैं वहीं जाता और सारे नोट टुकड़े-टुकड़े करके आग के हवाले करता। माँ देखती रहती और रोती रहती।

कासी पंडित, उन्हीं दिनों मैं कोठे पर भी जाने लगा था। रोज नहीं, कभी-कभी। सिर्फ गाना सुनने, मन बहलाने। दालमंडी घर के पास ही थी। जाता था एक ही कोठे पर—दुलारी के यहाँ। बहुत दिन हो जाते थे तो वह लोगों से पूछती थी कि वकील कहाँ रह गए? कैसे हैं? क्यों नहीं आ रहे? कभी वह पूछते-पाछते मेरे घर भी पहुँची थी। एक शाम मैं गया। अकेली थी। रोने लगी। जब चलने को हुआ तो तिजोरी खोलकर बोली, 'यह जो कुछ है, आपका है। जो चाहे ले लें लेकिन आया करें। इन्तजार करती रहती हूँ आपका।' वह रास्ता रोककर खड़ी हो गई। मैंने उसे एक थप्पड़ मारा और नीचे उतर आया। फिर-फिर कभी नहीं गया कोठे पर।)

वकील साहब में बदलाव आया बेटी के पैदा होने के बाद।

कभी वकील साहब के पास छठी इन्द्रिय हुआ करती थी, जो उन्हें होनेवाली घटनाओं या हादसों का पूर्वाभास करा देती थी। इसी के चलते नामवर जी उन्हें झक्कड़ बाबा बोलते थे। इसे वकील साहब 'देखना' कहते थे, जिसमें चूक की कम-से-कम गुंजाइश होती थी। वे टिप्पणियाँ करते नहीं थे, वे अपने-आप बगैर पूछे-जाँचे उनके मुँह से निकल जाती थीं। उन पर उनका बस नहीं होता था।

जब केनेडी अमेरिका का राष्ट्रपति चुना गया तो उन्होंने 'टाइम्स ऑफ इंडिया' में उसकी फोटो देखी। देखते ही बोले, 'बचेगा नहीं, मार दिया जाएगा।' सुप्रीम कोर्ट के नए-नए नियुक्त मुख्य न्यायाधीश के. सुब्बाराव को मेरे साथ विश्वविद्यालय के एक समारोह में देखने गए। उनका भाषण चल ही रहा था कि दस मिनट में उठकर बाहर आ गए। बोले, 'देख लिया कासी पंडित। बड़ा मिस्चीवियस है। जाते-जाते

बहुत ही गन्दा फैसला देकर जाएगा।'...और सचमुच वह फैसला था गोलकनाथ वगैरह का। जब इन्दिरा गांधी जनता सरकार के बाद अपना अन्तिम चुनाव जीतीं, उन्होंने बताया, 'देखना, अपना कार्यकाल पूरा न कर सकेगी। मार दी जाएगी।' इसी तरह जब नरसिंह राव प्रधानमंत्री चुने गए और अमेरिका में क्लिंटन राष्ट्रपति, तो उनके मुँह से निकला, 'राव के साथ कांग्रेस का पतन होगा और क्लिंटन के साथ अमेरिका का। समय बता देगा, देख लेना।'

एक शाम वकील साहब मेरे घर आए—लोलार्क कुंड।

मैं ड्राइंग रूम में बैठा हुआ एक शोध-छात्र से बातें कर रहा था। वह मेरा अन्तरंग और अपना था। वकील साहब के आते ही उसने विनम्रता से उन्हें प्रणाम किया और चला गया।

बैठते ही वकील साहब बोले, 'नामवर विद्वान हैं, बुद्धिमान हैं, समझदार हैं, सब हैं लेकिन देखना नहीं जानते। नतीजा यह होगा कि सारी जिन्दगी धोखा खाते रहेंगे, हालाँकि धोखा देने से खाना अच्छा है, इससे साबित होता है कि आपमें इन्सानियत बची हुई है। लेकिन कासी पंडित, आपकी हालत तो उनसे भी बदतर है।'

'क्यों, क्या हुआ?'

'यह लड़का, जो अभी-अभी गया है, कौन था?'

'मेरा विद्यार्थी।'

'ठीक नहीं है, जरा सावधान रहिएगा।'

'आप अपनी आदत से बाज नहीं आएँगे।' मैंने कहा और हँसकर रह गया।

उन्होंने उसी दृढ़ता से कहा, 'जो कह दिया उसे याद रखिए। बस!'

और मुझे कई बरसों बाद यह याद आया, जब उसी विद्यार्थी के कारण जाने कितनी बार मुझे कचहरी के चक्कर काटने पड़े।

इसी शाम या किसी शाम मैं वकील साहब के साथ अस्सी से गोदौलिया जा रहा था, पैदल। सड़क पर आना-जाना लगा हुआ था लोगों का। हम अपनी बातों में मशगूल थे कि इसी बीच मेरी नजर गई 'तुलसी पुस्तकालय' के सामने खड़े एक युवक पर। दुहरे बदन का, लम्बा-तगड़ा, सम्भ्रान्त, सजे-सँवरे लिबास में। जैसे ही हम सामने से गुजरे, उसने आगे बढ़कर बड़े अदब से वकील साहब को प्रणाम किया।

वकील साहब ने देखा और बिना रुके चलते रहे।

आगे बढ़ने पर मैंने पूछा, 'कौन था यह?'

'नहीं जानता। इतना जानता हूँ कि या तो कत्ल किए होगा या करनेवाला होगा।'

'अरे, कैसी बात कर रहे हैं आप? शरीफ लड़का था!'

'शरीफ लड़का आगे बढ़कर इस तरह क्यों प्रणाम करेगा मुझे?'

बात आई-गई हो गई। हम उसी टॉपिक पर फिर लौट गए, जहाँ से शुरू थे।

लेकिन ताज्जुब की बात कि तीन महीने बाद उसी लड़के को वकील साहब के चैम्बर में देखा—कत्ल के फरीक की हैसियत से!

वकील साहब अक्सर कहते हैं, 'किसी को भी दिखा दीजिए। दूर से ही सही। वह कहीं खड़ा हो या किसी से बात कर रहा हो। जरूरी नहीं कि मुझसे बात करे। बता दूँगा कि आदमी कैसा है?'

नगर के सारे कातिल, गुंडे, बदमाश उनके मुवक्किल रहे हैं कभी-न-कभी, उनसे डरते भी हैं, इन्तजार करते हैं कि कोई हुकुम करें लेकिन वकील साहब हैं कि खुद को दुनिया का सबसे कमजोर आदमी मानते हैं इसलिए कि वे किसी का कुछ बिगाड़ नहीं सकते। बिगाड़ सकने का माद्दा ही नहीं है उनके भीतर। माद्दा है भी तो फितरत नहीं। फितरत है तो स्वभाव नहीं। स्वभाव सिर्फ अपने आगे किसी को कुछ न समझने का है।

किसी को कुछ न समझने का स्वभाव आदमी को अकेला करता है, और वकील साहब धीरे-धीरे अकेले होते गए हैं—इसका अहसास है उन्हें।

मित्रो, हर शख्स का अपना एक रंग होता है—उसके जन्म का भी और जीने का भी। वह रंग पैदा होने की पहली चीख के साथ ही हमारी नसों, धमनियों, हड्डियों, गोश्तों में चढ़ना शुरू होता है और जवानी तक पक्का हो जाता है। वही रंग उसकी आवाज का भी होता है और बातचीत के लहजे का भी। यही हाल वकील साहब का भी है। वे फुसफुसाकर या बुदबुदाकर धीमे स्वरों में बातें नहीं कर सकते—जब भी करेंगे, ऊँचे स्वरों में करेंगे और आपसे सहज प्यार भरी-बातें भी करेंगे तो ऐसा लगेगा, जैसे डाँट रहे हों!

कभी-कभी सोचता हूँ, वकील साहब अपने दिनों में प्यार किस भाषा और लहजे में करते रहे होंगे?

यह रंग उस समय बहुत तंग करता है जब वकील साहब भावों से भरे होते हैं—देश, दुनिया, समाज, राजनीति, साहित्य, बुद्धिजीवी वगैरह के बारे में। कचहरी में कोई इस लायक नहीं, जो उन्हें समझ सके। दो-चार इस लायक हैं भी तो उनके पास इतना फालतू वक्त नहीं। रह गया नगर तो नामवर जी दिल्ली जा बसे। अब बच गए कासी पंडित, तो उनकी अलग मुसीबत। वे अगर वकील साहब की बातों से सहमत हों तो मूर्ख, अगर असहमत हों तो 'यू आर नॉट येट मैच्योर्ड टु अंडरस्टैंड मी' यानी आप अभी इतने परिपक्व नहीं हैं कि मुझे समझ सकें। सत्तर साल की उम्र में भी कासी पंडित परिपक्व नहीं हुए तो अब क्या खाक होंगे?

लेकिन ज्यादातर बातें वकील साहब की ऐसी होती हैं, जो सहमति-असहमति से परे होती हैं।

एक दिन वकील साहब ने धमकी दी, 'कासी पंडित, आज अस्सी पर पोई की दुकान में आवेंगे और आपको एक कविता सुनावेंगे। (अक्सर भारतेन्दुकालीन हिन्दी उन्हीं से सुनने को मिलती है—'एं' की जगह 'वें')। मैं गया लेकिन कविता सुनने की नौबत ही नहीं आई। उनका ध्यान मेज पर फैले अखबार के एक समाचार 'सपा प्रत्याशी की हत्या' पर चला गया और फिर वे अपराध-जगत की ओर मुड़ गए। और फिर अच्छी बातें बताईं उन्होंने :

—कानून बनानेवालों और कानून की हिफाजत करनेवालों के लिए कानून नहीं होता। वे कानून से ऊपर होते हैं।

—गुंडे और पुलिस में फर्क इतना ही है कि पुलिस को कानून का 'प्रोटेक्शन' मिला हुआ है, गुंडों को नहीं मिला है।

—गुंडे और नेता के बीच इस्तेमाल का सम्बन्ध है। दोनों एक-दूसरे का इस्तेमाल करते हैं लेकिन जब कोई 'क्राइसिस' आती है, नेता छोड़कर किनारे हो जाता है। फिर गुंडा दूसरे नेता की और नेता दूसरे गुंडे की तलाश में जुट जाता है।

—पहले मेरे यहाँ दरोगा आते थे। अब न तो आते हैं, न उनसे बात करने का मन करता है। वे इस लायक नहीं। तो, मैंने एक दरोगा से पूछा था कि अगर तुम चाहो तो कितने दिन में अपराध खत्म हो सकते हैं? 'महीने भर,' उसने कहा। मैंने पूछा, 'महीने भर क्यों?'...'महीने भर अपराधियों को यह समझने में लगेगा कि हमारा 'एटिट्यूड' बदल गया है। अगर हम चाहें तो सही काम करते हुए भी अस्सी प्रतिशत कम कर सकते हैं, केवल सही पक्ष से पैसे लेकर, जो अपने-आप बिना माँगे मिलता है। वह ज्यादा नहीं होता लेकिन इतना तो होता ही है जितने से हमारा अपना खर्च, परिवार का खर्च चल जाए। लेकिन ऊपर वालों के दबाव के कारण हमें गलत पक्ष से भी लेना पड़ता है और वे ज्यादा देते हैं। लिहाजा, पूरे महकमे के कल्याण के लिए हमें दोनों पार्टियों से लेना पड़ता है।'

—सन् '70 के आसपास बनारस में पेशेवर हत्यारों का उदय हुआ। इससे पहले ऐसा कोई केस मेरे देखने में नहीं आया। उस समय उनका रेट कोई पन्द्रह हजार से बीस हजार के बीच था। उसके बाद से उनकी संख्या भी बढ़ी और रेट भी घटा। आज यह रेट हत्या के पात्र, हत्या की पेचीदगी और हत्यारे की हैसियत के हिसाब से घटता-बढ़ता रहता है।

—भ्रष्टाचार वह गन्दगी है जिस पर मक्खी नहीं, मक्खियाँ—बड़ी तादाद में मक्खियाँ भिनभिनाती और बैठती हैं। मक्खियों की कोई जाति नहीं होती। वे दलित भी होती हैं और मनुवादी भी। जाति होती है तितली की, भौंरे की जो पराग की खोज में उड़ता रहता है। पराग माने अच्छाई।

इसी दिन अस्सी घाट पर बैठकर मुझे डपटती आवाज में कहा, 'बहुत अकेला हो गया हूँ कासी पंडित।'

मैंने उन्हें देखा—गौर से। न कोई उदासी, न दुख, न चिन्ता। चेहरा और स्वर ज्यों-का-त्यों। सोचा, उम्र हो गई है। दो बेटे हैं और अभी किसी नौकरी या व्यवसाय में नहीं। घर में बहुएँ। भाभी की जबान तल्ख। कई घरेलू और सामाजिक जिम्मेदारियाँ। कचहरी में हड़ताल पर हड़ताल। मुकदमे भी उतने नहीं मिलते अब। बुढ़ापे के कष्ट अलग। ऐसे में कोई भी अकेला हो जाएगा।

'होता है ऐसा। धीरे-धीरे सब ठीक हो जाएगा,' मैं हमदर्दी में बोला।

वकील साहब की आँखें फटी रह गईं, 'अरे! आप इतने बड़े मूर्ख हैं—हो सकते हैं, कभी सपने में भी नहीं सोचा था। अरे, यह समझ है आपकी? बेकार है कुछ भी कहना आपसे। सभी बुद्धिजीवियों का यही हाल है। कहा कुछ जाता है, समझते कुछ हैं।

'कासी पंडित, कचहरी अब पहले वाली कचहरी नहीं रह गई है। गुणों या मूल्यों को लोग 'अप्रीशिएट' तो करते हैं, टॉलरेट' नहीं करते। मुझसे बात करते घबराते हैं वकील। वे आदर-सम्मान सब करते हैं लेकिन बात करने से कतराते हैं। मैं बातें करता हूँ 'ईमानदारी' की, 'सत्य' की, वे हँसते हैं और चल देते हैं। समझते हैं, जाने किस जमाने की बातें कर रहे हैं! जाने किस युग में जी रहा है यह आदमी! मुकदमे नहीं मिल रहे होंगे, वकालत नहीं चल रही होगी इसलिए ऐसा बोल रहा है। कई वकील कहते हैं कि आपकी सोहबत न मिली होती तो हम भी आज बड़े वकील होते। पहले वकील जीतता था तो खुश होता था, अब नहीं होता क्योंकि जानता है कि घूस जीत रही है, हम नहीं।

'जानते हैं, आज क्या हुआ?

'मेरे पड़ोसी मंसाराम बार एसोसिएशन के अध्यक्ष हैं। मैंने उनसे कहा कि कचहरी में भ्रष्टाचार बढ़ता जा रहा है, उसके खिलाफ लड़ना चाहिए हमें। ऐसा कहते समय मेरे दिमाग में वह हाकिम था, जो बेहद भ्रष्ट और घूसखोर था। कहीं-न-कहीं यह भी था कि उसके खिलाफ तो आन्दोलन हो, उसकी इजलास का बहिष्कार हो लेकिन हम दूसरी अदालतों में जाते रहें ताकि काम ठप न हो।

'बार एसोसिएशन की मीटिंग हुई। प्रस्ताव पेश हुआ और पारित भी हो गया। लेकिन जानते हैं, आन्दोलन किसके खिलाफ हुआ? उस भ्रष्ट हाकिम के खिलाफ नहीं, एक निहायत ही ईमानदार हाकिम के खिलाफ।

'पहले हथियारों से लड़ा जाता था, अब लॉबी से लड़ा जा रहा है और लड़ा जा रहा है अच्छाइयों के खिलाफ! ईमानदारी के खिलाफ।

'तो कासी पंडित, जब मनुष्यता ही दाँव पर लगी हुई हो तो घर-परिवार को लेकर परेशान होने की किसे फुरसत?'

वकील साहब को फुरसत नहीं थी घर-परिवार के बारे में सोचने की। वे नगर और कचहरी में लोगों के चेहरे ही देखते रहे, घर के लोगों के देखने की जरूरत नहीं समझी। खासतौर से बड़े बेटे के चेहरे को, जिसे वे बेइन्तहा प्यार करते थे और जो एक बच्ची का बाप हो चुका था। सत्ताइस साल का गबरू जवान बेटा।

जाने क्या हुआ कि उसने एक रात आत्महत्या कर ली।

मैं वकील साहब के साथ घर से घाट तक था।

वे चुप। इस हादसे को बर्दाश्त करना उन्हीं के बस की बात थी।

वे चुप। तीन महीनों तक घर से बाहर नहीं निकले। कचहरी आना-जाना शुरू कर दिया था लेकिन नगर में कहीं नहीं गए थे।

वे जाड़े की एक दोपहर मेरे घर आए। पहले आते थे चीखते-चिल्लाते, अबकी चुपके-से आए, सीढ़ियों से छत पर गए, कुर्सी खींची और बैठ गए। धूप अच्छी लग रही थी और वे सामने ताक रहे थे। सामने बहुत कुछ था—कदम्ब का पेड़, फटी पतंगें, आगे अमरूद और काजू के भी पेड़ थे और सबसे ऊपर खुला नीला आसमान लेकिन वे कुछ देख नहीं रहे थे, सिर्फ ताक रहे थे चुपचाप।

फिर मुझे देखकर बुदबुदाए :

मुझे चुपचाप रहने दो।
प्रकृति को
देखने
सुनने
समझने दो।
फिर उससे बात करने दो
मुझे चुपचाप रहने दो।

ये उन्हीं की पंक्तियाँ थीं, जिन्हें वे कविता कहते थे।

वे देर तक देखते रहे—इधर-उधर, चारों तरफ और अन्त में उनकी निगाहें ठहर गईं पड़ोसी की छत पर। पूरी छत फल-पत्तों और गमलों से भरी हुई थी। उसके एक कोने पर बड़े गमले में बरगद का बोन्साई था और दूसरे कोने में पीपल का।

उनके चेहरे के भाव बदल गए सहसा। बोले, 'मैं अपने आसपास के बौनेपन से तंग आ गया हूँ कासी पंडित! मैं उस वैज्ञानिक के घोर खिलाफ हूँ जिसने बोन्साई की खोज की है। बताइए भला, बरगद! पीपल! गमले में लगा रहे हैं, फल-फूल रहा है, खुश हो रहे हैं, गर्व से दिखा रहे हैं मेहमान को अपना लॉन कि यह देखिए गूदा! अरे, डूब मरो चुल्लू भर पानी में! क्या विराट और विशाल छतनार छाँव वाला दरख्त और उसका यह हाल किया तूने, और शर्म नहीं आ रही है तुझे? कासी पंडित, जिसने भी बोन्साई का प्रयोग किया होगा, उसके दिमाग में आदमी को 'छोटा' और 'बौना' बनाने का खयाल पहले आया होगा।

'प्यार माने क्या? प्यार माने जरूरत। आवश्यकता। हम प्रकृति को इसलिए प्यार करते हैं कि वह हमारी जरूरत है। हम बड़ा होना चाहते हैं और वह हमसे बराबर कहती है—देखो, हमारे जैसा बनो। ऐसा ऊँचा, ऐसा विराट, ऐसा विशाल। हम नंगे हो जाएँ तब भी उठें और तने रहें।

'इंसानियत का सारा संघर्ष इसी 'बौनेपन' के खिलाफ रहा है। और आज? देखिए इस बरगद को? पीपल को?

'कासी पंडित! मैं नामवर से दो साल बड़ा हूँ। अब भी गाँव जाता हूँ, साल में कम-से-कम एक बार। हमारे साथ बचपन में पढ़ता था, बनारसी। जाति का कोइरी! उससे मिलता हूँ और पूछता हूँ, 'बनारसी, कोई कष्ट?' अबकी उससे पूछा तो कहा—'है! एक कष्ट है। वकील साहब, बेटियाँ थीं, सबकी शादी कर दी। बेटे हैं, काम-धन्धे से लग गए। बीवी है, कोई रोग नहीं है उसे। मैं हूँ, अपनी आँखों देख रहे हैं कि ठीक हूँ। बस, एक ही कष्ट है—आदमी नहीं मिलते अब।

'तो जब से बनारसी ने कहा है तब से यह भूल नहीं रहा है।'

कहने के बाद उन्होंने घड़ी देखी और कहा, 'चलूँगा अब कासी पंडित। आप मुझे उपन्यास और कहानी-संग्रह दीजिए, जिनके लिए आया हूँ।'

'आपको न दूँ तो?'

'क्यों?' वे चौंके।

'इसलिए कि जो भी मैं देता हूँ, आप उन्हें कूड़ा-करकट कहकर फेंक देते हैं, जबकि वे आज की चर्चित और महत्त्वपूर्ण किताबें हैं।'

'अगर वे ही महत्त्वपूर्ण हैं, तब रहने दीजिए। मुझे नहीं चाहिए।' वे सीढ़ियों से धीरे-धीरे नीचे उतर गए।

काची बाबू की चुहलें

1

[काची बाबू उर्फ काशी बाबू उर्फ काशीनाथ सिंह। काची बाबू के यहाँ पर एक नौकर आया था, छह महीने के लिए—1953 के जमाने में। नाम शिवमूरत था। वह 'श' को 'च' बोलता था। वह उन्हें काची बाबू बोलता था, और काची बाबू उसे चिमूरत! निम्नलिखित करतूतें उन्हीं काची बाबू की हैं।]

दर्शन सम्पूर्णानन्द जी का

काची बाबू उन दिनों इंटर के छात्र थे। लोलार्क कुंड, भदैनी पर रहते थे, दंड-बैठक लगाते थे और चिमूरत के साथ गोस्वामी तुलसीदास के अखाड़े में जोर-आजमाइश करते थे। किताब-कॉपी से जरा दूर का ही वास्ता रखते थे। एक दिन उनके बड़े भाई नामवर सिंह ने कहा कि 'आज सड़क पर 'केशव स्वाध्याय मन्दिर' की ओर से 'प्रसाद और कामायनी' पर आयोजन है जिसमें नगर के सभी विद्वानों के साथ बाहर से भी विद्वान और समीक्षक आ रहे हैं। इसमें शिक्षा मंत्री सम्पूर्णानन्द जी 'कामायनी' के दर्शन पर लेख पढ़ेंगे। तुम्हें यह सब भी देखना-सुनना चाहिए।'

काची बाबू सब करते थे, लेकिन बड़े भाई के सुझाव और आदेश की अवज्ञा नहीं। संस्कार। काची बाबू पंडाल में अपने तीन दोस्तों के साथ बिराजते भए। श्रोताओं में सबसे पीछे। वह उनकी पसन्दीदा जगह थी। जैसे क्लास में सबसे पिछली बेंच। मजबूरी में ही आगे बैठते थे। पंडाल में मंच पर माइक के सामने अपने लेख के साथ सम्पूर्णानन्द जी, सामने विद्वान और रसिक श्रोता, पीछे जिज्ञासु विद्यार्थी। उन्हीं में काची बाबू। उनके पीछे जहाँ-तहाँ पुलिस। श्रोताओं की संख्या बहुत नहीं थी।

स्थूलकाय, श्यामल वर्ण के धनी गांधी टोपी में सम्पूर्णानन्द जी। बेहद गुरु-गम्भीर। लेख उनसे भी अधिक गम्भीर और उबाऊ। 'कामायनी' के दर्शन पर दार्शनिक और दुरूह शब्दावलियों से बोझिल। लेख बहुत बड़ा था। दूर से ही कई

पन्ने दिखाई पड़ रहे थे। आकर फँस गए थे काची बाबू। उन्होंने यारों से कहा, 'यार' पीछे सड़क पर मूँगफली वाला है। लाओ तब तक वही खाया जाए'। मूँगफली लाई गई। हम चारों ने अपनी-अपनी मूँगफली लगभग एक साथ फोड़ी, फट-फट। आवाज ऐसी हुई कि आगे के विद्वानों ने तो चौंककर हमें देखा ही, सम्पूर्णानन्द जी ने भी रुककर चश्मे के ऊपर से पीछे की तरफ देखा।

काची बाबू ने भी चकित होकर इधर-उधर देखा कि इस सन्नाटे में आवाज कहाँ से आई? सम्पूर्णानन्द जी ने थोड़ा ठहरकर फिर पढ़ना शुरू किया, उतनी ही गम्भीरता से। यह शान्ति बहुत देर तक कायम नहीं रह सकी। मूँगफलियाँ एक साथ फिर फूटीं और उतनी ही ध्यानाकर्षक!

सम्पूर्णानन्द जी ने अबकी चश्मे के ऊपर से घूरकर उसी दिशा में देखा। काची बाबू फिर आश्चर्य से इधर-उधर ताकते, इसके पहले ही दोस्तों समेत उनके भी कान पुलिस की उँगलियों की पकड़ में थे। वह खींचती हुई सड़क पर ले गई और नितम्बों पर प्रहार करते हुए बोली, 'साले, भाग जा, फिर नजर मत आना।'

2

उसके साथ होली में मजा नहीं आता है, जो सचमुच होली खेलना चाहता है। मजा उसके साथ आता है, जो खेलने से बचना चाहता है। छायावाद के जाने-माने आलोचक शान्तिप्रिय द्विवेदी रंग-अबीर से बचनेवाले ऐसे ही व्यक्ति थे। (यह दुर्भाग्यपूर्ण है कि हिन्दी-जगत ने उन्हें वह सम्मान नहीं दिया, जिसके वह हकदार हैं। तरल गद्य लिखनेवाले अपने समकालीनों में वह विरल हैं।)

द्विवेदी जी काची बाबू के घर के बगल में रहते थे—एक कोठरी में। कुँवारे थे, इसलिए अकेले। दुबले-पतले, ठिंगने, लम्बे-लम्बे घने सफेद बाल, जिनके रखरखाव में और जिन्हें सँवारने में वह काफी समय लगाते थे। वज्र बधिर थे, इसलिए शान्तिप्रिय थे। वह ऊँची से ऊँची आवाज से अविचलित रहते थे। सुनाई ही नहीं पड़ता था, तो विचलित कहाँ से होते?

काची बाबू के घर के ठीक सामने दस-पन्द्रह फीट की दूरी पर सार्वजनिक नल था। यह नल मुहल्ले का पनघट था। औरत-मर्द बच्चे वहीं से अपने लिए पानी ले जाते थे। शान्तिप्रिय जी सुबह आठ-साढ़े आठ बजे अपनी दातून के साथ वहाँ आ जाते और नल की टोटी पर कब्जा करके खड़े हो जाते। होली के दिन वह मुहल्ले के सभी बच्चों की भौजी थे। जिसे रंग-गुलाल के लिए कोई न मिलता, वह उनके घर की खिड़की में ताक-झाँक करता। और वह जितने गुलाल से नहीं, उससे अधिक रंगों, वार्निश और कालिख से भयाक्रान्त रहनेवाले। सबसे अधिक चिन्तित वह अपने धवल, श्वेत कन्धों तक लटके केश के लिए रहते थे। वह सूर्योदय से

पहले ही बच-बचा के गंगा किनारे तुलसीघाट चले जाते थे और तब लौटते थे, जब होली के हुड़दंग की समाप्ति की सूचक शिव की बारात गुजर जाती थी, यानी ग्यारह बजे। फिर वह वहाँ से लौटकर निश्चिन्त भाव से नल के नीचे नहाते थे। काची बाबू बी.ए. में आ गए थे, लेकिन उनके हरामीपन में कोई बहुत कमी नहीं आई थी। वह उस दिन वार्निश-पुते अपने टेक्निकलर बदन के साथ भाँग के नशे में झूमते हुए पहुँचे। अस्सी लंका का चक्कर काटने के बाद शान्तिप्रिय जी को नल के नीचे केश भिंगोते देखा और देखा कि पूरे बदन पर रंग की एक भी बूँद नहीं।

उनकी जेब में तीन पुड़िया रंग बचे थे—लाल, हरा, बैंगनी। उन्होंने चुपके से बालों पर लाल रंग के पाउडर छिड़के और घर में घुस गए। शान्तिप्रिय जी सिर धोते और आश्चर्य से इधर-उधर ताकते। कहीं कोई नहीं। आधे घंटे की मशक्कत के बाद भी बाल के रंग नहीं गए। जब वह थककर बदन भिंगोने की तैयार कर रहे थे, तभी काची बाबू ने हरे रंग का पाउडर छिड़का—बगैर किसी आहट के। अबकी शान्तिप्रिय जी रुआँसे हो गए—रंग छुड़ाने में। वह इधर-उधर ताकते जाते और गालियाँ देते हुए बड़बड़ाते जाते। अब अन्तिम पुड़िया बच गई थी, बैंगनी रंग की। यह सबसे तकलीफदेह रंग होता है, जो छुड़ाए नहीं छूटता। इसे छिड़कने के लिए जैसे ही काची बाबू ने किवाड़ खोला कि सामने भींगे कपड़ों एवं बिखरे बालों में शान्तिप्रिय जी। उनकी आँखें भरी हुईं और लाल थीं। उन्होंने सिर झुकाकर भरभराए स्वर से कहा, 'लो, गरदन काटकर फेंक ही दो, शान्ति मिलेगी।' काश, काची बाबू को शान्तिप्रिय द्विवेदी होने का मतलब तब पता होता!

3

जिन दिनों काची बाबू एम.ए. के (मेधावी कम, दुखदायी ज्यादा) छात्र थे, उन दिनों उनके प्राध्यापक गुरु थे श्री पद्म नारायण आचार्य, जो अब स्वर्गीय हैं।

आचार्य जी ऋषितुल्य थे। बड़े सरल, सीधे, सज्जन। बिना आयास के उनके जैसी सहज बोधगम्य हिन्दी बोलनेवाला अध्यापक देखा नहीं गया था। विद्वान तो थे ही, आचार्य केशव प्रसाद मिश्र और प्रसाद जी के निकट के लोगों में थे। भाषा-विज्ञान के सुपरिचित आचार्य। बाबूराम सक्सेना और धीरेन्द्र वर्मा से अच्छे सम्बन्ध थे। बड़ा लोकलुभावन व्यक्तित्व था। साँवला रंग, बड़ी-बड़ी आँखें, कन्धे तक झूलते काले बाल। सफेद कुरता-धोती पहनते थे।

आचार्य जी काची बाबू की कक्षा को भाषा-विज्ञान पढ़ाते थे। लेकिन 'भाषा-विज्ञान' कभी पढ़ाया नहीं, वह सालभर केशव, प्रसाद, रत्नाकर, सुनीति बाबू आदि-आदि के संस्मरण ही सुनाते रहे। और रोज-रोज वही संस्मरण, जो कई बार उन्हीं के मुँह से सुने जा चुके थे। परीक्षा सिर पर आ गई, कक्षा के विद्यार्थी चिल्लाने

लगे कि विषय पढ़ाया जाए, आचार्य जी विषय पढ़ाने के बजाय उसके महत्त्व को समझाते, लेकिन विषय पर बात न करते।

काची बाबू क्लास में सबसे पीछे बैठते थे। उसके कई लाभ थे—आप संस्मरण नहीं भी सुन सकते थे, उपन्यास पढ़ सकते थे, कार्टून बना सकते थे, कानाफूसी कर सकते थे, आपस में चिटों का आदान-प्रदान भी कर सकते थे। काची बाबू ने इनमें कुछ नहीं किया, उन्होंने 'आचार्य चालीसा' लिखी। और एक दिन, जब आचार्य जी की कक्षा थी और वह छुट्टी पर थे, मित्रों के आग्रह पर उसका सार्वजनिक वाचन किया :

कक्षा बीच भई नभ बानी। पढ़ो नहीं तो होगी हानी॥
और पधारे पदुम नरायन। हाथ रजिस्टर जटा बढ़ायन॥
बोले मधुर सुबोध छात्रो। सुनो ध्यान से ज्ञानपात्रो॥
यह विग्यान कठिन अति दुर्गम। मैं, प्रसाद, केशव जी हरदम॥
एहि लगि कठिन साधना कीन्हीं। केशव जी प्रमाण तब दीन्हीं॥
अहह तात तुमको मैं जानी। हो निस्चय भाखा विग्यानी॥
धीरेन्दर, चैटर्जी जितने। विश्वनाथ, सक्सेना कितने॥
मोहि सराहे, मोहि परसंसे। धिक तुम सब जो मोहि असंसे॥
बालक! तुम सब मूढ़मति, हँसी उड़ावत मोहिं।
हँसत, विरोधत औ भगत, लाज न लागत तोहिं॥

यह चालीसा पाठ तब किया गया, जब परीक्षा की तैयारी की छुट्टी करीब थी। इस पाठ के बाद आनन-फानन में छात्रों ने अध्यक्ष के नाम एक परिपत्र तैयार किया, जिसमें अनुरोध किया गया था कि भाषा-विज्ञान पढ़ाने के लिए दूसरा अध्यापक दिया जाए। सबके हस्ताक्षर के साथ उस पर काची बाबू का भी हस्ताक्षर था।

दूसरे दिन आचार्य जी ने आते ही काची बाबू को तलब किया। वहाँ पहले से नामवर जी हाजिर थे। दोनों को लेकर आचार्य जी कॉलेज की छत पर गए। वह बोले, 'नामवर जी, आप मेरे सुबोध छात्र ही नहीं रहे हैं, पुत्र के समान भी हैं। आप जानते हैं कि मेरी एक पंक्ति की रिपोर्ट पर इसका निष्कासन हो सकता है। आप ही बताइए, मैं क्या करूँ?'

'जो सुना है, क्या वह सही है?' नामवर जी ने काची बाबू से पूछा।

''चालीसा' जरूर मैंने लिखी है, लेकिन 'परिपत्र' क्लास ने लिखा है, मेरा हस्ताक्षर भर है।'

नामवर जी ने आचार्य जी से कहा, 'आप जो उचित समझें, करें। मुझे कोई आपत्ति नहीं है।'

'नामवर जी, मैं आपके उत्तर से प्रसन्न हुआ।' आचार्य जी सन्तुष्ट थे। 'मैं क्षमा करता हूँ इसे। लेकिन ऐसे कुसंस्कार इसमें कहाँ से आए, इस पर विचार कीजिए और ठीक कीजिए।'

4

अपने शोध कार्य-काल के दौरान काची बाबू ने तय किया कि वह भी 'साहित्य-सरोवर' के कमल या हंस भले न बनें, जलकुम्भी या दादुर या सेवार जरूर बनेंगे। इसी के चलते उन्होंने काशीनाथ सिंह के नाम से एक कहानी लिखी, जो उनके दुर्भाग्य से हैदराबाद की 'कल्पना' पत्रिका में छप गई।

मँझले भाई रामजी सिंह उनके संरक्षक और निर्माता थे उन दिनों। वह घर में ही बड़े भाई नामवर सिंह के समानान्तर एक अलग साहित्य-सत्ता थे। वह साहित्य से कुछ उसी तरह का द्रोह रखते थे जिस तरह का क्षत्रियों से परशुराम। वह लेखकों-कवियों को 'शोभा का बैल' कहते थे, जो चरनी पर खूँटे से बँधा रहे। आते-जाते लोग देख-देखकर 'वाह-वाह' करते रहें, न जुताई-बुआई के काम का, न किसी और मसरफ का। खाए-पिए और मुस्टंड रहे। विजय मोहन सिंह, परमानन्द श्रीवास्तव जैसे किसी दुबले-पतले लेखक को देखते थे, तो काची बाबू को बुलाकर धीरे से कान में बोलते थे, 'कहो, ई का लिखेगा? जोर से फूँक दो तो उधिराय जाय। का लिखेगा ई?'

आलोचक तो नामवर जी थे, लेकिन जलवा था रामजी भाई का। उनके अपने कविरत्न थे, कई रसों के, कई बोलियों के। अवधी के श्याम तिवारी (अब स्वर्गीय) और भोजपुरी के हरिराम द्विवेदी ऐसे ही रत्न थे। घर के सामने पीपल के चौतरे पर रामजी भाई लुंगी-गंजी में बैठ जाते थे और इशारा करते थे, 'तो श्याम जी, वह कैसे हैं—'बीत गई सौना-भदौना की रात, सखि आए न पाहुन दुआर! जरा हो जाए। ऐसे नहीं, पिहिककर!' और श्याम जी पिहिककर इतने ऊँचे सुरों में गाते कि भीड़ लग जाती। जब कवि-दरबार उठ जाता, तो वह काची बाबू को बुलाकर कहते, 'देखा? एक ये हैं कि सुनाते हैं, तो भीड़ लग जाती है, और एक वो भैया (नामवर) के कवि हैं कि बाँचना शुरू करें, तो खड़ी भीड़ भी भाग खड़ी हो।'

वह हौवा थे विश्वविद्यालय के युवा कवियों के लिए। लोलार्क कुंड नामवर जी के पास आने से पहले अस्सी चौराहे पर ही वह पता कर लेते थे कि रामजी भाई हैं या गाँव गए हैं। वह तभी घर आते थे, जब रामजी भाई कहीं और होते थे। उनकी प्रतिभा का यह चमत्कार उनकी नौकरी के दरमियान भी बना रहा। एक बार उनके साहब ने कहा, 'देखो, रामजी, मई में बेटी की शादी है। ज्यादा नहीं, सिर्फ तीन कुन्तल गेहूँ। यही है तुम्हारे जिम्मे।'

'साहब, सिर्फ तीन कुन्तल? कमाल कर रहे हैं साहब! पाँच-सात कुन्तल तो हम जैसों के कार-परोजन में ही खप जाता है। मैं तो दस कुन्तल के बारे में सोच रहा था, लेकिन क्या बताएँ साहब, सारा गेहूँ अबकी भादों की बारिश और बाढ़ में बह गया। तहसील की जनता त्राहि-त्राहि कर रही है।' वहाँ से लौटकर काची बाबू को बताया कि साला शहर में पला-बढ़ा सिन्धी है, उसे पता ही नहीं कि बारिश और

बाढ़ में धान बहता है, गेहूँ नहीं। उसे पता ही नहीं कि गेहूँ की फसल कब होती है ? तो, जिन दिनों 'कल्पना' में काची बाबू की कहानी छपी, रामजी भाई इलाहाबाद की भरवारी तहसील में कानूनगो थे। महीने में एक-दो बार उन्हें इलाहाबाद जाना पड़ता था और जब जाते थे, तब कथाकार मार्कंडेय से जरूर मिलते थे। यह दुखद समाचार उन्हें मार्कंडेय से मिला। उन्होंने तुरन्त बनारस के लिए टिकट कटाया और सीधे घर आए।

काची बाबू उनके तेवर देखकर चिन्तित हुए। फिर भी उन्होंने मझले भाई के सम्मान में वह सब किया, जो छोटे भाई को करना चाहिए। सामने मेज पर एक गिलास पानी और गुड़ रखा।

'यह क्या सुन रहा हूँ मैं ?'

'क्या ?'

'तुमने कुछ लिखा है किसी पत्रिका में ?'

काची बाबू चुप।

'एक जने कम थे घर को बरबाद करने के लिए ?'

काची बाबू फिर चुप।

'कान पकड़ो कि फिर यह कुकरम नहीं करोगे ?'

'नहीं करूँगा।' काची बाबू बोले।

'ऐसे नहीं। कान पकड़ो और प्रतिज्ञा करो—मुँह से बोलकर, तभी पानी पिऊँगा। इतना समझा-बुझाकर गया था और उसका कोई असर नहीं ?'

काची बाबू ने कान पकड़े और प्रतिज्ञा की।

5

हर आदमी के जीवन में ऐसे कुछ दिन, ऐसी कुछ तारीखें, ऐसे कुछ बरस कभी-न-कभी आते हैं, जिन्हें वह कभी नहीं भूलता। यह बरस काची बाबू के जीवन का उन्नीस सौ साठ था! सबसे कठिन और सबसे निष्ठुर! उस बरस की उम्र बारह महीने नहीं, साठ महीने थी! साठ महीनों का एक बरस। इसकी शुरुआत हुई थी, उनके बड़े भाई नामवर से। अभी बनारस से निकले या निकाले हुए साल भर भी नहीं बीता था कि सागर से भी निकाल दिये गए। जिस अटैची के साथ गए थे, उसी अटैची के साथ वापस। उतने ही सामान के साथ। हल्का तन, हल्का मन। हल्का हो गया था 'हल्कू' पूस की रात का! नील गायें चर गई थीं खेत। जाड़े की रात में सोना नहीं पड़ेगा अब। लौट आए थे बेफिक्र और सही-सलामत। खुश थे। वह खुशी न तो दिखावा थी, न घरवालों को दिलासा देने के लिए। सचमुच की खुशी।

काची बाबू की दिलचस्पी सागर में थी, 'क्यों हुआ ? कैसे हुआ ? क्या हुआ ?' इसमें! लेकिन सागर जैसे उनके जेहन में था ही नहीं। जैसे वे न वहाँ गए थे, न रहे

थे। थोड़े दिनों का दाना-पानी था, जैसे-तैसे कट गया। सोचना ही हो, तो उस दूसरे मकान के बारे में सोचो, जिसमें जाना है। इसे खाली करना है इधर ही, पंडित बोल गए हैं। शिफ्ट करने के बारे में सोचो!

माँ उनके आगे-पीछे डोलती रही बैसाखियों के सहारे। पता ही नहीं चल रहा था कि उसके टूटे कूल्हे में दर्द भी है। वह उनसे बिना उत्तर की उम्मीद के सवाल पर सवाल करती रही और वह हाँ-हूँ करते हुए अपना कमरा ठीक करते रहे। रात के खाने के बाद काची बाबू और रामजी छत पर गए और नामवर अपने कमरे में। उमस ज्यादा थी, पानी से तर करने के बाद भी छत तप रही थी। नामवर ने कहा था, तुम लोग चलो, लेटो, हम आ रहे हैं। रात बीत गई, वह नहीं आए। बहुत दिनों बाद उस कमरे ने रतजगा किया!

बहुत दिनों बाद किताबों और पांडुलिपियों ने उँगलियों के पसीने का स्वाद चखा। चाय पीते समय सुबह नामवर ने काची बाबू से कहा, 'बहुत कर ली नौकरी, अब नहीं करनी!' यह बात कही गई थी काची बाबू से, लेकिन जाने कैसे महतो ने सुन ली। महीने-डेढ़ महीने बाद। बैठे-बैठे तीस कोस दूर जीयनपुर में। वह भी बड़े बुरे वक्त में। शायद पहली जुताई थी वह। उसी दिन रिटायर हुए थे महतो। उन्होंने सोलह रुपये महीने पर प्राइमरी स्कूल में मास्टरी शुरू की थी उन्नीस सौ सोलह में और सत्तर रुपये पर रिटायर हुए सन साठ में। हेडमास्टर थे तब। (नामवर पिताजी को होरी महतो बोलते थे! इसलिए कि होरी की तरह उनकी भी एक लालसा थी—गाँव में अपना एक मकान हो, और वह अन्तिम दम तक बनी रही।) घनघोर बारिश हुई थी उस शाम। मौसम की पहली बारिश और वह भी घनघोर। वही वक्त था धान के खेतों की जुताई का। निकल चुके थे गाँव के सभी खेतिहर सिवान में अपने हल-बैल के साथ। झींसियाँ अब भी पड़ रही थीं हल्की-हल्की और सिवान गूँज रहा था। ऐसा लग रहा था, जैसे पूरे गाँव में अकेले महतो हैं, जिनके न खेत हैं, न बैल हैं, न हलवाहे। वह ओसारे में बैठकर हुक्का पी रहे थे और चरनी पर भीगते एवं पगुरी करते अपने दोनों बैलों को देख रहे थे।

काची बाबू सुबह ही पहुँचे थे शहर से! महतो अपने बेटों से नहीं बोलते थे—शुरू से ही। लेकिन, उन्होंने जिस नजर से काची बाबू को देखा, समझते देर नहीं लगी कि महतो को अपने बड़े बेटे के बारे में सारा कुछ मालूम हो गया है। काची बाबू उनकी नजरें बचाकर चुपके से बगीचे में खिसक गए और दोस्तों के साथ आम के मजे लूटते रहे। शाम को लौटे, तो बारिश और पसीने में लथपथ। जब वह दालान में गमछे से अपनी देह पोंछ रहे थे, तो उन्हें महतो की हँसी सुनाई पड़ी, 'सारी दुनिया को मूर्ख समझते हैं वे। अरे, तुम्हें देगा ही कौन नौकरी? अब भी रह गए हो इस लायक? मैंने उसी समय कहा था कि चुनाव मत लड़ो, पहले नौकरी पक्की करो। यह रुपये-पैसे की बरबादी है और कुछ नहीं! लड़े और निकाल दिये गए! लेकिन

भाग्य अच्छा था कि तुरन्त नौकरी मिल गई। और साल भी नहीं बीता कि वहाँ से भी कान पकड़कर बाहर कर दिये गए! और कहते हैं, नौकरी नहीं करेंगे। बेवकूफ समझते हैं दुनिया को... !'

जिस समय महतो का स्वर उबड़-खाबड़ रास्ते पर सरपट भाग रहा था, काची बाबू लुंगी पहन चुके थे, लेकिन हिम्मत नहीं थी कि ओसारे में आएँ। वह खड़े-खड़े वहीं से सुनते रहे, 'कोई चिन्ता नहीं। किसी की कोई चिन्ता नहीं—न घर-दुआर की, न खेती-बारी की, न माँ-बाप की। कहते हैं लोग कि भारी विद्वान हैं, बड़के लेखक हैं, बड़ी इज्जत है, बड़ा नाव-गाँव है, क्या करें हम इन सबका? फेंटकर चाटें? ऐसी ही बरसात हो गई दो दिन, तो यह घर और बैठका ढहते देर नहीं लगेगी। सागर (उनके बड़े भाई) चले गए, बाबू नन्दन (उनके छोटे भाई) चले गए, सभी छोड़-छाड़कर चले गए यहाँ से; एक हमीं बच गए हैं खँडहर अगोरने के लिए... ।'

काची बाबू चुपचाप सुनते भी रहे और मुस्कराते भी रहे, क्योंकि जानते थे कि महतो नामवर को भला-बुरा चाहे जितना कह लें, गर्व भी उन्हीं पर करते हैं, काची बाबू जैसे 'गोबर' पर नहीं।

उनका बड़बड़ाना जारी रहा, 'तुम लोग क्या करोगे वहाँ रहकर? यहाँ आ जाओ सबको ले-देकर! दाल-भात तो मिलेगा कम-से-कम? बाकी उनका करमभोग... !'

देख तमाशा लकड़ी का

मित्रो, यह संस्मरण वयस्कों के लिए है, बच्चों और बूढ़ों के लिए नहीं; और उनके लिए भी नहीं, जो यह नहीं जानते कि अस्सी और भाषा के बीच ननद-भौजाई और साली-बहनाई का रिश्ता है! जो भाषा में गन्दगी, गाली, अश्लीलता और जाने क्या-क्या देखते हैं और जिन्हें हमारे मुहल्ले के भाषाविद् 'परम' (चूतिया का पर्याय) कहते हैं, वे भी कृपया इसे पढ़कर अपना दिल न दुखाएँ...

तो, सबसे पहले इस मुहल्ले का मुख्तसर-सा बायोडॉटा—कमर में गमछा, कन्धे पर लँगोट और बदन पर जनेऊ—यह 'यूनिफार्म' है अस्सी का!

हालाँकि बम्बई-दिल्ली के चलते कपड़े-लत्ते की दुनिया में काफी प्रदूषण आ गया है। पैंट-शर्ट, जींस, सफारी और भी जाने कैसी-कैसी हाई-फाई पोशाकें पहनने लगे हैं लोग! लेकिन तब, जब कहीं नौकरी या जजमानी पर मुहल्ले के बाहर जाना हो! वरना प्रदूषण ने जनेऊ या लँगोट का चाहे जो बिगाड़ा हो, गमछा अपनी जगह अडिग है!

'हर हर महादेव' के साथ 'भोंसड़ी के' नारा इसका सार्वजनिक अभिवादन है!

> चाहे होली का कवि-सम्मेलन हो, चाहे कर्फ्यू खुलने के बाद पी.ए.सी. और एस.एस.पी. की गाड़ी, चाहे कोई मंत्री हो, चाहे गधे को दौड़ाता नंग-धड़ंग बच्चा—यहाँ तक कि जॉर्ज बुश या मार्गरेट थैचर या गोर्बाचोव चाहे जो आ जाए (काशी नरेश को छोड़कर)—सबके लिए 'हर हर महोदव' के साथ 'भोंसड़ी के' का जय-जयकार!
>
> फर्क इतना ही है कि पहला बंद बोलना पड़ता है—जरा ज़ोर लगाकर; और दूसरा बिना बोले अपने-आप कंठ से फूट पड़ता है।

जमाने को लौड़े पर रखकर मस्ती से घूमने की मुद्रा 'आइडेंटिटी कार्ड' है इसका!

> नमूना पेश है :
>
> खड़ाऊँ पहनकर पाँव लटकाए पान की दुकान पर बैठे तन्नी गुरू से एक आदमी बोला—'किस दुनिया में हो गुरू! अमरीका रोज-रोज आदमी को चन्द्रमा पर भेज रहा है और तुम घंटे-भर से पान घुला रहे हो?'

मोरी में 'पच्' से पान की पीक थूककर गुरू बोले—'देखौ! एक बात नोट कर लो! चन्द्रमा हो या सूरज—भोंसड़ी के जिसको गरज होगी, खुदै यहाँ आएगा। तन्नी गुरू टस से मस नहीं होंगे हियाँ से! समझे कुछ?'

'जो मजा बनारस में; न पेरिस में, न फारस में' इश्तहार है इसका।

यह इश्तहार दीवारों पर नहीं, लोगों की आँखों में और ललाटों पर लिखा रहता है!

'गुरू' यहाँ की नागरिकता का 'सरनेम' है।

न कोई सिंह, न पाँड़े, न जादो, न राम। सब गुरू! जो पैदा भया, वह भी गुरू; जो मरा, वह भी गुरू!

वर्गहीन समाज का सबसे बड़ा जनतंत्र है यह :

गिरिजेश राय (भाकपा), नारायण मिश्र (भाजपा), अम्बिका सिंह (कभी कांग्रेस, अभी जद)—तीनों की दोस्ती तीस सालों से कायम है और आनेवाली कई पीढ़ियों तक इसके बने रहने के आसार हैं! किसी मकान पर कब्जा दिलाना हो, कब्जा छुड़ाना हो, किसी को फँसाना हो या जमानत करानी हो—तीनों में कभी मतभेद नहीं होता! वे उसे मंच के लिए छोड़ रखते हैं।...अस्सी के मुहावरे में अगर तीनों नहीं, तो कम-से-कम दो—एक ही गाँड़ हगते हैं!

अन्त में, एक बात और। भारतीय भूगोल की एक भयानक भूल ठीक कर लें। अस्सी बनारस का मुहल्ला नहीं है। अस्सी 'अष्टाध्यायी' है और बनारस उसका 'भाष्य'! पिछले तीस-पैंतीस वर्षों से 'पूँजीवाद' के पगलाए अमरीकी यहाँ आते हैं और चाहते हैं कि दुनिया इसकी 'टीका' हो जाए...मगर चाहने से क्या होता है?

अगर चाहने से होता तो पिछले खाड़ी-युद्ध के दिनों में अस्सी चाहता था कि अमरीका का 'व्हाइट हाउस' इस मुहल्ले का 'सुलभ शौचालय' हो जाए ताकि उसे 'दिव्य निपटान' के लिए 'बहरी अलंग' अर्थात् गंगा पार न जाना पड़े...मगर चाहने से क्या होता है?

इति प्रस्तावना।

तो मित्रो, यही अस्सी मेरा बोधगया है और अस्सी घाट पर गंगा के किनारे खड़ा वह पीपल का दरख्त बोधिवृक्ष, जिसके नीचे मुझे निर्वाण प्राप्त हुआ था!

अन्तर्कथा यह है कि सन् '53 में मैं गाँव से बनारस आया था। मँझले भैया रामजी सिंह के साथ । आगे की पढ़ाई के लिए। उन्हें बी.ए. में प्राइवेट पढ़ना था घर की खेती-बारी सँभालते हुए। और मुझे इंटर में। वे बेहद सख्त गार्जियन थे—कुछ-कुछ प्रेमचन्द के 'बड़े भाई साहब' की तरह! इस बात का मुझे भी आश्चर्य

होता था और उन्हें भी कि अपने अध्यापकों से अधिक ज्ञान के बावजूद, अपने ही मित्रों को पढ़ा-पढ़ाकर पास कराने के बावजूद वे खुद फेल कैसे हो जाते हैं?

उन्होंने एक बार अपने चेले को पकड़ा। रिजल्ट आया ही आया था। उन्होंने पूछा, 'बे लाल जी! हम तुझे पढ़ाए, जो-जो नहीं आता था तुझे, सब बताए, लिखाए, रटाए; तू पास हो गया, हम कइसे फैल हो गए?'

लाल जी बोले, 'गुरू, ऐसा है कि आप जो पढ़ाए, वह तो हम पढ़े ही। बाकी आपकी चोरी-चोरी भी कुछ पढ़े थे।'

उन्हें उसके उत्तर से सन्तोष नहीं हुआ। मुझसे पूछा, 'अन्दाजा लगाओ तो जरा! क्या बात हो सकती है?' इसमें अन्दाजा लगाने जैसी कोई बात नहीं थी लेकिन मैं अन्दाजा लगाने लगा और नहीं लगा पाया। कारण, कि भैया के शब्दकोश में व्याकरण के लिए कोई जगह नहीं थी! ह्य'ने', 'में', 'का', 'के', 'पर', 'से' आदि को वे फालतू और बेमतलब का समझते थे। सीधे-सादे वाक्य में अड़ंगेबाजी के सिवा और कोई काम नहीं नजर आता था इनको।...लेकिन यह बताता तो लात खाता!

बहरहाल, बात 'निर्वाण' की।

एक दिन भैया ने कहा, 'तुम्हारी अंग्रेजी कमजोर है। वह बातचीत लायक होनी चाहिए। कोई तुमसे अंग्रेजी में कुछ पूछे और तुम उजबक की तरह टुकुर-टुकुर ताकने लगो, यह अच्छा नहीं। तुम अस्सी के चुडुक्कों के साथ खेलना छोड़ो और चलो, अंग्रेजी बोलने का अभ्यास करो।'

भैया मुझे इसी पीपल के पास ले आए। शाम के समय। घाट पर भीड़-भाड़ कम थी। उन्होंने मुझे एक सीढ़ी के पास बिठा दिया और कहा, 'देखो! डेली शाम को यहाँ आकर अभ्यास करो—ऐसे!'

वे पन्द्रह गज दूर खड़े हो गए—अटेंशन की मुद्रा में और पेड़ से बोले, 'व्हाट इज योर नेम?' फिर पेड़ के पास गए और सामने देखते हुए उसी मुद्रा में बोले, 'सर, माई नेम इज रामजी सिंह!' फिर वहाँ से पन्द्रह गज दूर, 'व्हाट इज योर फादर्स नेम?' फिर पेड़ के पास से, 'सर, माई फादर्स नेम इज श्री नागर सिंह!' इस तरह वे तब तक पीपल के पास आते-जाते रहे, जब तक पसीने-पसीने नहीं हो गए!

'हाँ, चलो अब तुम?' वे सीढ़ी पर मेरी जगह बैठकर सुस्ताने लगे।

मित्रो! भगवान् झूठ न बुलवाएँ तो कहूँ कि अंग्रेजी बोलना तो मुझे नहीं आया; हाँ, इतना जरूर समझा कि पसीने से ज्ञान का बड़ा गहरा सम्बन्ध है!

इसीलिए जब लोग पूछते हैं कि तुम्हें इतना अधिक पसीना क्यों होता है या बूढ़े बकरे की तरह क्यों गँधाते हो तो मैं उनकी मूर्खता पर हँसकर रह जाता हूँ। अरे भले आदमी, ज्ञानी को ज्ञानोद्रेक से पसीना नहीं आएगा तो क्या कँपकँपी छूटेगी?

लेकिन साहब, मेरे ज्ञान की बधिया बैठा दी मुहल्ले के 'आदिवासियों' ने।

इधर 'प्रामाणिक अनुभूति' और उधर 'भोगा हुआ यथार्थ' और यथार्थ को पसीने से परहेज!

एक थे हमारे बापजान जो पैना उठाए हमें किताब-कॉपियों में जोते रखते थे, 'सालो, खेती तो गई सरकार के 'उसमें'। अगर यह भी नहीं करोगे तो भीख माँगोगे!' दूसरी ओर मुहल्ले के बाप थे जो अपने बच्चों का स्कूल में नाम लिखाते थे—पढ़ने के लिए नहीं, सरकार की ओर से मुफ्त बँटनेवाली 'दलिया' के लिए! वे केवल 'रेसस पीरियड' में ही स्कूल में नजर आते।

उनका एक जीवन-दर्शन था—'जो पठितव्यं तो मरितव्यम्, न पठितव्यं तो मरितव्यम्, फिर, दाँत कटाकट क्यों करितव्यम् ?'

पूरा मुहल्ला पीढ़ियों से इसी शैली में जीता चला आ रहा था—गाता, बजाता, झूमता, मदमाता! किसी के पास कोई डिग्री नहीं, रोजगार नहीं, नौकरी नहीं, व्यवसाय नहीं, काम नहीं; परलोक सिधारते समय पंडित महाराज ने पत्रा-पोथी लपेटे एक लाल बेठन खोंस दिया बेटे की काँख में—बस! वे तख्त पर बेठन रखे हुए जनेऊ से पीठ खुजा रहे हैं और जजमान का इन्तजार कर रहे हैं!

जजमान रोज-रोज नहीं आते, ग्रह-नक्षत्र भी रोज-रोज खराब नहीं होते; मुंडन, शादी-ब्याह, जनेऊ जैसे संस्कार भी रोज-रोज नहीं होते और न रोज-रोज फत्ते गुरू के कन्धे पर कुम्हड़ा होता है। फत्ते गुरू कुम्हड़े का पूरा वजन उठाए हुए मुहल्ले-भर को सुनानेवाली ऊँची आवाज में आत्मालाप करते आ रहे हैं, 'पालागी फत्ते गुरू! 'जय हो जजमान!'...'सट्टी गए थे का गुरू ?'...'कवन भँडुआ सट्टी जाता है जजमान ?'...'अरे तो इतना बड़ा कोंहड़ा! हफ्ते-भर तो चलेगा ही गुरू!'...'हफ्ते-भर तुम्हारे यहाँ चलता होगा। यहाँ तो दो जून के लिए भी कम है!'

मुहल्ला अपने दरवाजों, खिड़कियों, छतों से आँख फाड़े फत्ते गुरू का कोंहड़ा देख रहा है और उनके भाग्य से जल-भुन रहा है। सन्तोष है तो यह कि आज का दिन फत्ते गुरू का, कल का दिन किसी और गुरू का! कौन जाने हमारा ही हो?

कहते हैं, बुढ़ापे में तुलसी बाबा कुछ-कुछ 'पिड़काह' और चिड़चिड़े हो चले थे। मुहल्लेवालों ने उनसे जरा-सी छेड़छाड़ की, पिनक गए और शाप दे डाला, 'जाओ, तुम लोग मूर्ख और दरिद्र रह जाओगे!'

मित्रो, मेरा मतभेद है इससे। शान्तिप्रिय द्विवेदी को जितना तंग किया मुहल्ले ने, उससे अधिक तंग तो नहीं ही किया होगा बाबा को और अगर उन्हें शाप ही देना था तो जाते-जवाते इनके हाथ 'मानस' की पोथी क्यों पकड़ा जाते? फिर भी ये कहते हैं, तो हम मान लेते हैं; लेकिन सराप कर भी क्या कर लिया बाबा ने? माथे पर चन्दन की बेंदी, मुँह में पान और तोंद सहलाता हाथ! न किसी के आगे गिड़गिड़ाना, न हाथ फैलाना। दे तो भला, न दे तो भला! उधर मन्दिर, इधर गंगा; और घर में

सिलबट्टा! देनेवाला 'वह'; जजमान भोंसड़ी के क्या देगा? भाँग छानी, निपटे और देवी के दर्शन के लिए चल पड़े।

चौके में कुछ नहीं, मगर जिए जा रहे हैं—ताव के साथ! चेहरे पर कोई तनाव नहीं, कहीं कोई फिक्र नहीं और उधर से लौटे तो साथ में कभी-काल एक जजमान—'सुन बे रजुआ, खोल केवाड़ी, आयल हौ जजमान चकाचक!'

तो साहब! कच्ची उमर और बाला जोबन! अपन को भा गया यह दर्शन!

काहे की है-है और काहे की खट्-खट्! साथ तो जाना नहीं है कुछ! फिर क्यों मरे जा रहे हो चौबीस घंटे? सारा कुछ जुटाए जा रहे हो, फिर भी किसी के चेहरे पर खुशी नहीं! यह नहीं है, तो वह नहीं है! इसे साड़ी, तो उसे फ्रॉक, तो इसे फीस, तो उसे टिफिन, तो इसे दवा, तो उसे टॉनिक, तो इसे...कुछ करो तब भी और न करो तब भी यह दुनिया चल रही है और चलती रहेगी...

प्यारेलाल! अपनी भी जिन्दगी जियो, दूसरों की ही नहीं!

ऐसे में ही गया था सब्जी लेने अस्सी पर! लुंगी और जाकिट पहने हुए!

लगभग दो बजे दोपहर।

सन् '70 के जाड़ों के दिन।

सलीम की दुकान पर खड़ा हुआ ही था कि सड़क से आवाज आई—डॉक्टर!

मैंने मुड़कर देखा तो एक परिचित मित्र! रिक्शे पर! इससे पहले एक-दो बार की ही भेंट थी उससे।

मैं पास पहुँचा तो उसने पूछा, 'आवारगी करने का मन है डॉक्टर?'

'क्या मतलब?'

'कहीं चलना चाहते हो? कलकत्ता, बम्बई, दार्जिलिंग, कालिंगपांग, नेपाल—कहीं भी!'

मैं चकित! बोला, 'रुको! सब्जी देकर आते हैं तो बात करते हैं।'

उसने रिक्शे पर बैठे-बैठे मेरा हाथ पकड़ा, 'एक बात का उत्तर दो। महीने में कितने दिन होते हैं? तीस दिन। इनमें से कितने दिन तुम्हारे अपने दिन हैं? 'अपने' का मतलब जिसमें माँ-बाप, भाई-बहन, बीवी, बेटा-बेटी—किसी का दखल न हो। जैसे चाहो, वैसे रहो। जैसा चाहो, वैसा जियो।'

मैं सोच में पड़ गया।

'एक दिन, दो दिन, तीन दिन?' वह उसी गम्भीरता से बोलता रहा।

मैं चुप।

'सुनो! महीने के सत्ताइस दिन दे दो बीवी को, बाल-बच्चों को, पूरे खानदान को! उनसे कहो कि भैया, ये रहे तुम्हारे दिन! लेकिन ये तीन दिन मुझे दे दो। मेरी भी अपनी जिन्दगी है, उसके साथ जुल्म न करो, समझा?

'और सुनो! कार्यक्रम बनाकर जीने में तो सारी जिन्दगी गँवा रहे हैं हम! हम घर से निकलते ही कहते हैं कि सुनो, अमुक जगह जा रहे हैं और इतने बजे आएँगे। और कहीं बाहर जाना हुआ तो हफ्ते-भर के राशन-पानी, साग-सब्जी का बन्दोबस्त करके जाते हैं!...इन सबका कोई मतलब है क्या? आवारगी करने का भी कार्यक्रम बनाया जाता है क्या?'

'ठीक है यार! मैं सलीम को बता तो दूँ कि सब्जी पहुँचा के घर पर बोल देगा!'

'लो, फिर वही बात! अरे, जिन्हें खाना है, वे ले जाएँगे; चलो तुम!'

'अच्छा, चलो!' मैं भी बगल में रिक्शे पर बैठ गया, 'तुम भी क्या कहोगे?'

और साहब! मैंने सोचा था कि शहर में कहीं सिनेमा वगैरह देख-दाखकर शाम नहीं तो रात तक लौट आएँगे, लेकिन पहुँच गए पंजाब मेल से सचमुच कलकत्ता, वहाँ से डायमंड हार्बर, फिर वहाँ से काकद्वीप। छककर रास्ते-भर खाया-पिया—मौज मनाई! पसीने के बगैर जिन्दगी का मजा लिया।...वही लुंगी और जाकिट, हवाई चप्पल, जेब में दस नए पैसे। 'आन का आँटा, आन का घी। भोग लगावै बाबा जी!'

पाँच दिन बाद लौटे थे घर!

मौज तो बहुत आई, लेकिन लौटानी ट्रेन में ही एक दूसरा ज्ञानोदय हुआ।

जो भी तुम पर पैसा खर्च करता है, वह तुम्हारे लिए नहीं, अपने लिए। प्यारेलाल! ट्रेन छूटनेवाली है, लपक के जरा दो टिकट तो ले आओ!...जरा उस तरफ बैठ जाओ तो थोड़ा बदन सीधा कर लें...यार, कैसे दोस्त हो? कहीं से एक गिलास पानी नहीं पिला सकते?...जरा वो तौलिया तो पकड़ाना, 'फ्रेश' हो लिया जाए?...गुरू, सिगरेट तो है मगर माचिस छूट गई, डिब्बे में नजर दौड़ाओ! कोई न कोई जरूर बीड़ी-सिगरेट पी रहा होगा!...अगर आप दोस्त के लिए इतना भी नहीं करेंगे तो क्या करेंगे?

घर में ऐसा कुहराम मचा था कि न पूछिए! कई दिनों से चूल्हा नहीं जला था और बीवी ने बेवा होने की पूरी तैयारी कर ली थी!

मुझे जल्दी ही अहसास हो गया कि माया-मोह के जंजाल में फँसा मैं—अस्सी का प्रवासी—इस दर्शन के काबिल नहीं!

अस्सी पर प्रवासियों की एक ही नस्ल थी शुरू में—लेखकों-कवियों की!

आजादी के बाद देश में जगह-जगह 'केन्द्र' खुलने शुरू हो गए थे—'मुर्गी-पालन केन्द्र', 'मत्स्य-पालन केन्द्र', 'सुअर-पालन केन्द्र', 'मगर-घड़ियाल-पालन केन्द्र'। इन कवियों-लेखकों ने भी अपना एक केन्द्र खोल लिया केदार चायवाले की दुकान में—'कवि-पालन केन्द्र'। कोई साइनबोर्ड नहीं था, लेकिन जनता उसे इसी

रूप में जानती थी। सुबह हो या दोपहर या शाम—केदार, विजय मोहन, अक्ष्योभ्येश्वरी प्रताप, शालिग्राम, अधीर, आनन्द भैरवशाही, विद्यासागर नौटियाल, विश्वनाथ त्रिपाठी (देहलवी), श्याम तिवारी, विष्णुचन्द्र शर्मा, बाबा कारंत—इनमें किसी को भी समूह में या अलग-अलग यहीं पाया जाता था!

इसके मानद इंचार्ज थे समीक्षक नामवर सिंह और पर्यवेक्षक थे त्रिलोचन। ये कवि प्रायः यहीं से 'काव्य-भोज' के लिए 'तुलसी पुस्तकालय' या 'साधु वेला आश्रम' की ओर रवाना होते।

मगर हाय! '60 शुरू होते-होते कवि भी 'फुर्र' हो गए और केन्द्र भी टूट गया!

सन् '65 के आसपास जब धूमिल का आविर्भाव हुआ तो उसने गुरु के चरण-चिन्हों पर चलते हुए केदार चायवाले के सामने हजारी की दुकान को 'केन्द्र' बनाने की कोशिश की। हजारी के बगल में कन्हैया हलवाई की दुकान। वह कन्हैया के यहाँ से चार आने की जलेबी लेता और चार आने का सेव-दालमोठ और हजारी की दुकान में आ बैठता। इधर-उधर से कवियाये दूसरे लोग भी आते और नागानन्द भी। कवियों की नजर अखबार या बहस पर होती, नागानन्द की जलेबी-नमकीन के दोनों पर!

ऐसे में केन्द्र क्या चलता!

मगर बाद के कई वर्षों तक—जिस प्रकार गोला दीनानाथ के इलाके में घुसते ही मसालों की गन्ध से नाक परपराने लगती है, उसी प्रकार अस्सी पर खड़े होनेवाले किसी भी आदमी के कान के पर्दे काव्यचर्चा से फटने लगते थे। धूमिल काव्यद्रोहियों के लिए परशुराम था और उसकी जीभ फरसा!

अस्सी से धूमिल क्या गया, जैसे आँगन से बेटी विदा हो गई। घर सूना और उदास।

इधर सुनते हैं कि कोई बुढ़ऊ-बुढ़ऊ से हैं कासीनाथ—इनभर्सीटी के मास्टर जो कहानियाँ-फहानियाँ लिखते हैं और अपने दो-चार बकलोल दोस्तों के साथ 'मारवाड़ी सेवा संघ' के चौतरे पर 'राजेश ब्रदर्स' में बैठे रहते हैं! अक्सर शाम को! 'ए भाई! ऊ तुमको किधर से लेखक-कवी बुझाता है जी? बकरा जइसा दाढ़ी-दाढ़ा बढ़ाने से कोई लेखक-कवी थोड़े नु बनता है? देखा नहीं था दिनकरवा को? अरे, उहै रामधारी सिंघवा? जब चदरा-ओदरा कन्हियाँ पर तान के खड़ा हो जाता था—छह फुटा ज्वान; तब भह्-भह् बरता रहता था। आउर, ई भोंसड़ी के अखबार पर लाई-दाना फइलाय के, एक पुड़िया नून और एक पाव मिरचा बटोर के भकोसता रहता है! कवी-लेखक अइसै होता है का?

सच्ची कहें तो नामवर-धूमिल के बाद अस्सी का साहित्य-फाहित्य गया एल.के.डी. [लौड़ा के दक्खिन]!

मित्रो, इमरजेंसी के बाद और '80 के आसपास से गजब हो गया!

भारत पर तो बेशक हमले हुए—यवनों के, शकों के, हूणों के, कुषाणों के, लेकिन अलग-अलग और बारी-बारी, मगर अस्सी पर एक ही साथ कई राज्यों और जिलों से हमले हुए, आरा, सासाराम, भोजपुर, छपरा, बलिया, गाजीपुर, आजमगढ़, जौनपुर, गोरखपुर, देवरिया जाने कहाँ-कहाँ से 'जुवा' लड़के यूनिवर्सिटी में पढ़ने आए और चौराहे पर डेरा-डंडा गाड़ चले!

इनमें कई नस्लें थीं!

एक नस्ल पैदा हुई। 'फाइन आर्ट्स' के शौक से! ये लड़के 'मारवाड़ी सेवा संघ' के चौतरे पर पेंसिल और स्केचबुक लिये बैठे रहते हैं और 'संघ' की ओर से बँटनेवाली खिचड़ी या रोटियों के इन्तजार में बैठी या लेटी गायों, कुत्तों और भिखमंगों के चित्र बनाया करते हैं!

दूसरी नस्ल 'तुलसीघाट' पर आयोजित होनेवाले 'ध्रुपद मेला' से निकली! यह गायकों-वादकों और उनकी कला पर फिदा होकर सिर हिलानेवालों की नस्ल है! ये कढ़ाई किए हुए रंग-बिरंगे कुर्ते और चूड़ीदार पाजामा पहने, कन्धे तक झूलते लम्बे बाल बढ़ाए किसी गुरु या चेली के साथ बगल में तानपूरा दबाए इधर-उधर आते-जाते नजर आते हैं।

तीसरी नस्ल और भी जालिम है—पत्रकारों की! 'तलवार मुकाबिल हो तो अखबार निकालो' वालों की। ये मालिकों को गरियाते हैं लेकिन छापते वही हैं जो वह चाहता है! ये धर्मनिरपेक्ष हैं लेकिन खबरें धर्मोन्माद की छापते हैं! दंगा, हत्या, लूट-पाट, चोरी-डकैती, बलात्कार के शानदार अवसरों पर इनके चेहरे की चमक देखते ही बनती है!

एक चौथी नस्ल भी है गोवर्धनधारियों की जो कानी उँगली पर 'राष्ट्र' उठाए किसी चेले के 'हीरो होंडा' पर दस-बारह साल से मुस्की मार रहे हैं। लेकिन इनके बारे में बाद में!

जब इनकी—इन सबकी फौज ने एक साथ अस्सी पर धावा मारा, तो कहते हैं, चौराहे की उत्तरी सीमा पर तैनात पप्पू वल्द बलदेव ने आत्मरक्षा में इन पर भाँग की गोलियाँ दागनी शुरू कीं...तब से हाल यह है कि दो लम्बी मेजों और चार लम्बे बेंचोंवाले इस दड़बे में दस-बारह ग्राहकों के बजाय बीस-पच्चीस संस्कृतिकर्मी सुबह से शाम तक ठँसे रहते हैं!

उधर गोलियों के डब्बे के साथ बलदेव, इधर चूल्हे और केतली के पास पप्पू—नाम पप्पू, उम्र चालीस साल!

यह भी कहते हैं कि इसी के मॉडल पर दिल्ली में 'श्रीराम सेंटर' की कल्पना की गई थी! बाकी तो शहर-शहर का फर्क है।

तो साहब, जानिए कि भाँग अस्सी की संस्कृति है। और जब संस्कृति है तो कोई न कोई परम्परा भी जरूर होगी, और वह परम्परा है—होली का विश्वप्रसिद्ध 'कवि-सम्मेलन'!

मेरे साथ ही आप सब लोग वन्दना करें इस संस्कृति और परम्परा के रक्षक और मुहल्ले के 'डीह' डॉ. गया सिंह की!

हरिश्चन्द्र महाविद्यालय के अध्यापक डॉ. गया सिंह ने 'विद्वान' कहलाने के लिए अथक संघर्ष किया है। एक ओर विद्वानों की संगत, दूसरी ओर ऐसे लोगों से मारपीट जो उन्हें गुंडा, लंठ, झगड़ालू, मुकदमेबाज और जाने क्या-क्या कहते थे! अपने को 'विद्वान' साबित करने के लिए उन्होंने कई लोगों से कई मुकदमे भी लड़े। अनाड़ी लोग उन्हें कानपुर के 'धरतीपकड़' घोड़ावाले के टक्कर का व्यक्तित्व मानते हैं। ये चुनाव तो नहीं लड़े लेकिन हिन्दू विश्वविद्यालय के एक विभाग में निकलनेवाला ऐसा कोई पद नहीं जिसके लिए इंटरव्यू न दिया हो! अगर ये छँटे तो अपनी विद्वत्ता के आतंक और दबदबे के कारण! मूर्खता के कारण दूसरे छँटे!

उनके कई अमर वाक्य हैं जिन्हें लोग अक्सर 'कोट' करते रहते हैं, जैसे—'मैंने शिवप्रसाद सिंह रूपी पौधे को उगाया और सींचकर बड़ा किया तो त्रिभुवन सिंह ने उखाड़कर अपने गमले में लगा लिया?'...'मैंने शिवप्रसाद को कंडालन चाय, खँचियन रसगुल्ला, झउवन पान और टनन समोसा खिलाया है!'...'जब सौ रचनाकार मरते हैं तब एक आलोचक पैदा होता है,' आदि!

भाँग बाबू साहब की प्रतिभा के लिए नित्य का खाद-पानी है, ऐसा लोग बोलते हैं।

जब अस्सी पर चाय के साथ बिना लाइसेंस के भाँग बेचनेवालों को दारोगा ने गिरफ्तार करके चालान किया तो किसी भी माई के लाल की हिम्मत नहीं हुई कि इस जुल्म के खिलाफ बगावत का झंडा बुलन्द करे! खाते सब थे, मगर पस्त! अस्सी की सारी दुकानें बन्द! ऐसे गाढ़े वक्त पर—जबकि बड़े-बड़े नेता रण छोड़ चुके थे—गया सिंह ने माइक सँभाला—दहाड़ने से पहले उन्होंने मंच को तीन तरफ से घेरे पचासों सिपाहियों समेत दारोगा शर्मा को देखा। शर्मा...जी! देख रहे हो मेरा सिर? खल्वाट? खोपड़ी पर एक भी बाल नहीं। तुम्हारे डंडे का वार इस पर भरपूर पड़ेगा! मारो! मार सको, तो! लेकिन शर्मा भोंसड़ी के! तुम काशी की संस्कृति और परम्परा मिटाना चाहते हो? तुम्हारी हैसियत कि तुम हजारों-हजार साल से चली आ रही काशी की संस्कृति और परम्परा मिटा दो? तुम्हारे जैसे जाने कितने दरोगा-दरोगी आए और गए; अस्सी कायम है और कायम रहेगा...इसके बाद उन्होंने उपमा, रूपक, उत्प्रेक्षा, श्लेष, यमक अलंकारों की सहायता से जब यह बताना शुरू किया कि किस तरह भाँग बनारस की आबोहवा के लिए अनिवार्य है, भाँग का सम्बन्ध 'दिव्य निपटान' से है, 'दिव्य निपटान' का सम्बन्ध शरीर और

स्वास्थ्य से है, स्वास्थ्य का सम्बन्ध मानव–अस्तित्व से है और मानव–अस्तित्व का सम्बन्ध अस्सी से है तो शर्मा लाठी–बन्दूकधारी अपने लश्कर के साथ वहाँ से खिसकने लगा!

ऐसा ही विकट संकट एक बार आया परम्परा के आगे! और यह संकट प्रशासन की ओर से नहीं, अपने ही लोगों की ओर से आया!

'भारतीय संस्कृति' भाजपाई चरवाहों ने अस्सी–परम्परा के रखवालों से कहा कि होली का यह कवि–सम्मेलन नहीं होगा। अश्लील है, गन्दा है, फूहड़ है। इसे करना हो तो शहर के बाहर जाओ! गंगा के उस पार, रेती पर! जहाँ कोई न सुने! अगर हुआ, तो गोली चल जाएगी, लाशें बिछ जाएँगी, आदि–आदि।

इधर यह हिन्दुओं के महान पर्व पर आयोजित होनेवाला अकेला विश्वस्तर का सम्मेलन, जिसे देखने–सुनने के लिए आनेवाले देश–विदेश के लाखों लोग! वीडियो–कैमरे और टेपरिकॉर्डर के साथ! सड़कें और गलियाँ जाम! यातायात ठप! लंका से लेकर शिवाला तक कहीं भी तिल रखने की जगह नहीं!...महीनों से अस्सी के इसी दिन का बनारस की जनता इन्तजार करती है! और इन्तजार करते हैं महीनों तक मशक्कत और रियाज के बाद कविताएँ बनानेवाले कवि! महाकवि चकाचक बनारसी से लेकर बद्रीविशाल और भुटेले गुरू तक!

लोगो! बाबा की धरती का यह चमत्कार 'अवसि देखिए देखन जोगू'!

मानव–शरीर का कोई अंग नहीं जो सक्रिय न हो! लिट्टे, खालिस्तान, उग्रवाद, रामजन्मभूमि–बाबरी मस्जिद, राष्ट्रीय–अन्तर्राष्ट्रीय कोई समस्या नहीं, कोई राष्ट्रीय–अराष्ट्रीय पार्टी नहीं जो होली की गालियों के 'प्रक्षेप्यास्त्रों' की जद के बाहर हो! गालियों में दिलचस्पी हो तब भी आइए और राजनीतिक व्यंग्य में हो तब भी! अगर शब्दों के अर्थ पर न जाएँ तो जीवन की अकुंठ उच्छल–उल्लसित ध्वनियों का समारोह!

तो साहब! धमकी से भुटेले गुरू, बद्रीविशाल, सुशील त्रिपाठी, सुरेश्वर और दूसरे आयोजक परेशान! परम्परा खतरे में! जो भी शख्स मंच पर खड़ा होगा, गोली मार दी जाएगी! एक बार फिर ऐसे वक्त पर अपने त्याग, बलिदान और दिलेरी से डॉ. गया सिंह ने प्रसाद की 'गुंडा' कहानी के बाबू नन्हकू सिंह की याद ताजा कर दी, 'जिसने अपनी माँ का दूध पिया है, सामने आए और मार दे गोली!'

पप्पू की दुकान इन्हीं कलाकारों, चित्रकारों, पत्रकारों, नेताओं और नागरिकों की दैनिक [अर्थात् दिन की] छावनी है!

अक्टूबर के दिन। सुबह के नौ बज रहे थे।

दुकान ग्राहकों से भरी हुई थी। कुछ लोग खाली होने के इन्तजार में गिलास लिये खड़े थे। शोर–शराबा काफी था मगर बातें एक मुद्दे पर नहीं टिकी थीं—कभी

मंडल, कभी खरमंडल [मन्दिर-मस्जिद], कभी बंडल—शटल की तरह आ-जा रहे थे! कुछ लोग सुबह का अखबार देख रहे थे, कुछ पढ़ रहे थे, कुछ चाट रहे थे! बीच-बीच में बच्चन की बेंच से हरिद्वार या रायसाहब इस दुकान में खड़े किसी पत्रकार को आवाज देते, जो रात की ड्यूटी से लौटा था!

तन्नी गुरू अस्सी के यूनिफार्म में दड़बे के एक छोर पर बैठे थे और दूसरे छोर पर अपने चेले के साथ कोई तानसेन रियाज कर रहा था! रियाज क्या; किसी राग का धीमे सुरों में आलाप ले रहा था और चेला अपने झबरे बालोंवाले सिर से ठेका दे रहा था!

'तन्नी गुरू! जरा बोलना तो, यह कौन राग है?'

गुरू को आवाज देकर वह चालू हुआ—आऽऽऽ, तूम तन न न न तूम! आऽऽऽ...

'दैनिक जागरण' से लौटे तुलसीदास रात में 'टेलीप्रिंटर' पर आई किसी 'न्यूज' का खुलासा कर रहे थे—चूल्हे की बगल में बैठे पत्थर की बेंच से!

'गुरू, सुन नहीं रहे हो, ध्यान दो! देखो, विलम्बित में—आऽऽऽऽ...'

'कमंडल मंडल पर भारी पड़ रहा है!'...'आज' के संवाददाता बद्री बोले।

उनके समर्थन में कहीं से आवाज आई, 'आरक्षण का सारा मामला 85 करोड़ लोगों में से सिर्फ चालीस हजार लोगों की नौकरी का है!'

'अरे चुप रहो, तुम क्या बात करोगे? रात-भर रीवाँ कोठी में जुआ खेलते रहे और यहाँ बहस करने चले हो?'

रायसाहब बोले, 'जुआ न होता तो गीता न आई होती!'

इसी बीच बद्री के जोड़ीदार 'भारत कला भवन' में काम करनेवाले राजेन्द्र ने प्रवेश किया, 'बद्री, तुम पहले झुनझुनवाला-पुनपुनवाला के अखबार में नौकरी करना बन्द करो, फिर बोलो!'

'देखो! मेरे मालिक के बारे में कुछ न बोलो!'

'हे बदिरिया, हम-तुम दीवाली को रात-भर रीवाँ कोठी में जुआ खेलते रहे, उस बीच दो बार बिजली गई और साले, दूसरे दिन तुमने अखबार में निकलवा दिया कि बनारस की दीवाली अबकी अँधेरे में मनी। यही नैतिकता है तुम्हारी?' रायसाहब बोलते-बोलते खड़े हो गए।

इस पर राजेन्द्र ने रायसाहब का पक्ष लेना चाहा कि वे उखड़ गए, 'अरे चलो! तुम क्या बात करोगे? जाओ, कला भवन में अकबर-बाबर का जूता-चप्पल, शेरवानी, टोपी, पीकदान दिखाओ! सारा सोना और सिक्का और साड़ियाँ चुराकर अपने घर ले गए तुम लोग और यहाँ बात करने चले हो!'

तब तक किसी ने अखबार के ऊपर से अपना सिर उठाया, 'विपिया [वी.पी.] को किसी मेढ़िया पहलवान से कम मत समझो! जैसे मेढ़िया पहलवान हर बार पटकाते हैं, लेकिन धूल झाड़कर उठ खड़े होते हैं—देखिए, पटका कहाँ? पीठ पर धूल लगने से क्या होता है? कन्धे का यह हिस्सा देखिए!'

इस पर काँव-काँव मचा ही था कि किसी ने अखबार का दूसरा पन्ना दिखाते हुए कहा, 'यह देखो मोहर सिंह की मूँछ! इससे विकराल मूँछें तो मरकंडवा हलवाई की हैं मगर उससे भी तावदार मुन्नू दीक्षित की! यार! एक बात गौर करते हो कि नहीं! हमारे महाल में तीन मुच्छड़ और तीनों अपनी बीवियों के आगे थर-थर काँपनेवाले!'

'चुप बे! बात कुछ हो रही है और ई ससुर!'

पूरा दड़बा शोर और धुएँ से भरता चला गया, तब तक तानसेन द्रुत पर पहुँच चुका था। वह बीच-बीच में तन्नी गुरू को देख लेता था। लेकिन गुरु का ध्यान राग पर नहीं, कहीं और था!

'अब बोलो गुरू! बता दो तो जानें!' उसने सम पर आकर पूछा।

तन्नी गुरू ने उसे देखा और बोले—'आग राग है!'

'यह कौन-सा राग है? कभी नाम नहीं सुना!' उसने अचरज से पूछा।

'जिस राग को सुनकर झाँट में आग लग जाए, वह आग राग!' और भुनभुनाते हुए उठ खड़े हुए तन्नी गुरू।

उधर लुंच गुरू बच्चन की दुकान के आगे भँड़ैती फाने थे। उन्होंने आज सबेरे ही डबल डोज ले ली थी! ऑफिस रवाना होने से पहले अपने चपरासी सुकुल के कल का किस्सा बयान कर रहे थे।

बोले, 'सुकुल कल हमें पिटवाते-पिटवाते बचा। साले पर अंग्रेजी से हाईस्कूल करने का भूत सवार है! तीन दिन से 'वाइफ' का माने याद कर रहा है! हर समय स्टूल पर बैठे-बैठे 'डब्ल्यू आई एफ ई, वाइफ; वाइफ माने औरत' बोलता रहता था। कल हुआ ऐसा कि सामने से आती हुई एक लड़की को देखा। कहा—गुरू, वाक्य में प्रयोग करें? मैंने ध्यान ही नहीं दिया—कहा, अच्छा, करो! वह बोला—ही इज वाइफ! महाराज, निकाल लिया चप्पल उस लड़की ने! मैं तो साइकिल पर सवार होकर भगा, उसका क्या हुआ? अब चलें तो पता चलेगा! अच्छा, जै श्रीराम!'

'बाबू साहब! जरा इधर तो आइए!'

मैंने देखा, तन्नी गुरू कमर पर हाथ रखे खड़े हैं।

'आप ही से कह रहे हैं, सुनिए तो!'

'पालगी महराज!' मैंने कहा।

वे मुस्कराते हुए बोले, 'नाश हो तुम्हारा!'

'क्या बात है गुरू, कुछ उखड़े-उखड़े लग रहे हो!' मैंने पूछा और वे मेरी कुहनी पकड़कर एक किनारे ले चले।

गुरू कुछ बोलें, इससे पहले आपसे थोड़े में ज्यादा समझने का अनुरोध!

गुरू अस्सी के चमत्कारों में से एक हैं। लोगों का मगज ही उनका कलेवा है! मेरे साथ पढ़ चुके हैं। जाने किन-किन नौकरियों से होते हुए होमगार्डों के मेठ हुए

और तैनात किए गए गंगा के घाटों पर! 'गंगा-प्रदूषण' के नए महकमे में। उन्हें दस-पन्द्रह और होमगार्ड दिये गए और कहा गया कि घाटों पर किसी को दिसा-फराकत न करने दें।

तन्नी गुरू चौकस! जिस किसी को धोती, लुंगी, नेकर, गमछा, लँगोट खोलकर बैठा देखते, दौड़ा लेते! वे क्या, उनके गण दौड़ाते। घाटों पर जीने और रहनेवाली पब्लिक परेशान! जिस 'दिव्य निपटान' के लिए बनारस सारे संसार में प्रसिद्ध है, उसके लिए भी 'चवन्नी', 'अठन्नी' देनी पड़े, इससे बुरी बात क्या हो सकती है? लेकिन इसके लिए तन्नी गुरू दोषी कहाँ हैं? बकौल उनके, 'मुफ्त में कौन-सा काम होता है इस देश में? और यह तो गंगा मैया की पवित्रता का प्रश्न है! जै गंगा मैया!'

लेकिन गुरू जल्दी ही इस 'माले मुफ्त दिले बेरहम' वाले काम से छुट्टी पाकर दूसरे महकमे में चले गए।

'तुम एकदम्मै से झंडू हो गए हो का?'

'कुछ बताओ तो!' मैंने पूछा।

'बात यह है...जरा इधर आओ एक किनारे!' उन्होंने मेरी आँखों में देखा, 'लेकिन सच्ची बोलना! हाँ? मेरे मन में एक डॉउट है! देखो, झूठ मत बोलना! चौथीराम जादो तुम्हारे दोस्त! मुकुन्द जादो के यहाँ चाय पीते हो! बर्फीवाले सीताराम जादो से भी तुम्हारी घुटती है, हम देखे हैं। एक और फंटूस तुम्हारे आगे-पीछे घूमता है—रामौध जादो!...कल कोई बोला कि दिल्ली में भी कोई जादो है जिसकी किताब में अस्सीचरितम् की घोषणा है। अब यह बताओ, तुम भी तो जादो नहीं हो?'

मुझे हँसी आ गई उन्हें सुनकर।

'देखो गुरू हँसो मत! हमें तुम्हारे खून में कुछ फरक मालूम हो रहा है!'

'बस, इतनी-सी बात?'

'तुम उस दिन गोपला की दुकान पर मंडल-मंडल काहे चिल्ला रहे थे?...तुम्हें याद है न, जब वह विपिया भोंसड़ी के हर जगह से दुरदुराया और लतियाया जा रहा था तो यही अस्सी-भदैनी है जिसने उसका तिलक किया और कहा—राजर्षि! राजा नहीं फकीर है, देस की तकदीर है!...और ससुरा दिल्ली गया तो हमारे ही 'उसमें' डंडा कर दिया!...और अब तुम भी पगलाए भए हो का? चलो, पान खिलाकर प्रायश्चित्त करो! ए देवराज! दो ठो पान बढ़ाना तो!'

मित्रो, तन्नी गुरू उधर गए तो मेरा ध्यान बच्चन की दुकान के आगे पड़ी बेंच पर गया जिसके आसपास सड़क का इलाका 'संसद' के नाम से कुख्यात है।

और आपसे यह भी बता दें कि जिसने 1990 के अक्टूबर-नवम्बर महीने में अस्सी नहीं देखा, उसने दुनिया भी देखी तो क्या देखी?

देश जल रहा था उसके पहले से। उत्तर से दक्षिण और पूरब से पश्चिम तक। सिर्फ दिल बचा था। दिल माने उत्तरप्रदेश! मंडल-कमंडल के झगड़े ने इसे भी लपेट लिया। दिल्ली की सरकार अब गई कि तब गई—यही लगा हुआ था। पप्पू की दुकान के सामने, कहना वीरेन्द्र श्रीवास्तव का कि 'पी.एम. मंडल आयोग में फँस गया, सी.एम. बाबरी मस्जिद में और डी.एम. दोनों की व्यवस्था में—देश भोंसड़ी के जहाँ का तहाँ है।'

लेकिन देश जहाँ का तहाँ नहीं था। मुहल्लेवालों को दाल खाए दो महीने हो गए थे। गेहूँ और कोयला—दोनों एक भाव बिक रहे थे। यानी ढाई रुपए किलो, चाहे कोयला खाइए, चाहे गेहूँ!

ऐसी हालत में सबकी नजर वामपंथी पार्टियों की तरफ थी। देखो, वे क्या करती हैं? रामबचन पाँडे ने घोषणा की कि कम्युनिस्ट पार्टियों और डोम में कोई फर्क नहीं है! जिस तरह डोम घाट [मसान] पर लकड़ी वगैरह जुटाकर मुर्दे का इन्तजार करता रहता है, उसी तरह ये पार्टियाँ भी टकटकी लगाए बैठी रहती हैं कि सरकार कब गिरे!

वीरेन्द्र श्रीवास्तव और रामबचन पाँड़े अस्सी के बड़े-बुजुर्ग नेता हैं। 'बड़े-बुजुर्ग' का मतलब घर का ऐसा सदस्य जिसकी सलाह या आदेश को बकवास समझा जाए, जिस पर ध्यान देने की जरूरत न समझी जाए! जैसे अगर वह चिल्लाए कि 'अरे देखो! बैला खूँटा तुड़ा के भागा जा रहा है, पकड़ो उसे' या 'गैया को नाँद से हटाकर नीम की छाँह में बाँध दो' तो लड़के-बच्चे ताश खेल रहे हों तो खेलते रहें! यानी वह, जो अपने जीते-जी फालतू हो जाए!

ये दोनों पिछले पचीस-तीस सालों से समाजवादी हैं! इनकी परवरिश छात्र-संघों में हुई। इन्होंने लड़ाइयाँ लड़ीं, जेल गए, धरने दिए, अनशन किए, लाठियाँ खाईं, सब किया और आज तक 'समाजवाद' से टस से मस नहीं हुए! लेकिन इन्होंने समाजवाद की परती में जब-जब खूँटा गाड़कर अपना ढाबा खड़ा करना चाहा, धकिया दिये गए! वीरेन्द्र की सारी जवानी गोदौलिया पर 'दी रेस्त्राँ' के नीचे सोकर रात काटने में चली गई और पाँड़े जी की गाँव में।

और गाँव में पाँड़े जी की हैसियत क्या है, उन्हीं से सुनिए, 'इस देश में बुद्धिजीवी से बेकार कुछ नहीं है जी! अब यही देखिए, मैं एम.एस-सी. हूँ। पी-एच.डी. हूँ। नेता हूँ, बुद्धिजीवी हूँ लेकिन गाँव पर जाता हूँ तो कोई मुझ पर विश्वास नहीं करता। जहाँ गाँव-घर की किसी गम्भीर समस्या पर बात होती है, लोग सीधे-सीधे कह देते हैं—अरे! इनसे क्या पूछ रहे हैं, ये तो नेता हैं! यही नहीं, जब हमारे दरवाजे का बनिहार हमारे ही काम से घंटे-भर के लिए बाहर जाने लगता है—चाहे वह खलिहान का काम हो, चाहे कोई और—सन्देह से मेरी ओर देखता है और पूछता है—नेताजी! अभी तो यहाँ बैठे रहिएगा न! जरा नजर रखिए,

आ रहे हैं! वह चला तो जाता है लेकिन उसके भीतर बराबर डर रहता है कि कहीं मैं उठकर चला न जाऊँ!'

एक और समाजवादी नेता हैं देवव्रत मजुमदार! पूर्वांचल के नौजवान समाजवादियों के पुरखा। पाँड़े जी के गुरुभाई और श्रीवास्तव जी के गुरु! लोहिया, चरणसिंह, बहुगुणा से होते हुए राजीव गांधी तक पहुँचे हैं। वे भी अक्सर अस्सी आते हैं—अपनों के बीच बेगानों की तरह।

श्रीवास्तव जी अपने कांग्रेसी गुरु को देखते ही कहते हैं :

तेरे हुस्न का हुक्का बुझ गया है,
एक हम हैं कि गुड़गुड़ाए जाते हैं!

जैसे मेरे पिताजी—जो प्राइमरी के मुदर्रिस थे—कहा करते थे कि उनके पढ़ाए हुए लड़के आज किस-किस ओहदे पर हैं, वैसे ही ये नेता भी कहते रहते हैं कि 'अरे वो लूगा मंत्री! और वो पसवनवा! और वो मूर्ख मंत्री ललुआ! ए भाई! इनको भगई पहनने का भी सहूर नहीं था। जब जेहल से छूटा सब, तो किराया-भाड़ा हमीं दिया! और ई जे गोड़वा देखते हैं ना! दबाने के लिए मारामारी करता था सब! लेकिन सब लक्क है भाई जी! आज ऊ सब मंत्री हैं और हम! देखियै रहे हैं! बाकी एक बात है; आज भी सब देखता है तो संत्री-फंत्री हटाकर बुला लेता है!'

पिताजी और इनके कहने में फर्क इतना ही है कि उनका चेहरा चमक उठता था, इनका बुझ जाता है! उन्हें गर्व होता था, इन्हें तकलीफ होती है!

इनके सिवा अस्सी पर नेताओं की एक दूसरी प्रजाति है जो 'सम्पूर्ण क्रान्ति' के 'जच्चा-बच्चा केन्द्र' से निकली है जिन्हें देखने से लगता है कि उनकी राजनीतिक पार्टियों ने उन्हें अपनी जायज औलाद मानने से इनकार कर दिया है। हो सकता है, इसलिए भी इनकार कर दिया हो कि इनकी 'तरुणाई' में 'अँगड़ाई' और 'ललाई' जरूरत से ज्यादा रही हो!

ये भी चुनाव के बाद 'विधानसभा' और 'संसद' की ओर ऐसे ताकते हैं, जैसे वे अंगूर के गुच्छे हों और बेहद खट्टे हों!

ऐसे नेताओं में सूबेदार सिंह, हरिद्वार पांडेय, अनिल कुमार 'झुन्ना', अशोक पांडेय वगैरह हैं जिनका पार्टी दफ्तर बच्चन की दुकान की बेंच है! ये तेज-तर्रार हैं; ['ईमानदार' तो कौन रह गया है इस जमाने में वी. पी. को छोड़कर] समझदार हैं, अस्सी की जनता के गले के हार हैं मगर बेकार हैं।

'इनमें से किसी को टिकट क्यों नहीं मिला पाँड़े जी!' मैंने पूछा।

रामबचन जी बोले, 'सन् '70 के बाद से कुछ लोग हैं जो बराबर सत्ता में हैं, सरकार चाहे जिसकी बने, वे हारें या जीतें, सत्ता-सुख भोग रहे हैं! जैसे, मैं एक मंत्री जी को जानता हूँ। बड़ा रुतबा है उनका इन दिनों। उन्होंने अलग-अलग काम

के लिए लोगों से कुल मिलाकर लगभग एक करोड़ रुपए ले रखे हैं। अब मान लीजिए, कल सरकार गिर गई! सरकार में रहकर वे जान चुके हैं कि काम कैसे कराया जाता है। वे मंत्री रहें, न रहें लेकिन आधा करोड़ भी खर्च कर देंगे तो काम हो जाएगा! अगले चुनाव तक तो काम चलता रहा न! यह दलबदलुओं को छोड़ के बकिया लोगों का हाल है।'

'तो, गुरूजी, सिर्फ चूतिए कैडर्स हैं जो इस या उस पार्टी में हैं और उम्मीद बाँधे हैं!'

पाँड़े से थोडी दूर पर खड़े थे हरिद्वार पाँड़े! भाषण-कला के बैजू-बावरा! मंच पर खड़े हो जाएँ तो जो चाहें, कर दें—पानी बरसा दें, बिजली गिरा दें, दीया जला दें, पत्थर पिघला दें! वे उन दिनों 'मूल्यों', और 'सिद्धान्तों' की बात करनेवाली पार्टी में थे, मैं जब उनके पास पहुँचा, उस समय वे एक-दूसरे नेता को डाँट रहे थे, 'और कोई श्रोता नहीं मिला क्या आपको? मुसीबत है यहाँ! हर आदमी अपने लिए श्रोता ढूँढ़ता रहता है...अब बताइए, ये मुझे पॉलिटिक्स पढ़ाएँगे, जबकि इनके जैसे सैकड़ों लौंडों को मैंने नेता बनाकर छोड़ दिया! देखना चाहो तो जाकर देख लो, वे आज भी पटना और लखनऊ की विधानसभाओं में झाड़ा फिर रहे हैं...

'यहाँ हफ्ते-भर के भीतर सारा समीकरण बदल जाता है और सिद्धान्त धरा रह जाता है! क्यों नहीं देखते लोग कि 3 अगस्त, 1990 को देवीलाल के निकाले जाने पर जो लोग 'वी.पी. सिंह जिन्दाबाद' और 'देवीलाल मुर्दाबाद' बोल रहे थे, वही लोग 15 अगस्त, 1990 को मंडल आयोग की घोषणा के बाद 'वी.पी. सिंह मुर्दाबाद' बोलने लगे।

'जिस देश में मुर्दा फूँकने के लिए घूस देना पड़ता हो, उसमें सिद्धान्त?'

हरिद्वार कह ही रहे थे कि इधर-उधर से नेता जुटने लगे। कड़कड़ाता कुर्ता-पाजामा, कलफ किया हुआ खड़ा कॉलर!

'बस कीजिए पाँड़े जी! अब चला जाए, देर हो रही है!' उनमें से किसी ने टोका।

मैं समझ गया कि यह हरिद्वार का 'रिहर्सल' चल रहा था।

'का गुरू! किधर?' हरिद्वार ने सामने सड़क पर आवाज दी।

देखा तो रिक्शे पर सूबेदार सिंह! विनम्रता की मूर्ति! उनके दोनों जुड़े हाथ बाएँ-दाएँ, आगे-पीछे सबको प्रणाम करने में व्यस्त! कहते हैं, प्रणाम के मामले में वे जड़-चेतन-पशु-पक्षी-मनुष्य में भेद नहीं करते।

'गुरू, तेरही की पूड़ी खाने जा रहा हूँ।' सूबेदार ने सूचना दी, 'पिछले तीन महीने से बारात कर रहा था और ये तीन महीने तेरही के सीजन हैं!'

'बाकी के छह महीने?' किसी ने पान की दुकान से पूछा।

'भाजपा के खिलाफ भाषण करने के!' वहीं से कोई बोला।

'गोदौलिया वाले कार्यक्रम का क्या होगा?' हरिद्वार ने पूछा।

रिक्शा आगे बढ़ाते सूबेदार बोले, 'आ जाऊँगा! डेढ़-दो घंटे से ज्यादा नहीं लगेगा।'

मित्रो, बीच में हस्तक्षेप के लिए क्षमा करें!

सन् '50 के जमाने में सुनता था कि किसी कॉलेज, संस्था या विश्वविद्यालय को 'कवि-सम्मेलन' कराना होता था तो वह इस नगर के एक कवि-पुंगव से सट्टा करता था और वे दस-पन्द्रह कवियों को लिये-दिये वहाँ पहुँच जाते थे! कवि-सम्मेलनों की यह परम्परा आज भी जीवित है! हर कवि के यहाँ जाने, उसे मनाने, निमंत्रित करने की जरूरत नहीं। भोजपुरी के महाकवि चन्द्रशेखर जी से सम्पर्क कीजिए, बयाना दीजिए और सभी रसों के कवियों का मजा लीजिए!

यही परम्परा अस्सी के नेता-समाज में भी चलती है।

नगर में कहीं भी अन्याय हो, अत्याचार हो, जुल्म हो, बेईमानी हो, भ्रष्टाचार हो, चटावन हो, जनेऊ हो, मुंडन हो—आप इनमें से किसी एक को खबर दीजिए, सब हाजिर! आपका काम बस इतना है कि फुटपाथ पर एक माइक रखवा दें और किसी खम्भे में लाउडस्पीकर बाँध दें!

जब कई दिन बीत जाते हैं और कहीं से किसी के मरने की सूचना नहीं मिलती तो मोहपातर पसेरी लुढ़काने लगते हैं कि लोग मर क्यों नहीं रहे हैं—ऐसा कहते थे मेरे गाँव में। ऐसे ही, हमारे ये नेता भी शान्ति के दिनों में बेचैन हो उठते थे, 'भई! ऐसे कैसे चलेगा यह देश?'

अशान्ति के ये भयानक दिन थे लेकिन नेताओं की हालत खस्ता!

'अपने' कहे जानेवाले कई लोग एक-एक करके वी.पी. का साथ छोड़ रहे थे: अस्सी पर नेताओं की भीड़ जुटती लेकिन उदास! सबकी नजर दिल्ली और 'अध्यक्ष जी' पर। उन्होंने वी.पी. को हटाने की मुहिम तेज कर दी थी। 'मंडल आयोग' ने पूर्वांचल के इन नेताओं को तोड़ दिया था। इन्हें देखते ही भाजपाई नारा लगाते, 'ठाकुर बुद्धि, यादव बल! झंडू हो गया जनता दल!' इन नेताओं के पास इसका कोई जवाब नहीं था। ये भी झंडू हो गए थे क्योंकि ये न ठाकुर थे और न यादव! इन्होंने सारी जिन्दगी 'विपक्ष' की राजनीति की थी, लेकिन बदले हालात में इन्हें अपने लिए दो-टूक जगह नहीं सूझ रही थी!

इसी बीच 'हर हर महोदव' की जगह 'जय श्रीराम' ने ले ली। पप्पू की दुकान में 'भाँग' और चाय की खपत बढ़ गई। अस्सी के सभी 'आदिवासी' रामभक्त हो गए और कारसेवा की तैयारी में लग गए। 23 अक्टूबर को आडवाणी की गिरफ्तारी ने सनसनी पैदा कर दी। शंख, घड़ियाल, आतिशबाजी, मशाल, नारे अस्सी की

दिनचर्या बन गए। कारसेवकों के जत्थे निकालनेवाले वही लोग थे जिनके साथ इनका रोज का उठना-बैठना था। 'मन्दिर-मस्जिद' के मामले में ये नेता सरकार के साथ थे लेकिन 'मंडल आयोग' ने इन्हें तमाशबीन बना दिया था।

गोपाल पानवाले की दुकान के सामने सुर्ती ठोंकते हुए रामबचन पाँड़े ने कहा, 'पूरा देश एक भयानक हादसे से गुजर रहा है! आप यहाँ खड़े हैं और कौन जाने कोई आतंकवादी आपकी ताक में कहीं छिपा हो! आप यहाँ बैठे हुए हैं, कौन जाने आपकी सीट के नीचे बम रखा हो! आप यादव के समर्थन में बोलिए, बाभन मार देगा; बाभन के समर्थन में बोलिए, यादव मार सकता है; आप दाढ़ी रखे हुए हैं, हो सकता है, मदनपुरा या नई सड़क से गुजरते हुए बच जाएँ, मगर हिन्दू मुहल्ले से भी बच निकलेंगे—इसकी कोई गारंटी नहीं है!...देखिए, उस पटरी पर केसरिया पट्टा बाँधे चीखते-चिल्लाते लोगों का जुनून!'

'पाँड़े जी!' मैं हरिद्वार की ओर मुड़ा, 'अगर प्रोग्राम बनाइए तो 'कारसेवा' के बहाने हम भी तमाशा देखने अयोध्या चलें!'

'बिलकुल नहीं!' हरिद्वार ने दृढ़ता से कहा, 'हम संजय हैं। हमें दिव्य दृष्टि प्राप्त है! हम यहीं से सारी दुनिया देख रहे हैं! हममें यह क्षमता इसलिए है कि हमें बनारस दक्षिणी से चुनाव नहीं लड़ना है, विधायक नहीं होना है, मंत्री होने की ख्वाहिश नहीं है, हमें कार नहीं चाहिए, हवाई जहाज नहीं चाहिए; ये सारी आकांक्षाएँ और सपने आँखों की ज्योति हर लेते हैं, हमें कुछ दिखाई नहीं देता!

'जैसे मंत्री जी के आने के पहले सड़क की सफाई होती है, कूड़ा-करकट फेंक दिया जाता है, चूना और डी. डी. टी. छिड़का जाता है, मंत्री जी गुजरते हैं तो उन्हें सारा कुछ साफ-सुथरा नजर आता है लेकिन हमें तब भी—और अब भी गोपाल की दुकान के नीचे नाली में बह रही गन्दगी भी नजर आती है!

'क्यों? क्योंकि मुझे अपनी साइकिल और स्कूटर से सन्तोष है!

'दूसरी बात यह कि हमारे दिल-दिमाग के तन्तु कहीं-न-कहीं जीवित हैं। इनमें हमारे संस्कार हैं, जाति है, धर्म है! जब डेढ़-दो करोड़ लोग 'जय श्रीराम', 'जै सियाराम' एक साथ गाना शुरू करेंगे तो हमारे न चाहते हुए भी अपने-आप हमारे मुँह से निकल पड़ेगा; और फिर कहीं आँसू-गैस, लाठी-चार्ज और गोलियाँ चलनी शुरू हुईं तो सारे 'रामभक्त' हमें भारत की 'जनता' लगने लगेंगे! और रामलला की दया से कहीं दो-चार डंडे हम भी खा गए तो हो गए धर्मनिरपेक्ष!...इसलिए हम यहीं खड़े-खड़े कारसेवा देखेंगे!...

'एक मजेदार बात और गौर करने की है। जब पिछले दिनों दाल चौबीस रुपए किलो बिक रही थी तो बीस लाख की आबादीवाले इस शहर में एक भी ऐसा आदमी आपको मिला जो उसके खिलाफ सड़क पर चिल्लाया हो? मेरी तो, मान लीजिए, पार्टी है; मैं उसके अनुशासन के बाहर नहीं जा सकता, लेकिन ये जो सड़क

के उस पार नाच-गा रहे हैं—कहाँ थे उस समय? ये नहीं बोल सकते थे क्योंकि बनियों के मुनाफे का मामला था!'

पाँड़े जी चुप हो गए क्योंकि 'रामधुन' की आवाजें ऊँची हो गई थीं!

कर्फ्यू के पहले की शाम! शायद '28 अक्टूबर!

अस्सी का हर कारसेवक अयोध्या के रामलला के साथ हॉटलाइन पर! प्रत्येक दस मिनट पर नई-नई अफवाहें! आडवाणी नजरबन्दी से फरार अयोध्या में! अटलबिहारी गिरफ्तार! मुलायम सिंह को दिल का दौरा! अयोध्या में तैनात सेनाओं में बगावत! वी.पी. सिंह अस्पताल में! गई-रात रामसेवक हनुमान जी ने गदा से मस्जिद की गुम्बज उड़ा दी! रामलला ने कारसेवकों की कमान खुद सँभाल ली है...आदि-आदि।

दूसरी ओर सड़क पार झाँझ, करताल, शंख, थाली जैसे बाजों समेत कुछ बच्चों का जमावड़ा! बड़े-बूढ़े रामभक्त पहले ही अलग-अलग रास्तों से अयोध्या के लिए रवाना किए जा चुके हैं! कुछ हैं जो अयोध्या के रास्ते में गिरफ्तारी दे चुके हैं और कुछ यहीं देंगे!

इस पार की पब्लिक को सुनाकर अशोक पाँड़े ने कहा, 'बचपन में एक कहावत सुनते थे—परलैं राम कुकुर के पाले, खींच-खाँच के ले गए खाले! तब इसका मतलब समझ में नहीं आया था लेकिन आज आ रहा है। राम कुक्कुरों के पाले पड़ेंगे, तो उसका अंजाम वही होगा जो नजर आ रहा है!...'

मित्रो, अशोक पाँड़े नेता हैं, जन-प्रतिनिधि नहीं! जन-प्रतिनिधि तो अस्सी पर एक ही शख्स है—रामजी राय, जो बच्चन की बेंच पर बैठा वह सारा तमाशा देख रहा था!

रामजी राय को कई चीजों से परहेज है—खड़ी बोली से, फूलमाला और माइक से, मंच और लाउडस्पीकर से : उन्हें भोजपुरी गालियों का माइक टायसन कहा जाता है। यह भी कहते हैं कि नगरसेठ ने कभी अखबारों के जरिए यह ऐलान करवाया था कि जो कोई रामजी राय से एक भी ऐसा वाक्य बुलवा दे जिसमें गाली न हो, उसे सवा लाख रुपए का इनाम!...और आज भी वह इनाम अपनी जगह है!

जब अस्सी के सभी नेता वी. पी. को गच्चा दे गए थे, अकेले राय साहब थे जो 'रजवा' की डूबती नैया का डाँडा सँभाले हुए थे! उनका कहना था कि अगर चन्द्रशेखर पी. एम. हुए तो 'बाटी-चोखा' राष्ट्रीय भोजन, 'खो-खो' राष्ट्रीय खेल, 'सुरहा ताल' राष्ट्रीय कार्यालय और 'भोंसड़ी' पी. एम. ऑफिस होगा!

राय साहब का गला ही लाउडस्पीकर है और लाउडस्पीकर से निकलते रहते हैं ईंट, पत्थर, गोले! बहुतों को उनसे बतियाना अपना मुँह पिटाना लगता है!

वे कई दिनों से कारसेवकों को जुटानेवाले रामभक्त राधेश्याम के पीछे पड़े थे। वे अस्सी के 'यूनिफार्म' में बेंच पर बैठे-बैठे जिस किसी फालतू लड़के या भिखमंगे या साधू को देखते, बुला लेते, 'यहाँ क्या उखाड़ रहे हो? अयोध्या जी क्यों नहीं जाते? देखो, अगर रास्ते में पकड़े गए तो बढ़िया-बढ़िया पूड़ी-कचौड़ी, मिठाई-मोहनभोग मिलेगा!...और अगर कहीं राधेश्याम की सरकार आ गई तो जैसे स्वतंत्रता-सेनानियों को 'पिंसिन' मिलती है, वैसे ही 'पिंसिन' भी मिलेगी! और अगर लाठी-गोली खाके टें बोल गए तो सरग कहीं गया नहीं है! इस अस्सी पर भोंसड़ी के दाँत निपोरे गली-गली घूम रहे हो!...विसास न हो तो पूछो राधेश्याम से!'

राय साहब को देखते ही सारे रामभक्त हाथ जोड़ लेते थे।

अब तक 'अस्सी' के 'फेनामना' बन चुके राय साहब ने अकेले दम उनकी हालत बिगाड़ के रख दी थी!

उस शाम कारसेवकों के जत्थे का नेता नारे का पहला बंद बोलता :

'रामलला हम आएँगे!'

जुलूस के बोलने से पहले ही इधर से राय साहब का लाउडस्पीकर बोलता :

'मस्जिद वहीं बनाएँगे!'

उधर से, 'बच्चा बच्चा राम का!'

इधर से, 'भाजपा के काम का!'

वे जब तक सँभलें तब तक बेंच पर खड़े होकर राय साहब चिल्लाते :

'रामलला तुम मत घबराना
हम तुम्हारे साथ हैं!'

कन्धे पर रामनामी गमछा, माथे पर चन्दन की रेखाएँ और चेहरे पर शान्ति और विश्वास की ऊर्जा—कौन कहता कि राय साहब रामभक्त नहीं हैं!

उनका यह जलसा अस्सी की पब्लिक तब तक देखती रही जब तक कारसेवक खेत नहीं रहे!

मित्रो, 30 अक्टूबर से लेकर 8 नवम्बर के बीच वह सारा कुछ हुआ जिसका इन्तजार था।

सरजू की जगह अयोध्या में खून की नदी बही!

मस्जिद के ऊपर भगवा ध्वज लहराया!

रामलला ने ऐलानिया कहा कि अगर हमारा घर नहीं बना, तो तुम्हीं क्या, कोई भी सरकार नहीं टिकने पाएगी!

जद टूटा। एक सरकार गिरी, दूसरी सरकार बनी! बनी तो क्या, बनती-सी नजर आई!

और इधर अस्सी पर कर्फ्यू लागू हुआ और फिर हट भी गया!

मैं जब शाम को पहुँचा तो हर तरफ 'जै श्रीराम!'...'जै श्रीराम!' पप्पू की दुकान में भाँग और चाय के लिए लोगों की धकापेल! लेकिन बच्चन की बेंच खाली! एक भी नेता नजर नहीं आया। अकेले रामबचन एक किनारे खड़े होकर खैनी ठोंक रहे थे!

उन्होंने मुझे देखते ही कहा, 'सब लोग दिल्ली-लखनऊ गए हैं! कुछ सरकार बनवाने और कुछ अगले चुनाव की तैयारी में! और कुछ यह देखने कि फायदा किधर है! आइए, यहीं बैठते हैं!'

हम बाहर ही बेंच पर बैठ गए।

'ऐसा लग रहा है, जैसे एक बड़ी भारी बारात आई रही हो, जगह-जगह टेंट गड़े रहे हों, दस हजार बराती इधर, पाँच हजार उधर, चार हजार यहाँ, सात हजार वहाँ—कड़ाह चढ़े हैं, हलवाई लगे हैं, कम्बल दिये जा रहे हैं, बिस्तरे बँट रहे हैं, कीर्तन हो रहे हैं, नाच-गाना चल रहा है—महीनों से व्यवस्था में पुलिस लगी है और सात नवम्बर को बारात विदा हो गई!

देश हल्का महसूस कर रहा है...और बरातियों के चेहरे पर कोई खुशी नहीं! वी. पी. सरकार यही बराती थी!...

उन्होंने 'चैतन्य पूर्ण' की हथेली मेरे आगे की, 'लेंगे?'

'नहीं, पान खाया है अभी। सुनाते चलिए!'

'सुनाना क्या डाक् साहब? गाँव में भी बनिहार ठीक किया जाता है साल-भर के लिए। माना जाता है कि साल-भर फसल ठीक रहेगी, हम निश्चिन्त रहेंगे, बीच में यह दगा नहीं देगा मगर यहाँ पाँच साल कौन कहे, छह महीने में ही टें बोल जाते हैं!

'एक से बढ़कर एक हैं! जरा हर एक की सूरत देखिए? गाय कैसे दुही जाती है, पता नहीं। दुहने के लिए किधर बैठना चाहिए, थन की छेमी कैसे पकड़नी चाहिए, बछड़े को कब लगाना चाहिए, किधर से लगाना चाहिए, कब हटा लेना चाहिए, कुछ पता नहीं और चाहते हैं कि बाल्टी में पाँच लीटर दूध आ जाए!'

'यह सब तो ठीक है पाँड़े जी, हम आपसे आपके नेता के बारे में सुनना चाहते हैं! वी.पी. के बारे में!' मैंने सीधे पूछा।

पाँड़े जी हँसे, 'आप भी तो गाँव के ही हैं। जानते हैं, घरों में मालिक कौन होता है? जो गाय-भैंस दुहना जानता हो, खलिहान में चोरी न कर सके, रुपए-पैसे चुराना न जानता हो, जितना दे दिया जाए—गिनना जाने या न जाने—उसे सन्दूक में ज्यों-का-त्यों रखकर ताला लगाना जरूर जानता हो! तो डाक् साहब, जनता धूर्त को नहीं, मूर्ख को चाहती है! यह कोई पसन्द नहीं करता कि आप जिस सीढ़ी से चढ़ें, ऊपर पहुँचने के बाद उसे गिरा दें। मान लीजिए, ऊपर पहुँचने के बाद कोई आपको झोंक दे! अगर सीढ़ी रहेगी तो किसी-न-किसी डंडे पर सँभल भी सकते हैं—

झोंकनेवाले से लड़ भी सकते हैं लेकिन जब सीढ़ी ही नहीं है तब तो नीचे धड़ाम से गिरेंगे और उठने लायक नहीं रहेंगे!

'और जानते हैं, सबसे बड़ी गलती क्या की उन्होंने? आपने अपनी लड़ाई शुरू की थी खेतों से, खलिहानों से यानी उत्पादन की जमीन से जहाँ चीजें पैदा की जाती हैं। यह वह जमीन थी जहाँ कांग्रेस-भाजपा लाचार हो गई थीं आपके आगे। भाजपा घिघिया रही थी, भीख माँगने की स्थिति में थी—अच्छा, पाँच सीटें दे दो! चार ही दे दो! कोई बात नहीं, दो ही दे दो!

'लेकिन आप वहाँ से चले आए बाजार में, शहर में जहाँ चीजें बेची जाती हैं। यह आपकी लड़ाई का मैदान नहीं था। यह वह मैदान था जहाँ किसी भी सूरत में वे आपको ले आना चाहते थे! और चले आए आप, नतीजा सामने है!' कहते-कहते अचानक खड़े हो गए पाँड़े जी, 'आप तो रहेंगे अभी! मैं नहा-निपटकर आ रहा हूँ!'

अगली शाम पता चला कि पाँड़े जी भी पटना!

अस्सी नशे में चूर था—थोड़ा भाँग के, थोड़ा 'जै श्रीराम' के और रहा-सह अध्यक्ष जी की सरकार के! अस्सी के कितने लोग बलिया के थे और कितने बनारस के—कहना मुश्किल था। पूरा माहौल पिकनिक और जश्न का था! उस रात हर अस्सीवासी के घर में एक बगीचा हो गया था जिसमें मकुनी और चोखा और अरहर की गाढ़ी दाल बनने जा रही थी!

जाने कैसे मेरे पाँव अपने-आप घाट की ओर बढ़ चले। एक मुद्दत के बाद और जा पहुँचे उसी 'बोधिवृक्ष' के नीचे जहाँ दो साल पहले 'जनता के कवि, जनता के बीच' बैनर तले कवि-सम्मेलन हुआ था नामवर जी की षष्टिपूर्ति के अवसर पर। तब नागार्जुन थे, त्रिलोचन थे, केदारनाथ सिंह, अरुण कमल, भगवत रावत, अब्दुल बिस्मिल्लाह, और भी कई लोग थे।

आज कोई नहीं था। मैं था और खँजड़ी पर गाता एक जोगी। इसे पहली बार देख रहा था मैं। हवा में गाँजे की खुनक थी और उसके बगल में बैठी एक विदेशी लड़की खँजड़ी पर पड़नेवाली उँगलियों की हरकत को बड़े गौर से निहारे जा रही थी!

सुनो सुनो ऐ दुनियावालो
यह जग बना है लकड़ी का
जीते लकड़ी, मरते लकड़ी
देख तमाशा लकड़ी का।

इस मौसम में भी धुँधलके में दस-पाँच लोग घाट पर नहा रहे थे। लहरों के हलकोरे सुनाई पड़ रहे थे। और गाए जा रहा था जोगी—धूनी रमाए, पूरे बदन पर राख पोते, जटा-जूट बढ़ाए और गाँजे के लहराते तरन्नुम में, 'ऐ दुनियावालो! वह

पालना लकड़ी है जिस पर बचपन में सोए थे! वह गुल्ली-डंडा भी लकड़ी है जिससे खेले थे! वह पटरी भी लकड़ी है जिसे लेकर मदरसा गए थे! वह छड़ी भी लकड़ी है जिससे मुदर्रिस की मार खाई थी! ब्याह का मँड़वा और पीढ़ा भी लकड़ी है जिस पर ब्याह रचाया था! सुहाग की सेज भी लकड़ी है जिस पर दुलहन के साथ सोए थे! और बुढ़ापे का सहारा लाठी भी तो लकड़ी ही है!

ऐ दुनियावालो! अन्तकाल जिस टिकटी पर मसान जाते हो और जिस चिता पर तुम्हें लिटाया जाता है—सब लकड़ी है!

ऐ दुनियावालो! यह संसार कुछ नहीं, सिर्फ लकड़ी का तमाशा है!'

मित्रो, मुझे यह कहते हुए न लाज है, न शरम कि मानव-योनि से बढ़कर बेकार जनम किसी जीव का नहीं! उसमें भी अगर लिख-पढ़ गया तो गया काम से! और लिख-पढ़कर भी कहीं लेखक-कवि हो गया तो कौड़ी का तीन समझिए! हर बात में अर्थ! हो न हो, तब भी अर्थ!

अब इसी 'निरगुन' को लीजिए। बुरा हो मेरा कि मुझे लगने लगा—कनाट सर्कस [दिल्ली], चौरंगी [कलकत्ता], चर्च गेट, [बम्बई], वगैरह-वगैरह चौराहे जरूर हैं जिनके लिए दुनिया सोने की है, चाँदी की है, ताँबे या काँसे की है, इस्पात की है लेकिन अपना भी एक चौराहा है जो दुनिया को लकड़ी का समझता है! इस पर आने-जानेवालों में कुछ हैं जो उसका इस्तेमाल 'हवन' के लिए करते हैं, कुछ 'डंडा' के लिए और कुछ 'डांडा' [पतवार] के लिए।

लेकिन जान सब रहे हैं कि यह दुनिया 'लकड़ी' के सिवा कुछ भी नहीं। जब-जब भूकम्प आएँगे—और दुनिया का जैसा हाल है, उसमें आते रहेंगे—महल-दोमहले ढह जाएँगे लेकिन यह लकड़ी खड़ी रहेगी। अगर खड़ी नहीं, तो कम-से-कम पड़ी जरूर रहेगी।

लंका बाँके चारि दुआरा*

याद रखिए कि बनारस उत्तर प्रदेश और बिहार का एल.ओ.सी. (लाइन ऑफ कंट्रोल) है।

बैंक लूटिए यू.पी. या बिहार में, अपहरण कीजिए यू.पी. या बिहार में, गैंगवार या तस्करी कीजिए यू.पी. या बिहार में, हत्याएँ कीजिए यू.पी. या बिहार में—आ जाइए बनारस और चैन की साँस लीजिए। हमेशा के लिए निश्चिन्त हो जाइए। बाल भी बाँका नहीं होगा आपका। ऐसे-ऐसे ईंट-पत्थर और गलियों के चम्बल और बेहड़ भरे पड़े हैं बनारस में कि इनके आगे पानी भरें भिंड, मुरैना और काश्मीर की घाटियाँ।

कहने की जरूरत नहीं कि मठों, आश्रमों, घाटों और सेवाश्रमों में जटा-जूट बढ़ाए बाबाओं का आशीर्वाद ले पुलिस और ढूँढ़ती रहे यहाँ से वहाँ। जटा-जूट ने ऐसी रंगत बदली है चेहरे की कि पहचान में ही न आएँगे आप। क्या मजाल जो भनक भी मिल जाए किसी को!

सब जानते हैं कि पाप चाहे जहाँ करें, मोक्षधाम यहीं है। इसी को अविमुक्त (पापमुक्त) क्षेत्र कहा गया है पुराणों में।

कहा था कभी बनारस के भूगोल के एक जानकार पं. धर्मराज ने, 'देखिए, कितने चूतिया हैं अबू सलेम और मोनिका बेदी। अरे, जब अपने ही देश में बनारस था तो पुर्तगाल भागने की क्या जरूरत थी?'

लंका अविमुक्त क्षेत्र से बाहर है क्योंकि यहाँ न घाट हैं, न गलियाँ, न भुइँधरा। इसलिए खतरे ही खतरे हैं और खतरों से वह खेलता है जो मर्द हो। ऐसे ही मर्दों का आशियाना है यह लंका। अस्सी और हिन्दू विश्वविद्यालय के बीच एक फर्लांग रकबे का जनारण्य। बनारस तो सृष्टि के साथ पैदा हुआ है लेकिन लंका पैदा हुआ है आजादी के बाद! पहले यहाँ सूअर और सियार घूमते थे, अब विद्वान और छात्रनेता घूमते हैं। कहिए, घूमते नहीं, टिल्लो मारते हैं।

बकौल शायरे-आजम चश्मेबद्दूर लकदक 'लंकवी', काशी जनपद में अकेला मुहल्ला लंका है जो बाजार है, मुहल्ला नहीं। यहाँ दुकानें हैं, आवास नहीं। जिनकी

---

* लंका अस्सी और काशी हिन्दू विश्वविद्यालय के बीच का इलाका है।

दुकानें हैं, वे भोगावीर, रश्मिनगर, साकेत कॉलोनी, नगवा, रवीन्द्रपुरी, ब्रिज इन्क्लेव—चाहे जिस कालोनी में रहते हों, यहाँ नहीं। यहाँ दुकानें भी सिर्फ दो तरह की हैं—दर्द की और दवा की। दर्द पैदा करने की, फिर उसका इलाज करने की। लंकवी के ही मुताबिक सन् 1950 के जमाने में जब वे विश्वविद्यालय के सिंहद्वार में घुसे तब उनकी नजर गई बाईं तरफ—लड़कियों का कॉलेज! वीमेंस कॉलेज! उसके ठीक अपोजिट देखा तो सर सुन्दरलाल अस्पताल। इधर दर्द, उधर दवा। उन्हें महामना की सूझ और समझ पर हैरत हुई, 'वल्लाह! क्या दिमाग पाया था मालवीय महाराज ने?' और अपने-आप बेसाख्ता यह बोल फूट पड़ा उनके कंठ से, 'तुम्हीं ने दर्द दिया है, तुम्हीं दवा देना!' बाद में तो फिल्म वाले यह बोल झटक ले गए उनसे।

बहरहाल, दुकानें दर्द की हों या दवा की, दुकानदारों की किस्मत में दुख ही दुख लिखा है। जब विश्वविद्यालय में छात्रसंघ था तो चन्दे और जब छात्रसंघ नहीं है तो 'रंगदारी टैक्स' और 'फिरौती'। एक से जान बची तो दूसरी से गई। और अब वे रात-दिन इस चिन्ता में मरे जा रहे हैं कि कहीं छात्रसंघ फिर शुरू हुआ तो कितनी फिरौतियाँ देंगे? इनको अलग, उनको अलग—कितनी देंगे?

छात्रसंघ बहाली के लिए चन्दा उगाही के अभियान पर निकले एक जुवा (युवा) नेता ने दुकानदारों की दुविधा की चिन्ता की चर्चा रामबचन पाँड़े से की। उसे कई दुकानदारों को खरी-खोटी सुनानी पड़ी, धमकियाँ देनी पड़ीं, डराना-धमकाना पड़ा, मारपीट की नौबत तक आई फिर भी 'कोष' में उतना न जुट सका जितने की उम्मीद थी। चूक उसी से हुई थी, दूसरे को दोष क्यों दे? छात्रसंघ किसी एक का तो है नहीं। जितना उसका है उतना ही विद्यार्थी परिषद का, राष्ट्रीय छात्रसंगठन का, फेडरेशन और आइसा का, अगर वह उगाही में पीछे रह गया और दूसरे बाजी मार ले गए तो गलती किसकी?

पाँड़े जी ने जुवा नेता के दुख-दर्द के बारे में तो कुछ नहीं कहा, दुकानदारों की दुविधा पर जरूर टिप्पणी की, 'मूर्ख हैं वे! इतनी भी अक्ल नहीं कि समझ सकें वे कि जो आज चन्दा ले रहे हैं, वही कल फिरौती लेंगे। जब तक छात्र हैं तब तक चन्दा, कल बड़े हो जाएँगे तो फिरौती और रंगदारी टैक्स! कहाँ दो हैं ये?'

पाँड़े जी '60 के जमाने के नेता। छात्रसंघ के प्रथम अध्यक्ष। उम्र पैंसठ साल मगर छात्रनेता। राजनीति की कितनी पुरानी सोच और समझ। इसी समझ के कारण वे जहाँ थे, वहीं रह गए। जमाना बदला लेकिन वे नहीं बदले। उनसे बातें करना बेकार था। इनसे अच्छे तो दादा। दादा यानी देवव्रत मजुमदार। ऐसी कोई पार्टी नहीं जिसका अनुभव उन्हें न हो। और यह भी सच है कि पार्टियों ने भले उन्हें छोड़ा हो, उन्होंने अपनी जड़ें नहीं छोड़ीं। छात्रसंघ रहे चाहे न रहे, जब तक विश्वविद्यालय रहेगा और जुवा रहेंगे तब तक राजनीति भी रहेगी और दादा का मार्केट भी रहेगा।

दादा कभी चन्दगीराम थे समाजवादी अखाड़े के! एक से एक पट्ठे तैयार किए उन्होंने। मोहन प्रकाश, शिवकुमार सिंह, चंचल, शतरूद प्रकाश, अंजना प्रकाश! और भी जाने कौन-कौन! चेलों की दिलचस्पी उन्हें चाहे जहाँ ले गई हो, दादा ने कभी लंका नहीं छोड़ा। उनकी दिलचस्पी न कभी चुनावी जीत में रही, न सरकार बनाने में, रही तो सिर्फ संघर्ष में। लोहिया जी ने यही वचन लिया था उनसे! नतीजा यह हुआ कि मार्केट एकदम से डाउन चला गया दादा का। छात्रसंघ बहाली का मुद्दा इन दिनों 'वेन्टिलेटर' का काम कर रहा था उनकी राजनीति में।

इस समाजवादी अखाड़े की स्थापना हुई थी मशहूर नेता राजनारायण की प्रेरणा से। टंडन जी की चाय की दुकान पर। दुकान गुमटी तो नहीं थी, गुमटी का 'लुक' देती थी। चाय के चूल्हे के आगे तिरछे-बेड़े पड़े दो-तीन बेंच ही अखाड़ा थे। राजनीति का चस्का लगा टंडन को राजनारायण की सोहबत से। राजनीति के 'एडिक्ट' हो गए वे धीरे-धीरे। एक लत, एक नशा। दुकान कमाई या जीविका का साधन नहीं थी उनके लिए। जो कमाते थे, जुवाओं की राजनीति में फूँक देते थे। उन्हें मुफ्त की चाय ही नहीं पिलाते थे, खाना भी खिलाते थे, नहाने-धोने-सोने का भी बन्दोबस्त करते थे। उन्होंने राजनीति देखी थी—धरना, प्रदर्शन, अनशन की, लोटने-पोटने, पट होने, चित करने, धक्का खाने, ललकारने, लाठी-डंडा खाने, चुनौती देने की। और साथ ही साथ इस सबसे बच निकलने की भी।

ये दिन थे टंडन की दुकान के और ये दिन थे समाजवादी युवजन सभा के। गंजी और निकर में ठिंगने कद-काठी वाले चालीस किलो के टंडन जी लंका के बादशाह थे। आना-जाना तो दिन भर रहता नेताओं का लेकिन शाम को जैसे जमघट लगता। छोटे-बड़े, जाने-अनजाने, नए-पुराने, ट्रेंड-अनट्रेंड, अप्रेंटिस—हर किस्म के नेता। वे मुद्दे तलाशे जाते जिन पर हड़ताल हो, बन्द की घोषणा हो, पुतले फूँके जाएँ, लंका की दुकानें बन्द कराई जाएँ। छात्रों को मुर्दा होने से बचाने के लिए यह जरूरी था। और विश्वविद्यालय प्रशासन था कि ऐसे मुद्दे मुहैया कराता रहता था प्रायः।

यह अड्डा तो था समाजवादियों का, लेकिन इस पर कांग्रेसी भी आते थे, कम्युनिस्ट भी और विद्यार्थी परिषद के वे लड़के भी जिन्हें 'आन्दोलन' की तमीज सीखनी थी।

यह पहला और सबसे पुराना अखाड़ा था लंका का जो धीरे-धीरे चरनी बन गया रिजेक्टेड, डिजेक्टेड और नेग्लेक्टेड नेताओं की। ऐसे छात्रनेताओं की उम्र पच्चीस भी थी और पैंसठ भी। वे भूले-भटके आज भी आते हैं बथान पर—प्रायः शाम को । बैठते हैं, गप्पें मारते हैं, पुराने दिन याद करते हैं और गोटी बिठाते हैं कि कैसे किसी दिन दिल्ली या पटना या लखनऊ पहुँचा जाए? काहे के लिए? तो संसद या विधानसभा की कार्यवाही देखने के लिए। जैसे बच्चे चिड़ियाघर या अप्पू घर देखना चाहते हैं।

टंडन जी आज भी हैं। छिहत्तर साल के। वे आज भी गार्जियन हैं निठल्ले और मरगिल्ले छात्रनेताओं के।

टंडन से सटी दुकान है—'भारत टेलर्स'। टंडन की दुकान का 'अपेंडिक्स'। उसकी घलुआ दुकान। अन्दर सिलाई मशीन रखने भर की जगह। नपाई फुटपाथ पर, सिलाई अन्दर। हाल-हाल तक इसी दुकान के सिले कुर्ते पहनते थे दिल्ली में आचार्य प्रवर नामवर सिंह। टेलर मास्टर लल्लू उन्हें टी.वी. के चैनलों पर देखते थे लेकिन चेहरे से नहीं, अपने कुर्ते की फिटिंग, हाथ की सिलाई, काज, बटन से पहचानते थे।

लल्लू मास्टर कुर्ता, पाजामा और सदरी (जाकेट/जवाहरबंडी)के स्पेशलिस्ट। उनके दुर्भाग्य से सारे नेताओं का लिबास भी यही था। सभी उनके ग्राहक। कन्धों के दोनों ओर इंचटेप लटकाए लल्लू मास्टर को सभी नेताओं के नाप जबान पर थे—किसकी गरदन कितनी मोटी है ? कालर कितने ऊँचे हैं ? किसके हाथ कितने लम्बे हैं ? किसके पेट का घेरा कितना बड़ा है ? (सीने का नाप भले मालूम न हो) कपड़े कितने नफीस और महँगे हैं—इसे लल्लू मास्टर जानते थे लेकिन उनकी कीमत के बारे में न वे जानते थे, न नेता। सिलाई का दाम कितना हुआ—इसे न तो नेता पूछता था, न लल्लू बताते थे। यही क्या कम था कि इतनी हड़तालें होतीं, लूटपाट होती, आगजनी होती, शटर टूटते लेकिन लल्लू का 'भारत टेलर्स' जस-का-तस रहता। नेता जानते थे कि अन्दर उन्हीं के कुर्ते-पाजामे के कपड़े हैं।

लल्लू मास्टर के दुख के ये ही सुख थे।

टंडन के ही समाजवादी अखाड़े के एक ट्रेनी हुए चंचल। कभी 'राजकमल प्रकाशन' की पुस्तकों के आवरण-चित्रकार। कभी पूर्व कांग्रेसी सांसद और अभिनेता राजेश खन्ना के सांध्यकालीन यार। (वे तो खुद को यार कहते थे लेकिन उनके दुश्मन चमचा।)

चंचल ने एक दूसरा अड्डा बनाया रवि स्टूडियो और सनशाइन ड्राइक्लीनर्स के सामने। छात्रसंघ अध्यक्ष होने के बाद। यह खाने-खिलाने, पीने-पिलाने, मौज-मस्ती करनेवाले रसिया लोगों का अड्डा था। यह पहली बार था कि छात्रसंघ का अध्यक्ष सिर्फ छात्रों का ही नहीं, छात्राओं का भी अध्यक्ष था। क्यों न हो, चंचल समाजवादी ही नहीं थे, चित्रकार और पत्रकार भी थे। वे लोहिया के इस सिद्धान्त के हिमायती थे कि विश्वासघात को छोड़कर औरत-मर्द के सारे रिश्ते जायज हैं।

जिन खूबियों वाले अंडों से परवर्ती राजेन्द्र यादव (साहित्य) और चक्रवर्ती मकबूल फिदा हुसेन (पेंटिंग्स) का जन्म हुआ था, कुछ उसी नस्ल के अंडे से चंचल आए। फर्क सिर्फ इतना था कि चंचल का अंडा समय से पहले ही फूट गया।

चंचल भीड़खींचू वक्ता थे—और नेताओं से भिन्न। दूसरे नेता सिर्फ दो ही रस जानते थे—रौद्र और वीर रस। चंचल ने इन रसों को निकाल बाहर किया और

भाषण को तरल बनाया। उसमें चाशनी मिलाई हास्य, व्यंग्य, मजाक, लतीफों और चुटकुलों की। नतीजा यह निकला कि हर चुनावी मतदान से पहले लंका पर सारे प्रत्याशियों की जो सभा अलग-अलग स्थानों पर होती थी, उसमें सबसे ज्यादा भीड़ चंचल के यहाँ होती थी।

दो बेंचों का यह फुटपाथ संघ—विद्यार्थी परिषद—विरोधियों का वैसे ही अड्डा था जैसे टंडन की दुकान। यहाँ से भाषणों और गपशप के जरिए लतीफे लहराए जाते थे हवा में, जो विश्वविद्यालय के छात्र-छात्राओं और नगरनिकायों तक फैल जाते थे।

कुछ नमूने पेश हैं :

- अध्यक्ष-पद के प्रत्याशी थे भरत सिंह। विद्यार्थी परिषद के। बलिया निवासी 6 फुटा जवान। उनके अंग्रेजी ज्ञान के बारे में। वे चंचल से बात कर ही रहे थे कि किसी ने बीच में टोका। भरत सिंह ने डाँट कर उससे कहा :

  'ह्वेन आई टाक तो आइयै टाक;
  ह्वेन यू टाक तो यूवै टाक;
  डोन टाक बिट्वीन-बीट्वीन।'

- भरत सिंह के लिए नारा लगता था विश्वविद्यालय में :

  शेरे भरत आया है
  नई क्रान्ति लाया है।

  चंचल के भाषण का अंश : 'शेर है जरूर लेकिन सर्कस का। उसका रिंग मास्टर (संघ प्रमुख जिसने टिकट दिलाया) सोनारपुर में रहता है। दूसरे शेर जहाँ शिकार करके खाते हैं, यह दीना चक्की वाले (आटा पसीनेवाली चक्की का संघी मालिक) का मुफ्त का आटा खाता है।

- विद्यार्थी परिषद ने पर्चों और भाषणों में चंचल पर आरोप लगाया कि वह चरित्रहीन है, लड़कियों के साथ सोता है।

  चंचल के भाषण का अंश : 'आरोप एकदम सही है। मैं सोता हूँ लेकिन लड़कियों के साथ। विद्यार्थी परिषद वालों की तरह लड़कों के साथ नहीं। फैसला आप करें कि चरित्रहीन कौन है ?

- ऐसे ही एक थे बैरिस्टर सिंह। विद्यार्थी परिषद के प्रत्याशी। चाल-ढाल में अजीबो-गरीब। न पुरुष, न अपुरुष।

  चंचल भाषण में : 'पता नहीं, यह महाशय डार्विन के समय कहाँ थे ? काश, उस समय ये उसे दिख गए होते तो बन्दर और मनुष्य के बीच की 'मिसिंग लिंक' उसे मिल गई होती !

- विद्यार्थी परिषद से ही चुनाव लड़ रही थी एक छात्रा! खूबसूरत और सुडौल उभारों वाली। छात्र नारा लगाते घूमते थे : 'रीना की टेम्पो हाई है।' चंचल ने 'टेम्पो' का एक दूसरा ही अर्थ पेश किया : 'भई, टेम्पो तो उन्हीं के हाई या लो होते हैं जिनके हों। हम मर्दों के कहाँ टेम्पो?'
- एक छात्रनेता का लंका पर भाषण ही शुरू होता था : 'जब मैंने सड़क पर तड़पती-तड़फड़ाती लाशों को देखा तो मेरा खून खौल उठा'। उन्हें बहुत समझाया गया कि लाशें नहीं तड़फड़ातीं, लेकिन उनके यहाँ लाशें हमेशा तड़फड़ाती रहीं।

ऐसे ही कई लतीफे हैं जो आज भी छात्रों के बीच चले आ रहे हैं श्रुति-परम्परा से। ये विस्तार हैं '58-'59 के लंकाई लतीफों के जो अपने जमाने में छात्रसंघ महामंत्री कथाकार विद्यासागर नौटियाल सुनाया करते थे। उस समय अध्यक्ष थे गंगा राय। उन्होंने आमंत्रित किया था प्रसिद्ध अंग्रेज समीक्षक आई.ए. रिचड्र्स को जो दिल्ली आए थे। उनके स्वागत के लिए दूसरे पदाधिकारियों के साथ गंगा राय भी स्टेशन गए थे। (यह तथ्य है कि रिचड्र्स आए थे गंगा राय काल में ही और उन्होंने अंग्रेजी विभाग में भाषण दिया था।)

आई.ए. रिचड्र्स से परिचय कराया जा रहा था हर एक पदाधिकारी का :

रिचड्र्स — 'हू इज गंगा राय?'
गंगा राय — 'सर, आई इज गंगा राय।'
रिचड्र्स — 'ओह! यू आर गंगा राय।'
गंगा राय — 'यस्सर, आई आर गंगा राय।'

चंचल-चौकड़ी में ही एक बैठकबाज थे डॉ. विमलेश। वे केवल सोने के लिए घर जाते थे, बाकी समय बेंच पर ही गुजारते थे। डाल बेंच ही थी, पर मारने के लिए एक फर्लांग का लंका।

डॉक्टर वे थे या नहीं थे या थे तो किस विषय में, किसी को नहीं पता। जनमत यही है कि 'डॉक्टरेट' की उपाधि मानद थी और किसी विश्वविद्यालय ने नहीं, जनता ने दी थी। लंका की जनता उपाधि-वितरण में बड़ी उदार रही है। चालीस से पचपन साल की उम्र के जिस भी नागरिक में 'छात्रभाव' देखती, उसे डॉक्टर बना देती। शर्त केवल इतनी ही होती थी कि वह निठल्ला और बेरोजगार हो—नेता भी न हो।

तो डॉक्टर विमलेश! उनके बारे में श्रुति-परम्परा से एक आख्यान चला आ रहा है आज तक। इसे भी सुन लीजिए क्योंकि ऐसे विमलेशों की भरमार है लंका पर।

विश्वविद्यालय में पढ़नेवाली एक छात्रा ने अपनी माँ से शिकायत की कि लंका पर एक आदमी उससे छेड़खानी करता है—आते-जाते हमेशा। माँ ने कोई ध्यान नहीं दिया। कोई नई बात भी नहीं थी। लड़कियों के साथ होता ही रहता था यह।

लेकिन छेड़खानी बन्द होने का नाम नहीं ले रही थी और आदमी भी वही एक। छात्रा परेशान और डरी हुई। पुलिस थाने पर रिपोर्ट करने से पहले माँ ने कहा, 'अच्छा, चलो, दिखाओ! हम भी जरा देखें उसकी हिम्मत?'

छात्रा माँ को साथ लेकर गई और 'रवि स्टूडियो' वाली पटरी पर इशारा करके बोली, 'देखो, वही है।'

'धत्तेरे की!' माँ ने माथा पीट लिया और हँसने लगी, 'जाओ, क्लास करो अपना। तुमने तो डरा ही दिया था मुझे। जाओ, निश्चिन्त रहो। जब मैं पढ़ती थी तो मेरे साथ भी वह ऐसा ही किया करता था।'

नगर में तीन विश्वविद्यालय और तीनों के डॉक्टर विमलेश लंका पर। हर शाम 6 बजे से 9 बजे तक लंका पर—कभी अकेले, कभी दो-चार के झुंडों में मालवीय जी के स्टैचू से लेकर रैदास गेट तक। यही वक्त था महिला महाविद्यालय से छात्राओं के 'लंकेटिंग' का।

लड़कियों के लिए 'लंकेटिंग' का मतलब था—घूमना, टहलना, दमघोंटू चारदीवारी से बाहर निकलना, खुली हवा में साँस लेना, बाजार करना। लेकिन विमलेश के उम्र के हिसाब से इनके अलग-अलग मतलब हुआ करते थे।

इसका एक मतलब समझाया था लकदक लंकवी के शागिर्द चकमक सासारामी ने। (सासाराम के थे इसलिए 'सासारामी'। मुशायरा-भक्त श्रोता सासारामी को साला-हरामी बोलते थे।) उनके हिसाब से यह अनुभव की चीज है, देखने-दिखाने की नहीं। एक अदृश्य कला। फूहड़ लोग इसे हाथ की सफाई बोलते हैं। इसमें जरा भी चूक हुई कि गए। ये स्वतः स्फूर्त कलाकार हैं। इनका जन्म होता है भीड़-भाड़ में—दुर्गाकुंड के मेले में, चेतगंज की नक्कटैया में, नाटी इमली के भरत-मिलाप में, लंका पर दशहरा के मेले में।

'ऐसे नहीं, कविवर, समझाएँ इसे?'

'समझाना क्या, सीधी-सी बात। हाथों को सीने पर बाँधिए—कुछ इस तरह कि दाईं हथेली बाईं काँख के नीचे हो और बाईं हथेली दाईं काँख के नीचे। उँगलियों को खुला छोड़ दीजिए और भीड़ में घुस जाइए। एकदम लापरवाह दिखिए। रहिए मत, बस दिखिए। और उँगलियों और हथलियों को अपना काम करते रहने दीजिए धक्कामुक्की के बीच। जरूरत के हिसाब से उन्हें ऊपर-नीचे, बाएँ-दाएँ, होते रहने दीजिए। देखिए, इस तरह।' चकमक जी ने बाकायदा डिमांस्ट्रेशन करके दिखाया।

'इसमें तो बड़े खतरे हैं चकमक जी?'

'कौन कहता है कि जोर से दबाइए! अरे, कोमल-सी, नाजुक-सी, गुदगुदी-सी चीज है। इतनी भीड़ है, आगे बढ़ना है, रास्ता है नहीं, हाथ ही है, औचक ये कहीं चला ही गया तो किसी का क्या दोष?'

'फिर भी खतरे हैं!'

चकमक जी अबकी गम्भीर हो गए। 'भई, खतरे तो हैं। देख रहे हैं माथे पर यह 'कट'? सात टाँके लगे थे। न हथेली अपने वश में रही, न मैं अपने वश में। माल ही ऐसा था। लड़की देहात की। ठाकुर-बाभन की रही होती तो चुप मार जाती—मारे शर्म के। लेकिन थी अहीरिन। हाथ ने हटने में देर कर दी और पकड़ लिया उसने।'

'तो यह उसने मारा?'

'नहीं भाई, हम समझते थे कि मेले-ठेले में लड़कियों के साथ माँ-बहनें और भौजाइयाँ आती हैं, बाप नहीं। है न यह? लेकिन चूक हो गई। सन्तोष की बात यही थी कि जब यह हादसा हुआ तब आस-पास कोई नहीं था जान-पहचान का। समझिए, इज्जत बची रह गई।'

'मारा किस चीज से? लोहबन्ना से?'

'नहीं यार, नाल मढ़े जूते से।'

तो यह थे चकमक सासारामी-विमलेशी जमात के एक रत्न!

एक बड़ा-सा ब्रेक।

बहुत अर्से बाद एक दिन मिल गए लंका पर सासारामी अपने 'कट' के साथ। एक पत्रिका के स्टाल पर। उनके साथ विमलेश भी थे।

'तो लंकेटिंग चल रही है इस उम्र में भी?'

'आइए, आइए, ठाकुर साहब! उम्र से क्या सम्बन्ध लंकेटिंग का?' उन्होंने विमलेश को खिसकाकर मेरे लिए तख्त पर जगह बनाई, 'बात यह है ठाकुर साहब कि लंकेटिंग की वह शैली अब कारगर नहीं रही। आउटडेटेड हो गई। हाँ, कारगर तब थी जब लड़कियों में शर्मो-हया थी, नजरें झुका के चलती थीं, आँचल और दुपट्टे से खुद को ढँककर रखती थीं। अनदेखी और अनुसनी करने में ही भला समझती थीं अपना और समाज का। अब तो जरा-सा टिप्पणी कीजिए कि खड़ी हो जाती हैं, आँखें तरेरने लगती हैं। लगता है, चप्पल निकाल लेंगी। जमाना बहुत बदल गया है। अब तो, प्यार का पंछी हाये! हाये! सेक्स का संगी हाये! हाये!'

'नहीं, ऐसा नहीं है चकमक! सच पूछो तो शैली बदल गई है लंकेटिंग की।'

विमलेश ने उन्हें टोका, 'अब कभी-कभी 'विश' का जवाब 'विश' से मिलता है और 'स्माइल' का जवाब भी 'स्माइल' से। लेकिन हमें-तुम्हें नहीं, उनकी उम्र के लड़कों को। देखते नहीं, अब कभी आँखों पर या कमर पर या फिगर पर कोई फिकरा उछालिए तो देखिए, चेहरे की रंगत बदल जाती है। ऐसे फिकरे सुनना अच्छा लगता है उन्हें। बशर्ते फिकरे कसते समय लुच्चों-लफंगों जैसी हरकत मत कीजिए, 'सोबर' रहिए। उसे विश्वास हो कि उसी से कहा जा रहा है, पब्लिक से नहीं। बगल से गुजरते हुए धीमे से। कानाफूसी के अन्दाज में। इसे ही वे 'फन' बोलती हैं।'

'हद्द है! हम करें तो बदतमीजी और वे करें तो फन!'

'बदतमीजी भी और वल्गर भी और जंगली भी। तुम तो लात खाने का काम करते थे और कई बार खाए भी।' विमलेश का यह रूप मैं नया देख रहा था। वह बोलते रहे, 'समझते क्यों नहीं कि यहाँ छात्रावासों में आकर हर तरह के दबावों से मुक्ति मिली है लड़के-लड़कियों को। न माँ-बाप का खौफ, न भाई-बहन का, न गाँव-घर का। विश्वविद्यालय का हाल ये कि लड़का-लड़की अकेले एक साथ दिखे कहीं तो प्राक्टोरियल बोर्ड दौड़ा लेता है। अब वे जाएँ कहाँ? ले-दे के यही लंका है—यही चौड़ी सड़कें और बाजार। इन्हें ही उनका पार्क समझो। पढ़ाई-लिखाई तो होती रहेगी, एक-आध घंटे का फन हो जाए तो क्या हर्ज है!'

'अच्छा, तो बहुत बोर कर चुके अब!' सासारामी मेरी ओर मुड़े, 'ठाकुर साहब! इसी मौके का एक शेर है, कहिए तो अर्ज करूँ?'

और वे तब तक शेर याद करते रहे जब तक विमलेश सिगरेट के लिए चले नहीं गए। उनके जाते ही धीरे से कहा, 'बेचारा बड़ा परेशान है आजकल! बेटे और बहू ने मिलकर एक दिन धुलाई कर दी थी इसकी। रही मेरी बात, तो मैं लड़के-लड़कियों की 'डेटिंग और 'सेटिंग' तो देखता हूँ इस बाजार के पार्क में, 'मेटिंग' नहीं देखता।'

अब चलिए तीसरे अड्डे की ओर!

यह कैसे हो सकता है कि बगल में एशिया का सबसे बड़ा विश्वविद्यालय हो, प्रोफेसरों की इतनी बड़ी आबादी हो और उसी के बाजार में उनका कहीं अड्डा न हो?

और हैं उनके अड्डे—एक नहीं, दो। 'टिकठी हाउस' और 'केशव की पान की दुकान'। दोनों अड्डों पर बैठने या खड़े रहनेवाले अध्यापक अलग-अलग रकम के हैं। लेकिन ये दोनों इस मामले में एक मत के हैं कि वे सारी बातें करेंगे—किताब-कॉपी और लिखाई-पढ़ाई को छोड़कर।

'टिकठी हाउस' माने बाँस की खपच्चियों और चाँचर से बनी एक गुमटीनुमा दुकान जिसमें अन्दर कफन के दो-चार गट्ठर पड़े रहते थे और बाहर मुर्दा ढोने के लिए दस-पाँच टिकठियाँ। दुकान के सामने सड़क पार उत्तर प्रदेश का अपोलो कहा जानेवाला 'हेरिटेज हॉस्पिटल्स' और विश्वविद्यालय के अन्दर सर सुन्दरलाल अस्पताल। कोई ऐसा दिन या ऐसी रात नहीं जिसमें दस-बीस मरनेवाले न हों। कफन और टिकठी के इस कारोबारी के बगल में एक ओर पान की गुमटी और दूसरी ओर लाटरी का ठेला।

शाम ढलते ही विश्वविद्यालय के कुछ विद्वान प्रोफेसर आना शुरू करते। एक-दो करके। फिर तो उनके चेले भी आते और सब-के-सब डटे रहते देर रात तक। जैसे-जैसे परीक्षा करीब आती जाती, वैसे-वैसे भीड़ बढ़ती जाती।

आसपास कोई बुकशॉप नहीं।

आसपास कोई कॉफी हाउस नहीं।

आसपास कोई चायपान-जलपान की दुकान नहीं।

आसपास कोई मन्दिर भी नहीं।

विद्वानों के घर कोई गमी भी नहीं।

फिर भी वहाँ गहमा-गहमी रहती—इतनी कि कभी-कभी रोड जाम हो जाती। प्रोफेसर अलग-अलग कई झुंड में होते—गहन विचार-विमर्श करते हुए, कुछ कागज पर नोट करते हुए, कुछ उँगलियों पर गणना करते हुए। प्राय: सब-के-सब गम्भीर, चिन्तित, उदास, परेशान।

जनता समझ नहीं पा रही थी बहुत दिनों तक कि ये विद्वान कफन और टिकठी की दुकान पर क्यों? यह रहस्य था सबके लिए।

इस रहस्य को थोड़ी-बहुत जानकारियों के आधार पर सभी सुलझाने की कोशिश कर रहे थे।

कुछ के अनुसार, ये विद्वान लाटरी के टिकट खरीदने आते हैं।

कुछ के अनुसार, शेयर की हालिया जानकारी के लिए आते हैं।

कुछ के अनुसार, यहाँ प्रश्न-पत्रों (परीक्षा) के गेस का खुलासा होता है।

ये उत्तर सन्तोषजनक नहीं थे। मैं अपने दर्जी लल्लू मास्टर को कुर्ते का नाप देने गया था। उन्हीं की दुकान के सामने दूसरी पटरी पर यह टिकठी हाउस था और भीड़ थी। मैंने उन्हीं से पूछा।

'मुझी से मजाक करेंगे आप?' वे मुस्कराए।

'नहीं, मैं सचमुच जानना चाहता हूँ।'

'तो सुनिए। ये प्रोफेसरान लोग वहाँ अपने ज्ञान और विद्या के लिए कफन खरीदने आते हैं और उनके आगे-पीछे जो विद्यार्थी लोग देख रहे हैं न, वे उसे ढो-ढोकर मणिकर्णिका (श्मशान) पहुँचाने के लिए आते हैं।'

चौथा और अन्तिम अड्डा है केशव की पान की दुकान। टंडन की दुकान के पुरातत्त्व हो जाने के बाद लंका का नम्बर एक अड्डा। दुकान में जगह सिर्फ इतनी कि कत्था, चूना और सुर्ती के बर्तन के सिवा आमने-सामने दो जन बैठ सकें। कभी राजेन्द्र-उमेश, कभी केशव-यतीन्द्र। लेकिन सामने सड़क पर भीड़ इतनी कि पुलिस-प्रशासन जब चाहे तब लाठी चार्ज का शौक पूरा कर ले।

कहते हैं, यहीं का पान खाने के बाद अमिताभ बच्चन की अक्ल का ताला खुला था। यह भी कहते हैं कि दुबई और अरब के शेखों को जब तलब होती है तो यहीं से पान मँगवाते हैं।

बहुत-से लोग यहाँ पान खाने नहीं, केशव-यतीन्द्र-उमेश का अर्धांग नृत्य देखने आते हैं। कत्थक, भरतनाट्यम्, कुचिपुड़ि और मणिपुरी से भिन्न 'बमबमकरी' नृत्य। पान भी खाइए और इन्हें लगाते देखकर 'बम-बम' भी कीजिए। संकटमोचन संगीत

समारोह में केलूचरण महापात्र इन्हीं से 'टिप्स' लेकर नृत्य करते थे। यह बनारस के पनदरीबा घराने का खास नृत्य है। यह सिर्फ पुरुष कलाकारों की चीज है। इसमें पैरों का कोई इस्तेमाल नहीं होता। यह पान लगाते हुए किया जाता है। नृत्य करते हैं कटि के ऊपर के अंग—एक खास लय, गति और छन्द में। मस्ती से झूमते हुए। इन्हें किसी साज की दरकार नहीं—न ढोलक-मजीरा की, न तबला-हारमोनियम की।

कुछ लोग इसे इसीलिए 'सांस्कृतिक केन्द्र' बोलते हैं। यहाँ सिर्फ स्टैंडर्ड के काम होते हैं—आलतू-फालतू नहीं। यहीं विश्वविद्यालय के सेलेक्शन होते हैं और जो सेलेक्शन होते हैं, वे चपरासियों और बाबुओं के नहीं—लेक्चर, रीडर, प्रोफेसर के। सचिव, कुलसचिव के। आरम्भिक चयन-प्रक्रिया दुकान पर ही सम्पन्न होती है। विश्वविद्यालय चयन करे, इससे पहले दुकान का जनपथ कुलपति को अपनी लिस्ट दे आता है। यह इस पर निर्भर करता है कि किसने कितने दिन कितने लोगों को कितने ढोली पान खिलाया?

चयनपूर्व केशव की दुकान के पर्यावरण में व्याप्त मानव-ध्वनियों का अध्ययन करने के बाद एक जीव-विज्ञानी ने बताया कि यहाँ तीन प्रकार की ध्वनियाँ सुनाई पड़ती हैं—लेक्चरर की नियुक्ति के समय 'काँव-काँव', रीडर की नियुक्ति के समय 'भौं-भौं' और प्रोफेसर की नियुक्ति के समय 'म्याउँ-म्याऊँ'।

ऐसे ही स्तर बनाए रखने के मामले में इस दुकान ने लौंडे-लपाड़ियों के छात्रसंघ के चुनाव को टंडन की दुकान के जिम्मे छोड़ रखा है, अपने जिम्मे रखा है अध्यापक संघ का चुनाव। दुकान के एक कलाकर्मी राजेन्द्र को तो हर साल के अध्यापकों के जातिवार आँकड़े तक मुँहजबानी याद रहते हैं; जैसे—इस वर्ष इतनी नियुक्तियों के बाद ब्राह्मण अध्यापकों की कुल आबादी कितनी हुई? इतने ठाकुर रिटायर हो गए तो उनके कुल कितने वोट हुए? यानी राजेन्द्र न हो, विश्वविद्यालय का पंचांग हो। सरकार समझती है इस बात को इसीलिए वह शुरू से ही ऐसे कुलपति भेजती रही है जो भले नशेड़ी हो, पनेड़ी न हो। ऐसा न हो कि पान खाने जाए और प्रशासन की चाबी दुकान पर ही छोड़ आए!

दुकान के तो ढेर सारे किस्से हैं लेकिन राजेन्द्र का सिर्फ एक। सुनिए, मैं भी था लेकिन दूर, पास थे अध्यापक-संघ अध्यक्ष के दो प्रत्याशी—डॉ. एम.पी. सिंह और डॉ. कौशल किशोर मिश्र। अपने-अपने दल-बल के साथ। राजेन्द्र ने दोनों विद्वानों की ओर मुस्करा के देखा और पान का बीड़ा थमाते हुए एक पहेली बुझाई—जैसे बिना पेड़ के पहाड़/जैसे बिना पानी के नदी/जैसे बिना बुद्धि के आदमी/...पता नहीं, पहेली खत्म भी हुई थी या नहीं कि डॉ. एम.पी. सिंह ने कहा, 'जैसे कौशल किशोर।' लगभग उन्हीं के साथ कौशल ने भी कहा, 'जैसे एम.पी. सिंह।' फिर तो दोनों के समर्थक भी एक-दूसरे से भिड़ गए। आधे घंटे की बहस में भी यह साबित नहीं हो सका कि बुद्धि किसमें नहीं है या कितनी है?

राजेन्द्र इस बीच मुस्कराता रहा, 'अर्धांग नृत्य' करते हुए ग्राहकों को पान खिलाता रहा और दोनों को थका देख हाथ जोड़कर बोला, 'माई-बाप! आप दोनों तो खामखाह उलझ रहे हैं, मैंने तो काशीनाथ सिंह के लिए कहा था। पूछिए उनसे?'

दोनों ने मेरी ओर देखा और ठहाका लगाया।

'यह लीजिए एम.पी. सिंह की तरफ से एक पान।' उसने कौशल किशोर को बीड़ा थमाया।

मित्रो, इसके बाद से लंका बदलता चला गया—धीरे-धीरे।

छात्रसंघ गया और टंडन की दुकान उजड़ गई।

अध्यापक संघ गया और केशव की दुकान की रौनक चली गई।

चंचल की चौकड़ी गई और बेंच की जगह जेनरेटर आ गया।

टिकठी हाउस ऐसे भी लोगों के लिए मजाक की चीज था लेकिन आज टिकठियाँ तो दिखाई पड़ती हैं, 'हाउस' नहीं।

जाने कितने दिनों बाद मैं लंका गया था—शायद महीनों बाद! जैसे वर्षों बाद!

केशव की दुकान से लौटते समय दादा मजुमदार दिख गए टंडन की दुकान पर। बेंच पर अकेले बैठे। थके, कमजोर और कहीं खोए। ऑपरेशन से लौटे थे। टंडन ने अपनी केतली की ओर संकेत किया और आवाज दी, 'आइए, बिना चाय पिए कैसे जाएँगे?'

दादा ने खिसककर मेरे लिए जगह बनाई।

मैंने उन्हें छूकर देखा—ऐसे भी दुबले-पतले थे। दुख हुआ। उनके चेले दिल्ली और देश की राजनीति कर रहे हैं और वे यहाँ तनहा बेंच पर। उनकी सारी जवानी लंका पर ही खप गई।

'लंका को क्या हो गया दादा? इतने बड़े-बड़े शोरूम। बिजली का पता नहीं लेकिन हर जगह एयरकंडिशनर। ये दस मंजिला कॉम्प्लैक्स। जेनरेटर के शोर। लड़के-लड़कियों की यह भीड़। कितना बदल गया है इस बीच! रोड क्रॉस करने में ही, समझिए, बीस मिनट लग गए।'

दादा हँसे और सामने सड़क पर देखते रहे —लड़के-लड़कियों को आते-जाते हुए। मुस्कराते हँसते हुए। उन्हें देखकर बोले, 'देखिए डाक्साब, हम लोगों को साल भर लग जाता था यह योजना बनाने में कि 'तुमसे कुछ कहना है' और दूसरा साल खत्म हो जाता था यह साहस जुटाने में कि जो कहना है, उसे किस तरह कहें? और उसके बाद हम दोनों हमेशा-हमेशा के लिए अपने-अपने घर। आपको नहीं लगता कि हम समय से बहुत पहले पैदा हो गए थे?'

उनके चेहरे की हँसी पर कमजोरी की झाइयाँ थीं।

'कितने दिनों बाद आए हैं इस अड्डे पर दादा? कैसा लगता है आपको अब? यहाँ अकेला और इस तरह चुप आपको कभी नहीं देखा था।'

'इसे अड्डा मत कहिए। न इसे, न केशव की दुकान को, न उसे जहाँ चंचल बैठता था। ये नगर में लोकतंत्र के 'पाकेट्स' थे। अपहरण, हत्या या बलात्कार की तो बातें छोड़िए, क्या मजाल जो नगर ही नहीं, पूर्वांचल में कहीं भी किसी तरह का जुल्म हो और उसके विरुद्ध उसी शाम लंका पर सभा न हो! हमारा शौक नहीं था यह, हमें अपनी नेतागीरी नहीं चमकानी थी। बस, यह था कि हम अपने को रोक नहीं पाते थे! हमारी जिम्मेदारी थी वह।'

' 'पाकेट्स' तो अब भी हैं दादा, और उसी लोकतंत्र के—इतने लम्बे और चौड़े और गहरे कि लंका अन्दर घुस जाए तो नजर न आए।'

दादा ने या तो सुना नहीं, या सुनना नहीं चाहा। बोले, 'आपने लंका की बात की। देखिए, कितना विकास हुआ है! कहीं भी—किसी भी मार्केट से होड़ ले आज। यह सच है कि हम खोमचों, ठेलों और गुमटियों का लंका नहीं चाहते थे लेकिन यह भी नहीं चाहते थे कि दस मंजिलों और पचास फ्लैटों वाला कॉम्प्लैक्स किसी एक कुबेर का हो। यह भी नहीं चाहते थे कि एक फर्लांग तक फुटपाथ पर सब्जी बेचनेवाले खटिक औरत-मर्द खेतियाँ करना छोड़ दें और सट्टियों से खरीदकर बेचें। विकास तो हुआ है, इससे कौन इनकार कर सकता है? लेकिन देखना चाहिए कि कितनी बड़ी कीमत पर?'

इसी बीच टंडन जी ने चाय की प्यालियाँ दीं।

'एक काम करेंगे डाक्साब? अभी मैं दस-पन्द्रह मिनट रुकूँगा, आप जरा विश्वविद्यालय गेट से रैदास गेट तक घूम के आइए और बताइए कि कहाँ-कहाँ एक जगह कितने लोग खड़े या बैठे हैं?'

मैं उन्हें देखता रहा और समझने की कोशिश करता रहा।

'जाइए तो। देख आइए। मैं यहीं रहूँगा और तब तक नहीं जाऊँगा जब तक आप आएँगे नहीं।'

'कहना क्या चाहते हैं आप?'

'मुझे मत, उधर देखिए तब कहूँ।' दादा ने अपनी छड़ी से सड़क की ओर इशारा किया, 'देखिए, या तो लोग आ रहे हैं या जा रहे हैं। यानी जितने हैं, सभी चल रहे हैं। और आ भी कहाँ रहे हैं? बाजार में। बिकने के लिए। राम-राम, छिः-छिः! लोग आ रहे हैं बिकने के लिए और समझते हैं, खरीदकर जा रहे हैं। इसे बेहयाई कहें या नासमझी, आप ही बताइए?' उन्होंने चश्मा उतारा और पोंछा, 'देखिए, वह दुकान है किताबों की—'ग्लोब बुक सेंटर'। हमारे पीछे ही। लंका की सबसे पुरानी दुकान। इसी के बाहर किसी जमाने में नामवर जी, डॉ. उनियाल (राजनीति), डॉ. मोहन तंपी (अंग्रेजी), एजुकेशन के डॉ. सूर्यनाथ सिंह और जाने किन-किन लोगों को खड़ा देखा करता था—घंटों बातें करते हुए। दुनिया-भर के विषयों के बारे में। आज तो बाहर क्या, अन्दर भी रैकों के आगे कोई खड़ा या बैठा नहीं दिखाई पड़ता।

डाक्साब! यह लंका—यह जगह हमेशा से खड़ा रहनेवालों और बैठनेवालों की रही है, आने-जानेवालों की नहीं। आदमी के पास दिल-दिमाग इसलिए होता है कि उनका उपयोग करो। सोचो, समझो, विचार करो। नहीं करोगे तो उनके 'सेल्स' मर जाएँगे। फिर जीते रहो या मर जाओ, क्या फर्क पड़ता है? और यह सोच-विचार तभी सम्भव है जब आप समाज में हों, बाजार में नहीं। दस-पाँच लोगों के साथ। उनके बीच। कुछ अपनी कहो, कुछ उनकी सुनो। पास-पड़ोस के सुख-दुख के बारे में। देश के बारे में। जमाने के बारे में। लेकिन हाँ, चैन चाहिए इसके लिए। सुकून चाहिए इसके लिए। बैठने और खड़ा रहने का यही मतलब है, समझे?'

दादा की साँस फूलने लगी थी। टंडन ने इशारा किया कि ज्यादा बोलना मना है, बस। इसके बावजूद वे बोलते गए, 'आप ही थोड़ी देर पहले कह रहे थे कि बिहार की तरह उत्तर प्रदेश में भी अपहरण उद्योग हो गया है। बनारस में ही रोज दो-चार अपहरण हो रहे हैं, फिरौतियाँ माँगी जा रही हैं। ये अपहरण तो छोटे-मोटे हैं। इनका कोई मतलब भी नहीं है। और हमसे पूछिए तो मैं कहूँगा कि जिनके घर ये हो रहे हैं, वे इसी लायक हैं। किसे नहीं मालूम कि आपके पास इतनी दौलत कहाँ से और किस हिकमत से आई है? लेकिन यह पुलिस का सिरदर्द हो सकता है, आम जनता का नहीं। हाँ, पता यह करना चाहिए आप विद्वानों और पढ़े-लिखों को कि हमारे चैन और सुकून का अपहरण किसने किया है? क्योंकि सारे अपहरणों का बाप है यह अपहरण, क्योंकि किसी डॉक्टर, इंजीनियर, जज और मंत्री की फिरौती तो दी जा सकती है, आत्मा के अपहरण की फिरौती चुकाना किसी सरकार के भी बूते की बात नहीं। हैसियत ही नहीं है उसकी।'

दादा चुप रहकर कुछ देर मुझे देखते रहे फिर अपनी झुकी कमर के साथ छड़ी के सहारे खड़े हो गए, 'अच्छा, तो फिर मिलेंगे। लेकिन हाँ, अगर आपको लगे कि मजुमदार गलत बोल रहा है तो लंका के इसी चौराहे पर नंगा करके दस लात मारिएगा, मैं रामसत्त नहीं बोलूँगा।'

मित्रो, दादा से यह मेरी अन्तिम मुलाकात थी।

❂❂❂